KB152216

생명철학

생명철학

펴낸날 | 2019년 4월 10일

지 은 이 이인철
발 행 인 장주연
출판기획 한수인
표지디자인 신지원
편집디자인 신지원 / 최윤경
제 작 신상현
발 행 처 군자출판사(주)
등록 제4-139호(1991. 6. 24)
본사 (10881) 파주출판단지 경기도 회동길 338(서패동 474-1)
전화 (031) 943-1888 팩스 (031) 955-9545
홈페이지 | www.koonja.co.kr

ISBN 979-11-5955-437-7 03100

생명철학

병리학자의
눈으로 본
생명과
삶

Philosophy of life:
From the perspective of a pathologist

이인철 지음

군자출판사

생명이란 무엇인가? 나는 누구인가?

현대는 생명과학의 시대라고 한다. 생명과학과 유전체학이 눈부시게 발전하며 미처 다 정리하기 어려울 정도로 많은 정보와 지식이 쏟아져 나오고, 하루가 멀다 하게 흥미진진한 놀라운 뉴스들도 등장한다. 생명현상들을 활용한 다양한 산업들도 속속 등장하고 있다. 생명은 사실 누구에게나 관심사다. 우리 자신부터 살아 숨 쉬는 생명체니 당연하다. 그런데 새로 나오는 정보와 지식만 다 모아보면 생명이 무엇인지 저절로 알게 될까? 그걸로 단순한 지식의 수준을 넘어서는 삶의 통찰력도 얻을 수 있을까? 우리가 생명에서 배우고 깨우칠 건 무엇인가? 그 질문들은 자연스레 우리를 생명의 철학으로 이끌어준다.

생명과학이 발전하며 이젠 생명을 찾아가는 꽤 상세한 지도를 갖게 된 셈이지만, 아직도 생명이 무엇인지 한마디로 뭉뚱그려 말하긴 어렵다. 앞으로도 그럴 것 같다. 생명은 나름대로 규칙성을 갖는 동시에 풍부한 다양성을 보여준다. 모두 오랜 세월 진화를 거쳐 나타난 다양한 얼굴들이다. 하나의 종 안에서도 마찬가지다. 사람들은 남들처럼 유행을 따르면서도, 그 안에 자기만의 개성을 원한다. 다양성은 생명의 원칙이고, 규칙성을 넘어서는 획일성은 거기에 맞지 않는다.

서문

생명은 개체에만 그치지 않는다. 생명의 기본단위인 세포부터 개체, 종, 생태계까지 이르는 광범위한 차원의 '존재'다. 언어, 학문, 문화, 경제, 돈처럼 인간이 만들어 내어 나름대로 살아 꿈틀거리는 유사생명체도 많다. 그래서 생명을 이해하려면 너른 시각이 필요하다. 한 차원의 삶은 다른 차원에서도 그대로 이어질까? 세포가 살아가는 원칙이 있다면, 인간이 모여 사는 사회생활에서도 마찬가지로 적용될까? 혹은 그래야 마땅한 걸까? 여태까지 철학에서 다루지 못한 질문들이다.

생명과학은 과학의 힘을 빌려 생명을 이해하고자 한다. 그러면 과학이란 무엇일까? 원래 아무도 반박하지 못할 명백한 '사실'의 연속인 걸까? 아니면 '과학적 분석'이란 것도 세상을 바라보는 어떤 관점을 반영하는 걸까? 과학과 철학은 어떤 관계일까? 그러면 사람의 생명을 다루는 의학은 어떨까? 의학은 과학일까, 철학일까, 아니면 문화일까? 여태까지 의학이 발전해온 역사를 돌이켜보며 현대 의학의 철학적 기반을 살펴보고, 앞으로의 바람직한 발전방향에 대해 함께 고심해 보고자 한다.

생명은 우리 자신을 되돌아보게 해준다. 유전체를 통해 오래전 아프리카에서 비롯한 인류의 대이동을 되살려내 보기도 하고, 수많은 다른 종 생물들이 인간과 유사한 유전체를 적잖이 갖고 있는 걸 보고 깜짝 놀라기도 한다. 그게 그냥 우연일까? 지금도 우리는 몸 안에 많은 미생물군집과 함께 유기적으로 협력하며 살아가고 있다. 실상 내 몸의 모든 세포를 합한 것보다 그들이 훨씬 더 많다. 내가 사실 공생집합체라면, '나'의 주인은 누구인가? 나는 당연직 대표이사인가? 글쎄, 민주적 선거로 선출한다면 당연히 미생물군집에서 대표이사가 나오지 않을까? 그 선거권은 지금 당장 내 몸 안에 있는 생명만 가질까, 아니면 언제든 들어와서 합류할 수 있는 생태계 생명들에 다 해당될까? 그러면 대체 '나'는 누구인가?

이 책은 전공이나 연배에 상관없이 우리 사회 모든 지성인들을 위해 집필했고, 자라나는 지성을 위해 제작했다. 그 발단은 의과대학 생명철학 강의였다. 생명의 철학적 의미를 짚어보는 강의는 전 세계 어느 대학에서도 해보지 못했던 새로운 시도였다. 평소 엄청난 양의 의학지식 학습에 쫓기면서 정작 생명에 대해 깊은 성찰을 해볼 겨를이 없던 학생들이 안쓰럽던 차라, 새로운 시각을 갖는 계기가 될 수 있도록 나름대로 성심껏 준비했다. 먼저 철학의 소개, 생명의 관찰, 인식론, 철학언어, 의학의 역사, 유전체를 차례로 살펴보고, 이어서 인체기관들을 따라가며 생생한 의과학적 데이터와 함께 인체의 신비를 짚어보았다. 그리곤 인류를 위협하는 암과 유행병처럼 번져가는 비만과 당뇨를 어떤 시각으로 보고 다뤄야 할지 차례로 살펴보았다. 모두 생명과 그 의미를 찾아가는 길이었다.

강의는 쉽지 않았다. 철학에는 일방적 강의보다 스스로 참여하는 자율토론이 더 적합하므로, 매주 강의 2시간 중 첫 시간은 포괄적 주제 강의를 하고 나머지는 자율토론으로 진행했다. 그런데 익숙지 못한 생명철학 주제에 관한 토론이 쉬운 일이 아니었다. 그래서 실감나고 재미있게 진행하고자 도입한 게 '산뜻 퀴즈'다. 주제와 연관하여 일상에서 무심코 지나치던 상황들을 철학적 시각으로 다시 살펴보고자 한 것이다. 학생들도 차차 익숙해지며 스스로 퀴즈를 냈는데, 재미있고 기발한 시각도 많이 있었다. 모두에게 진정한 보람이었다. 아무쪼록 독자 여러분도 함께 즐기시길 바란다.

이제 생명을 향해 떠나는 여행에 여러분을 초대하고자 한다. 마침 지금이야말로 생명과학의 토대 위에 삶을 조명해 보는 생명철학이 꽃피어날 때가 아닐까?

2019. 4

차례

1

철학과 생명

내 삶을 바꿀 수 있는 예지와 통찰력은 종종
여러 지식의 융합을 통해 얻을 수 있다.
전혀 예상치 못한 방향으로.

01 철학이란?

'삶이란 무엇일까?'

인류가 품어온 오랜 질문이자 어려운 숙제다. 프랑스 라스코 동굴에 수만 년 전에 그린 것이라고 믿기지 않는 생생한 채색과 긴박한 묘사를 보여주는 벽화가 있다. 창에 맞은 듯 내장이 튀어나온 엄청난 덩치의 들소 앞에 가냘픈 사람이 맥없이 누워있다(그림 1). 성난 들소의 뿔에 받혀 죽은 모양인데, 그 옆에 새 모양의 솟대 같은 게 서 있는 것으로도 미루어 볼 수 있다. 왜 이런 그림을 그토록 사실적으로 그렸을까? 하필 이런 끔찍한 현장을? 망자의 영혼을 위로할 목적으로? 아니면 이토록 치열하게 살고 있다는 걸 보여주려고? 그 의중을 정확히 알기는 어려우나, 가족 혹은 가까운 사람이 이렇듯 순간적으로 떠나는 충격적 모습을 돌이켜볼수록 산다는 게 뭔지, 그 의미를 어떻게 찾아야 할지 새록새록 떠오른 듯하다. 벽화는 이렇듯 생명에 대한 철학적 질문을 던지고 있다(참고문헌 1).

삶은 철학과 뗄 수 없는 관계다. 우리는 인터넷과 스마트폰이 지배하는 세상에서 온갖 데이터data의 홍수 속에 살아간다. 물론 그게 곧바로 정보情報, information는 아니다. 잘 선별하고 정리해야 유용한 정보가 되고, 아니면 오히려 불필요한 짐만 될 뿐이다. 심지어 악의적인 거짓 정보에 속을

그림 1　라스코 벽화. 프랑스, 기원전 15,000–13,000년(추정)

수도 있다. 단편적 정보들이 모여도 바로 지식知識, knowledge이 되는 건 아니다. 그게 모여 체계화되어야 비로소 지식이라고 할 수 있다. 우리는 그 지식의 기반 위에 세상을 이해하며 살아간다. 정보는 어떻게 체계화해야 지식이 될까? 그렇게 얻어진 지식은 언제 어디서나 적용되는 '참'일까? 한 걸음 더 나아가, 그 지식들이 가지는 의미, 즉 '지의知意, meaning of knowledge'는 무엇일까? 이 질문이 바로 철학으로 이어지는 길이다. 단순한 데이터 더미와 얼마나 다른 차원인지는 말할 나위 없다.

가상의 상황을 하나 들어보자. 어느 날 한 천문학자가 어떤 은하 한 곳에서 오는 신호를 찾아낸다. 신호는 계속 온다. 급기야 정부가 비밀리에 최고 두뇌들과 슈퍼컴퓨터까지 동원하여 그 신호(데이터)를 모아서 해석해 보려고 하지만 도무지 진전이 없다. 왜 안 될까? 제2차 세계대전 때도 철통 같은 보안을 뚫고 독일군의 암호체계 에니그마[01]를 해독하는 데 성공하지 않았던가? 그러나 그때는 발신자가 누군지 알고, 그 무작위 조합이 언어로 전환 가능하다는 걸 알고 있었다. 지금은 신호가 외계 생명체가 보낸 건지 아니면 기이한 자연현상인지조차 알 길이 없다. 만일 외계 생명체라면 그들도 우리 인류와 비슷한 언어체계를 가졌을까?

쌓여가는 데이터만큼 흥분과 불안도 늘어가던 중, 특출한 과학자가 개발한 인공지능이 해석 작업에 참여하게 된다. 얼마 후, 드디어 실마리가 풀렸다는 소식이 전해진다. 와! 어떻게? 인간의 언어체계와는 전혀 다른 구조의 양자 확률치로 의사소통이 가능하단다. 같은 내용을 다른 신호로 표현할 수 있단다. 그러면 그걸 인간의 언어로 번역해낼 수 있을까? 가능하다. 어떤 방향으로 볼 때 확률이 계속 높아지면 '알게 되는' 구조라고 한다. 아리송하지만, 데이터가 비로소 정보가 되는 순간이다. 가장 중요한 정보는 외계에 인간이 아닌 지적 생명체가 정말로 존재한다는 바로 그 사실일지도 모른다. 그렇더라도 그들이 인류를 특정하여 신호를 보낸 건지, 그냥 우리처럼 제멋에 겨워 은밀하게 보관해야 할 자기 정보까지 우주로 방출하는 건지는 아직 모른다. 말하자면 아직 지식의 차원에 있지 못한 단편적 정보일 뿐이다.

---

01 영국은 나치의 난공불락 암호체계 에니그마(Enigma)를 풀기 위해 극비리에 캠브리지 대학 수학자 앨런 튜링(Alan Turing, 1912–1954)을 위시한 전문가들을 동원해 해독작업을 벌인다. 그들은 일종의 컴퓨터를 개발하여 온갖 난관을 극복하고 끝내 독일군의 무작위 수열들을 풀어낸다. 그 성과는 극비에 부쳐졌고, 독일군이 눈치채지 못하도록, 해독을 통해 얻은 군사정보들을 전쟁에 선불리 활용하지도 않았다. 튜링은 그 업적으로 '컴퓨터의 아버지'라고 불린다.

시간이 흐르며 그 행성의 위치, 주변 여건, 신호를 보낸 시점(지구의 입장에서) 등에 대해 더 많은 걸 알게 된다. 그리곤 차츰 우리 인류에게 신호를 보내고 있다는 사실(지식)이 분명해진다. 마침내 그들이 뜻하는 바가 정리된다.

"우리가 너희를 가축으로 삼겠다!"

뭐, 가축!? 이게 확실한 해석 맞나? 99% 이상 신뢰도라고 한다. 그럼 이게 대체 무슨 뜻인가? 그걸 파악하려면, 우선 우리가 가축을 어떻게 대하고 있는지 돌이켜 볼 수밖에 없다(5장 8. 인권과 생명권). 민망한 순간이다. 그걸 다 알고 하는 말일까? 그렇다면 우리를 반려동물 대하듯 하겠단 말일까, 아니면 최소의 비용으로 적당히 키운 다음 잡아서…?

생각만 해도 섬찟하다. 만일 그럴 생각이라면, 그들은 왜 이런 신호를 보내는(보낸) 걸까? 무슨 의도로? 그냥 농담일까? 아니면, 회개하라는 뜻일까? 그들에게 물어보거나 반박할 방법도 없다. 신호가 빛의 속도로 가도 긴긴 세월이 걸릴 테니 그들에게서 회답을 기대하기도 어렵다. 하늘 높은 줄 모르던 인간 과학기술의 한계다. 세상에 영원한 비밀은 없으니, 이때쯤 낌새를 알아챈 매스컴이 온갖 상상까지 덧붙여 대서특필하기 시작한다. 전 세계는 이내 무정부 상태나 다름없는 일대 혼란에 빠진다. 외계인이 침략해서 우리를 잡아먹는다! 아니, 그들은 이미 와 있다! 인공지능 안에 들어있다! 심지어 외계인을 신으로 떠받드는 신흥종교가 등장하고, 수많은 지식인과 유명인들도 속속 '개종'한다. 뒤늦게 외계로의 무선신호 송신을 일절 금지하는 법안이 통과되지만, 그게 무슨 소용일까? 불안은 더욱 자라만 간다. 때마침 발생한 일식에 종말론자들과 과격파들이 한꺼번에 거리로 뛰쳐나온다.

물론 허구지만, 이야기는 언제나 재미있다. 이야기는 분명 인간이 받은 가장 큰 축복 중 하나다(4장 1. 이야기?). 아무튼 이 일련의 상황은 '데이터-정보-지식-지의' 사이에 얼마나 큰 간극이 있는지 여실히 보여준다. 애초에 차원이 다른 것이다. 거기서 우리가 진정 추구하는 바가 무언지는 더 말할 필요도 없다. 우리는 어떻게 토막정보를 모아서 그걸 지식으로 승화시킬까? 그리고 그 의미를 깨달을 수 있을까? 우리가 깨우칠 수 있는 지식과 의미의 한계는 어디일까? 이 질문들의 답에 접근하려면, 인터넷 검색 따위로는 도저히 다다를 수 없는 높은 차원의 성숙한 지적 노력이 필요하다. 그게 철학이다. 달리 말하면 철학은 인류 최고의 소프트파워soft power라고 할 수 있다. 지식의 의미를 하나씩 쌓다 보면, 삶의 의미도 조금씩 엿보게 될 수 있을까?

02 누구나 철학자

철학은 누가 하는 걸까? 손꼽히는 지성들과 남다른 두뇌들만의 현학적 향연일까? 그건 아니다. 철학은 모든 사람들의 몫이다. 인간은 스스로의 삶을 개척하며 살아갈 때 상상을 초월하는 엄청난 에너지를 만들어 내고, 거기서 살아가는 보람과 의미를 찾을 수 있다. 철학은 스스로의 삶에 자존적 가치를 부여하는 작업이다. 우리는 주어진 문제를 재빨리 해결하는 것만 목표로 교육받고, 단편적 정보에 일희일비하며 살아오지 않았나? 상식과 대화가 존중받는, 누구나 살고 싶은 사회는 국민 각자가 건전한 철학을 갖추고 있어야 가능하다. 그래야 인품에 중심이 잡히고, 함께 성숙한 민주사회를 이룰 수 있다. 철학적 기반이 빈약한 과학과 기술은 이차적 가치에 불과하고, 잘못 사용될 경우 오히려 사회에 엄청난 혼란을 가져올 수도 있다. 선진국이란 단지 소득이 높은 나라가 아니라, 국민들이 공유하고 세계적으로 통용될 수 있는 철학과 가치관을 갖춘 나라다. 그러면 나머지는 저절로 따라온다. 스스로 해결할 능력을 갖췄기 때문이다.

철학의 대상은 무엇일까? 그건 우리 삶과 주변 어디에나 있다. 거창한 주제부터 떠올릴 필요는 없다. 지나간 역사나 다가올 미래를 포함하여 일상생활 어디에나 과제들이 널려 있다. 이를테면, 대기오염, 교통체증, 식품안전, 실업, 빈부 격차, 성차별, 사회보장, 장애인, 장수시대 문제 등 한이 없다. 잘 살펴보느냐 아니냐의 차이만 있을 뿐이다. 그렇다면 철학자는 곧 오지랖 넓은 사람들을 말하는 것일까? 그렇기도 하고 아니기도 하다. 관심이 나 하나에 국한되지 않고 가족, 이웃, 사회, 국가, 인류, 생태계, 우주까지 뻗어 나갈 수 있다는 점에서는 분명히 그렇다. 그러나 남의 어깨너머로 무책임하게 참견이나 하려는 건 아니라는 점에서는 아니다. 여러 분야에 관심을 가지고 함께 되짚어 보고 개선할 점을 찾아보려는 오지랖은 넓을수록, 그런 사람들은 많을수록 좋지 않을까?

우리는 인류 지식의 역사에서 특별한 시기에 있다. 다양한 정보와 지식의 양적 팽창을 통해 그것들을 하나로 묶어볼 눈을 가질 수 있는 여건이 무르익고 있는 것이다. 지식의 융합을 통해 새로운 지식이 태어나고, 그 의미를 새로운 시각으로 볼 수 있다. 생물학자 윌슨은 이를 '통섭consilience'이라는 새로운 말로 일컫기도 했다(참고문헌 2). 달리 말하자면, 온갖 지식과 그 의미를 찾는 작업, 즉 철학이 꽃필 시기다. 르네상스는 인류가 짧은 시간에 이루었던 찬란한 발전의 한 예로 손꼽힌다. 서구가 암흑기라고 불리던 고정관념의 중세를 벗어나 스스로를 돌아보는 새로운 눈을 뜨게 된다. 당시를 풍미했던 인물들은 예술가, 문인, 사상가, 학자와 같이 한 분야에 특화된 전문가라기보다, 그 모든 걸 아우르는 융합형 인재들이었다. 후세에 '르네상스인Renaissance man'이라고 불리는 인물들이다. 그때를 온몸으로 살아낸 미켈란젤로의 파란만장한 삶에서 이를 함께 느껴볼 수 있다(참고문헌 3). 창조는 다양한 생각들의 융합을 통해 이루어진다. 바야흐로 제2의 르네상스가 다가오고 있다.

03 철학과 과학

인류의 지식 축적에는 과학의 공헌을 빼놓을 수 없다. 그러면 과학과 철학의 차이는 뭘까? '과학science'이란 단어는 고대부터 원래 있던 말이 아니라 중세 이후 생겨난 신조어다. 이는 라틴어 'scientia지식, knowledge'에서 비롯하여 서구 여러 언어들에 편입된다. 원래 라틴어 어원의 의미대로라면 과학은 지식을 추구하는 학문, 즉 철학의 일부, 그 이상도 이하도 아니다. 그런데 언제부턴가 그게 '물질을 다루는' 형이하학이라는 의미로 슬그머니 바뀌어간다.

고대 그리스 철학자들은 '자연스레' 자연을 탐구대상으로 삼았다. 탈레스Thales of Miletus, 기원전 ~620–540는 세상이 사람 모습의 신들이 멋대로 부리는 변덕이 아니라 자체의 원칙에 따라 움직인다고 밝힌다. 사고의 틀이 획기적으로 전환하는 순간이었다. 탈레스는 세상을 이루는 기본물질이 물이라고 했다. 물은 생명의 기반이기도 하다(2장 5. 시각의 시간적 한계: 진화, 6장 2. 물, 생명과 소통의 기반). 데모크리투스Democritus, 기원전 ~460–370는 우주 만물이 원자라는 매우 작은 기본요소로 이루어졌고, 원자가 존재하지 않는 곳은 아무것도 없는 '빈 공간void'이라는 개념을 도입했다. 현대 원자론의 원형이 될 이론을 이미 제시한 건데, '부분을 알면 전체를 파악할 수 있다.'는 환원주의의 원조라고 볼 수 있다. 후세 사람들은 이들을 모두 뭉뚱그려 자연철학자라고 부른다. 자연을 철학의 대상으로 삼았다는 건데, 그들이 다루고자 했던 건 물질만은 아니었다.

서양철학은 아리스토텔레스Aristoteles, 기원전 384-322에 이르러 형이상학과 형이하학을 아우르는 포괄적 이성철학으로 자리 잡는다. 그 전통은 오랜 세월 서구사회의 근간을 이루며 이어진다. 그러다가 근대에 들어서며 새로운 사조가 등장한다. 뉴턴Isaac Newton, 1642-1726은 우주가 움직이는 운동법칙을 정리하여 '자연철학의 수학적 원칙Philosophiae Naturalis Principia Mathematica'이란 제목으로 발표한다. 스스로 자기 연구를 '자연철학'이라고 밝힌 것이다. 그런데 아이러니하게도 그 시대에는 과거의 형이하학을 극력 배제하고 철학에서 벗어난 새로운 개념의 '과학'으로 대치하려는 움직임이 최고조에 이르고, 뉴턴 자신도 누구보다 거기 앞장선다 (4장 7. 과학혁명과 환원주의). 그러면서 물질적 환원주의 사고가 부활하고, 그 사조는 지금껏 이어진다.

지금도 '과학'이라는 말은 계속 분화해 나가고 있는 듯하다. '과학적'이란 흔히 '빈틈없는 방법과 틀림없는 사실'이란 뜻으로 받아들여지고 있다. 정말 그런 걸까? 그렇다면 '철학적'이란 말은 사실과 무관한, 공허하고 현학적인 탁상공론인 걸까? 철학과 과학의 차이점이란 "문과와 이과의 차이 같은 거죠."라고 대답하는 학생들도 있다. 그런 어이없는 단순한 틀로 이들을 나누어 창조적 융합사고를 원천 차단시키는 멍에는 대체 어디서 왔는지 안타까울 뿐이다. 우리는 혹시 '과학'이 넘쳐나는 시대에 살고 있는 건 아닐까? '과학적 사실'이란 언제나 만고불변의 진리일까, 아니면 그것도 세상을 바라보는 어떤 시각을 반영하는 걸까? 우리가 알고 있는 과학이란 무엇일까? 어떤 특성을 가지고 있을까?

04 생명의 규칙성과 다양성

생명은 누구에게나 관심사다. 우리 자신부터 살아 숨 쉬는 생명체니 사실 당연한 일이다. 우리는 생명이란 '존재'에 익숙하고, 나름대로 잘 이해하고 있다고 생각한다. 이런 생각을 한다는 것부터가 살아있는 내가 있다는 뜻일 테니까. 주변 생명체들을 보면, '움직인다, 따뜻하다, 숨 쉰다, 맥박이 뛴다, 번식한다' 같은 어떤 공통된 특성들이 떠오른다. 그런데 조금만 자세히 들여다보면 정말 다 그런 건지 아리송하게 된다. 미생물 세계는 그만두고라도, 겨울이면 꽁꽁 얼어서 숨도 안 쉬고 맥도 안 뛰다가 봄이 오면 어김없이 다시 '살아나' 움직이는 동물들도 존재한다. 그러면 대체 생명이란 무엇일까? 어떻게 정의할 수 있을까?

앞에서 가상의 외계신호 예를 들었는데, 이번엔 거꾸로 우리가 초고해상도 망원경으로 외계를 탐색해보자. 어떤 행성을 관찰할 때, 아마 가장 궁금한 게 생명체의 존재 여부일 것이다. 거기에 생명체가 있는지, 특히 지적 생명체가 있는지를 어떻게 알 수 있을까? 먼저 어떤 규칙성이 보이는지부터 찾아보게 될 것이다. 건축물 등에서 보는 규칙성은 인공물에서 흔히 볼 수 있을 테니까. 그런데 그건 어떻게 판단할까? 엄밀한 획일성을 말하는 걸까, 아니면 그 안에 어느 정도 다양성도 포함되는 걸까?

이번엔 우리 주변에서 예를 들어보자. 사람의 질병조직에서 미생물처럼 보이는 무언가를 찾았다 치자. 그런데 그게 정말 세균인지 우연히 거기 묻은 불순물인지 어떻게 알 수 있을까? 하나만으로는 판단하기 어렵지만, 주변에서 비슷한 모양을 여럿 찾으면 세균일 가능성이 높아진다. 엄밀한 동정과정을 거쳐야 하겠지만, 같은 종의 생명체라면 그 안에서 규칙성이 있음은 당연하다. 그런데 그 규칙성이란 어느 정도를 말하는 걸까? 모든 것이 동일한 획일성을 의미할까?

생명체를 이루는 유기물질organic compounds의 핵심원소는 탄소다. 탄소 원자는 4개의 결합능력이 있어서, 다른 탄소원자들과 결합하여 거대분자를 만들 수 있고, 동시에 수소, 산소, 질소, 황 등 여러 원소들과 다양한 형태로 결합하여 무궁무진한 조합을 만들어내어 생명에 다양성을 부여해준다. 그런데 거대한 압력을 받으면 탄소원자끼리만 단단히 결합한 결정, 즉 다이아몬드를 만든다. 그 안에 엄밀한 획일성은 있어도 그걸 생명이라 할 수는 없다. 사람도 마찬가지다. 신체 여러 부분들에는 엄연한 규칙성이 있고, 그 구조는 그대로 기능과 연결된다. 그런데 사람들은 서로 비슷해 보이려고 열심히 유행을 좇으면서 그래도 무언가 자기만의 특성은 살리고 싶어 한다. 사실 다양성은 생명의 고유한 특성이다. 규칙성과 다양성, 생명은 어떻게 동시에 그 두 가지를 다 가질까?

생명과학과 의학의 발전을 통해 우리는 생명을 더 깊이 이해하게 되었다. 생명과학은 근래 눈부신 발전을 이루었다. 자크 모노Jacques Lucien Monod, 1910-1976가 명저 '우연과 필연'을 발간한 1970년대만 해도 유전자의 정체만 갓 파악되었을 뿐, 실제 지식은 별로 없을 때였다(참고문헌 4). 그래도 그는 대가다운 통찰력으로 생명은 거대한 각본에 의해 만들어진 필연이 아니라 분자 세계에서 이루어진 우연의 연속으로 태어나 이어져 왔다는 생각과 근거를 제시했다. 그때에 비하면 지금은 생명의 얼굴과 원리를 훨씬 잘 이해하고 그 신비에 가까이 다가갈 수 있는 꽤 상세한 지도가 있다. 그럼에도 불구하고 생명이 무엇인지 한마디로 뭉뚱그려 말하기는 여전히 어렵다. 앞으로도 그럴 것 같다. 그렇다면 생명의 다양한 얼굴을 하나씩 살펴보고 그 특성들을 차례로 나열하여 생명에 대한 이해를 한 단계씩 높일 수밖에 없을 듯하다. 그 과정에서 생명의 원칙이 드러나면 그 의미를 짚어보고 거기서 배울 게 무엇일지 살펴보도록 하자.

생명과학은 세포론과 진화론의 두 가지 큰 기둥 위에 자리 잡고 있다(참고문헌 5). 세포론은 현미경의 발명과 더불어 비롯된 개념이다. 생명의 기본단위는 세포고, '세포는 세포에서만 비롯한다.'라는 생각이다(4장 8. 세포론과 세포병리학). 그런 면에선 생명의 창조론적 관점이 담겨있다고도 볼 수 있다. 언젠간 인간이 스스로 삶을 이어가는 세포를 만들어낼 수 있을까? 세포론의 토대 위에 발전한 병리학은 현대의학의 근간을 이룬다(참고문헌 6).

한편, 진화론은 오랜 세월을 통해 생명체가 환경에 적응하며 발전해가는 과정을 보여주는 획기적인 개념이다. 생명철학뿐 아니라 인류 지성의 역사에서 손꼽힐 만한 기념비적 업적이다(2장 5. 시각의 시간적 한계: 진화). 코앞의 것만 근근이 보던 눈을 들어 비로소 거대한 시간의 흐름 속에 꿋꿋이 살아온 생명이란 존재를 보게 되고, 아울러 자신의 시각이 얼마나 좁고 하찮았는지 깨우치게 해주었다.

자, 이제 생명을 찾아 먼 여행을 떠나자. 어디부터 가봐야 할까? 우선 생명과 의학의 역사로부터 그 방향을 찾아보자. 사람의 생명을 다루는 의학의 본질은 무엇일까? 단순한 과학일까, 아니면 그 이상의 무엇일까? 그건 생명을 어떻게 보느냐, 즉 어떤 생명철학을 가지느냐에 달려있다. 스스로에 대한 인식과도 무관할 수 없다. 현대의학의 철학적 바탕은 어떻게 변화해 왔는지, 의학의 역사를 둘러보며 아픈 부분도 가감 없이 들춰보자. 생명철학의 바탕 위에 바람직한 미래의학은 어떤 모습일까? 생명철학 여행의 첫걸음을 떼려니 가슴이 설렌다. 우리 앞에 무엇이 기다리고 있을까? 여행을 위해 준비할 건 무엇일까?

05 재미있는 생명철학

생명의 기본은 세포일까, 아니면 세포가 모여 이루어진 개체일까? 간단치 않은 질문이다. 더 나아가 개체들이 모여 사는 사회도 큰 의미의 생명이다. 미시세계의 세포에 적용되는 생명의 특성이나 원칙이 있다면 거시세계인 사회에도 마찬가지로 적용될까? 우리가 살아가는 사회를 생명의 시각에서 다시 바라볼 수 있을까? 한 걸음 더 나아가, 사회뿐 아니라 인간이 만들어내어 인간과 함께 움직여가는 언어, 역사, 과학, 예술, 정치, 경제, 돈 같은 '유사 생명'들도 생명의 시각으로 바라볼 수 있지 않을까? 생명을 더 깊이 이해할수록, 그걸 통한 지식의 거대한 융합이 다가오는 건 아닐까? 전체를 아우르는 눈과 통찰력이 절실한 때다.

생명철학은 무엇보다 재미있어야 한다. 오묘하고 신비한 생명이 재미있지 않다면 뭔가 잘못된 것 아닌가? 그래서 머리 아픈 탁상공론보다는 실제 흥미로운 데이터나 사실부터 하나씩 짚어보고, 거기에 담긴 지식과 지의를 찾아가 보자. 공부는 원래 따분하면 안 된다. 신나야 한다.

두뇌의 중앙 아랫부분에 위치한 '중격의지핵nucleus accumbens'이라는 부위는 행복감을 느끼면 활성화되는 보상중추로 알려져 있다(참고문헌 7). 좋은 음악을 듣거나, 달콤한 초콜릿을 먹거나, 심지어 마약을 해도 이 부위가 켜진다. 실험동물들의 중격의지핵에 전기자극장치를 달아주면 먹이도 안 먹고 계속 장치를 작동시키는 스위치만 누르곤 한다. 어찌 보면 중격의지핵은 식욕보다 앞서는 근원적 욕망의 중추인지도 모르겠다.

흥미로운 점은 중격의지핵이 바로 학습중추이기도 하다는 것이다. 보통 때는 잠잠하다가 새로운 상황이 발생하면 활성화되어 여러 요소들을 비교·분석하여 유익한 걸 학습하도록 이끌어준다. 말하자면 진화가 종의 발전을 위해 마련해준 '학습촉진 중추'라고 볼 수 있다. 그렇다면 진정한 행복은 배움과 깨달음을 통해서만 얻을 수 있는 게 아닐까? 다만, 반복 학습을 통한 기억력 위주의 학습은 대뇌피질이 하는 일이고, 중격의지핵은 따분한 주장이 아닌 흥미로운 사실을 새로 깨달을 때 비로소 활성화된다(참고문헌 6). 지식의 의미를 깨닫는 건 바로 철학 아닌가?

철학을 통한 깨달음은 인간을 행복하고 건강하고 창조적으로 만들어준다. 혹시 우리 교육이 중격의지핵의 활성화를 가로막고 있는 건 아닌지 함께 되돌아볼 계기가 되면 좋겠다. 배움은 젊은이들만의 전유물은 아니다. 노인들의 두뇌도 얼마든지 활성화시킬 수 있고, 이를 통해 장수시대에 두뇌기능을 지키며 삶의 기쁨을 누리는 데 큰 도움이 될 수 있다. 반드시 새로운 것만 학습할 필요는 없다. 익숙하면서도 여태까지 별 관심을 두지 않았던 것들을 모아 잘 종합하여 새로운 의미를 깨닫는 게 훨씬 더 흥미로울 수도 있다. 내 삶을 바꿀 수 있는 예지와 통찰력은 종종 여러 지식의 융합을 통해 얻을 수 있다. 전혀 예상치 못한 방향으로.

산뜻퀴즈/

1-1. 문제 해결과 문제 제기

우리는 눈앞에 닥친 문제를 '빨리빨리' 해결하며 경제성장을 이루었습니다. 교육도 객관식 문제들을 주어진 시간 안에 풀어내는 방식 위주였지요. 반면에 질문을 하거나 문제를 제기하는 건 그다지 권장하지 않았습니다. 철학은 문제를 해결하려는 걸까요? 아니면 제기하려는 걸까요?

1-2. 동시신호의 가정

한국의 교통신호는 세계적으로 찾아보기 어려운 4등 신호로서, 전국 어디서나 직진과 좌회전을 동시에 보내는 동시신호를 채택하고 있습니다. 사거리에서 네 방향에 각각 같은 시간이 주어진다면, 차량 한 대가 실제로 이를 통과할 수 있는 시간은 전체의 얼마나 될까요? 동시신호가 원활하게 작동하려면 도로와 교통량에 어떤 가정이 필요할까요? 현실적으로 이것이 다 충족될 가능성은 얼마나 될까요? 그렇지 못한 경우, 어떤 문제가 발생할까요? 건널목 '꼬리잡기'는 왜 일어날까요? 우리만 이런 신호체계를 고집하는 이유는 뭘까요?

1-3. '과학적'이란 말

우리는 종종 '과학적'이란 말을 사용합니다. 무슨 뜻으로 이 말을 사용할까요? 무조건 신뢰할 만하다는 건가요? 그렇다면 나는 과학적으로 살고 있나요? 이는 '철학적'이라는 말과는 어떻게 다를까요?

각 장의 주제와 관련하여 일상생활에서 마주할 수 있는 질문을 몇 가지씩 드리고자 합니다. 독자마다 다양한 반응과 의견이 나올 수 있고, '항상 옳은 답'은 없을지도 모릅니다. 문제를 다양한 시각으로 보고 논리적으로 분석하며 '생각과 비평을 명확히 하는 활동(3장 3. 비트겐슈타인과 노자의 언어철학)'을 함께 해보실까요?

1-4. 전문가와 일반가

어떤 대상을 깊이 아는 사람들을 '전문가(specialist)'라고 부르지요. 온갖 정보가 넘쳐나는 요즘은 아마 전문가 역할도 쉽지 않을 것 같네요. 지식의 깊이가 깊어질수록 폭이 좁아지는 경향은 피하기 어려울 듯합니다. 반면 다양한 지식을 섭렵하고 하나로 묶어낼 사람들을 영어로 'generalist'라고 부릅니다. '박학다식가'라는 번역은 그 뜻과 잘 맞는 것 같지 않고, 직역하자면 '일반가'라고 불러야 하겠는데 아직 이런 말이 잘 쓰이지는 않는 것 같습니다. 그건 그만큼 그런 사람들이 드물다는 뜻인지도 모릅니다. 일반가는 일종의 융합전문가라고 볼 수도 있을까요? 철학은 전문가의 영역일까요? 아니면 일반가에게 더 적합할까요? 새로운 정보와 지식이 쏟아지는 요즘 사회에는 어떤 사람들이 더 필요할까요? 여러분은 몸이 불편할 때 종합적으로 건강을 챙겨줄 주치의가 있나요? 아니면 그때그때 유명한 전문의를 검색하며 찾아다니나요?

1-5. 융합적 사고

여러분이 생각하시는, 혹은 주변에서 보는 융합적 사고란 어떤 건가요? 앞으로 융합적 사고의 중요성이 점점 더 커진다면, 자녀교육은 어떻게 하는 게 좋을까요?

2

관찰,
생명철학의 출발점

세상은
우리의 좁은 인식 안에 갇혀 있는 게 아니다.
갇혀 있는 건 우리 자신이다.

01 빛, 시각, 병리학

아기가 태어나서 가장 먼저 접하는 건 무엇일까? 바로 빛이다. 어머니 뱃속에선 접해보지 못했던 빛! 그건 엄청난 충격으로 다가와 다양한 사물의 존재를 깨닫게 해준다. 예로부터 빛이 경외의 대상이었던 건 당연하다. 빛이 없으면 볼 수 없고, 따라서 깨달을 수 없다. 빛은 이 세상이 존재한다는 걸 느끼게 하는, 더 나아가서 그걸 깨닫는 내가 있다는 걸 느끼게 해주는 존재 사고의 출발점이다. 환한 세상에 나와, 아기는 첫 숨을 들이쉬며 주변의 냄새를 맡고, 온갖 소리를 듣는다. 화려한 감각의 시대가 열린다.

본다는 건 엄청난 축복이다. 빛이 있어서 잠시나마 이런 놀라운 세상을 구경할 수 있다는 것만 해도 얼마나 다행인가? 병리학자로서 나는 평생 생명을 관찰하고 질병을 연구하며 살아왔다. 그건 실로 엄청난 특권이다. 정말이지 보면 볼수록 놀라운 것이 인체다. 생명의 근원인 세포들을 보고, 그들과 대화하고, 질병의 본질과 근원을 추구한다는 게 얼마나 가슴 벅찬 일인가? 더욱 신기한 건 관찰의 결과를 잘 정리한다면, 질병의 경로와 놀랍도록 잘 맞아떨어진다는 바로 그 사실이다. 상관패턴이 여러 환자들에서 어김없이 반복된다. 의료의 최종결정은 병리진단에 의존하고 있다는 사실이 바로 이를 보여준다. 그런데 본다는 것과 그걸 정리하여 유용한 결과를 '만들어내는' 것은 다른 이야기다. 보는 것과 아는 것이 다른 차원이란 건데, 그 둘은 대체 어떤 관계일까? 어떻게 보고 알게 될까?

오래전 미국에서 병리학자로서의 첫걸음을 떼던 전공의 시절, 나는 은사 굴드 교수Victor Ericson Gould, 1935–2006와 평소 고심해오던 이 문제에 대해 대화를 나눌 기회가 있었다.

"본 걸 말로 표현할 수 없다면 아는 게 아닐세. 그냥 바람처럼 스쳐가는 감각에 지나지 않을 따름이지."

"그걸 어떻게 표현해야 하나요?"

"곁에서 귀를 기울이는 시각 장애인이 있다 치세. 그 눈앞에 자네가 본 게 살포시 떠오르게 해주는 게 좋은 표현 아닐까?"

나는 순간 깊은 깨달음이 전해지는 걸 느꼈다.

"시각 장애인? 그게 바로 저 자신이군요."

그분의 얼굴에 조용히 번지는 미소를 보며 나는 말을 이었다.

"관찰에서 비롯한 언어가 거꾸로 새로운 시각을 이끌어낼 수 있다는 말씀인 듯한데, 실제로 어떻게 말해야 그리될 수 있을까요?"

"짧은 말 몇 마디로 표현해보게. 안 보이는 눈앞에 보이게 하려면 간단한 몇 마디 말이 '상세한' 표현보다 훨씬 나을 테니까."

"그러려면 핵심을 찔러야 하겠군요."

그분이 조용히 고개를 끄덕였다.

"그럼 한마디로 진단명만 말하면 되지 않을까요?"

"글쎄, 이름이란 게 그 실체를 얼마나 잘 표현하는 걸까? 진단이란 오늘이 시점에서 편의상 그렇게 분류하고 있다는 거지, 그게 바로 '진실'이란 뜻은 아닐세. 내일은 같은 걸 두고 다른 말을 할지 모르니까. 어찌 보면 언제든 바뀔 수 있는 유행 같은 건지도 모르네."

"예? 유행이요?"

진단이란 감히 아무도 바꿀 수 없는 자연의 법률 같은 것이라고 은연중 믿고 있던 나에겐 충격적인 말이었다. 그런 '왔다 갔다 하는' 걸 배우려고 거기까지 찾아갔던 건 아니었으니까.

"하지킨병Hodgkin's disease만 해도, 내가 병리학에 입문한 이래 몇 번이나 병명이 바뀌었는지 몰라. 그렇다고 병 자체가 달라진 것 같지는 않은걸."

교수님이 마침 함께 보고 있던 종양을 언급하며 설명했다.

"그만큼 의학이 발전한 것 아닌가요?"

"그럴 수도 있고, 아닐 수도 있겠지."

"예?"

"그건 본질을 얼마나 반영하느냐에 달리지 않았겠나?"

"그러면 어떻게 짧은 말 몇 마디로 본 것의 본질을 표현하나요?"

"그 질문은 아직 자네가 거기 다가가지 못했다는 뜻이네."

나는 고개를 끄덕일 수밖에 없었다.

"그렇군요. 그럼 그게 눈의 문제입니까, 인지의 문제입니까?"

"그 둘을 구분할 수 있겠나?"

"글쎄요, 그게 그거란 생각도 드네요. 그래서 본 걸 말할 수 없다면 본 게 아니란 뜻이군요."

"수다쟁이는 되지 말고."

소리 내어 웃는 나를 보며 교수님이 말씀을 이었다.

"눈과 두뇌, 둘 다 원천적이고 구조적인 문제가 있지. 하지만 정작 그걸 어떻게 사용하느냐가 중요하지 않을까?"

"예, 그렇습니다."

"열심히 관찰하고 생명의 본질에 조금이라도 다가가도록 평생 끊임없이 연마하는 게 바로 병리학자의 삶일세."

바다를 건너고 세대를 건너, 지금도 나는 후학들에게 그때 그 대화를 전해주고 있다.

02 감각과 인식론

아기는 세상을 보고 하나씩 깨우치며 자라난다. 실상 인간사고의 상당 부분이 '보고 배운' 것이다. '그렇게 생각한다.'는 표현 대신 종종 '그렇게 본다.'라고 하는 것도 이해가 된다. 그런 맥락에서, '생각하지 말고, 그냥 봐라.'는 비트겐슈타인의 지적은 대단히 의미심장하다(3장 3. 비트겐슈타인과 노자의 언어철학). 아무튼 감각 없는 삶이란, 비록 특출한 예술적 재능이 없더라도, 생각하고 싶지 않다. 그런데 감각이 원래 한계가 있는 것이라면, 그걸로 세상을 얼마나 온전하게 파악할 수 있을까? 아기의 사고능력은 모두 감각에서 비롯한 걸까? 아니면 감각을 해석하는 이성이나 판단력은 원래 갖고 태어나는 걸까? 감각은 어떻게 인식認識, cognition, perception으로 연결될 수 있을까? 관찰의 본질적 표현을 갈구하는 사람들에겐 절실한 질문이다.

서구사상사에는 합리주의rationalism와 경험주의empiricism의 두 갈래 큰 흐름이 교차되어 왔다(참고문헌 8, 9). 합리주의는 이성 위주 철학의 원조 격으로 볼 수 있는 플라톤Plato, 기원전 ~428–347을 위시해서, 데카르트René Descartes, 1596–1650와 라이프니츠Gottfried Wilhelm Leibniz, 1646–1716 등 주로 대륙 사상가들이 계승·발전시켜왔다. 데카르트의 "나는 생각한다, 그러므로 존재한다. Cogito, ergo sum."라는 유명한 문구가 그 입장을 대변한다. 반면 경험주의는 베이컨Francis Bacon, 1561–1626, 로크John Locke, 1632–1704, 흄David Hume,

1711–1776 같은 영국사상가들이 계보를 이어왔다. "지식이 힘이다. Knowledge is power."라는 베이컨의 말이 대표적이다. 영국이 독일과 프랑스 주도의 유럽연합에서 탈퇴하려는 요즘, 문화와 역사의 무게가 새삼 무겁게 느껴진다. 합리주의자들은 인간의 지식이나 사고는 감각적 경험을 통해 얻은 정보보다 훨씬 많은데, 그건 타고난 이성이 여러 경로로 세상에 대한 이해와 추가정보를 제공하기 때문이라고 믿는다. 반면 경험주의자들은 그런 주장을 반박하며, 한 걸음 더 나아가 경험으로 얻지 못할 건 애초에 존재하지 않는다는 회의주의적 주장까지 한다.

경험주의자들이 흔히 사용하는 논증법은 귀납歸納, induction이다. 경험적 사실을 통해 추측, 가설, 원리를 포함한 명제命題, premise를 도입하고, 그 진위를 다시 경험적으로 판단하는 방식이다. 이를테면, 부분적 관찰로 찾아낸 어떤 패턴이 있다면 그보다 더 넓은 범위를 관찰하여 그게 전체적 사실일지 검증한다. 편견과 선입견에서 벗어나 오로지 경험적 사실로부터 추론해 내자는 게 핵심이다. 그들은 과학이란 철저히 귀납적으로 발전하는 객관적인 것이라 믿는다. 그런데 과연 인간이 볼 수 있는 세계가 얼마나 되는지, 또한 인간의 감각적 인식이 그만큼 완벽한 것인지에 관해 귀납법은 상당한 비판을 받게 된다. 반면 합리주의자들은 이미 알고 있는 것에서 명제를 구성하여 그 위에 새로운 이성적 판단을 유도해내는 연역演繹, deduction을 종종 활용한다. 그런데 경험해 보지 않은 명제는 어떻게 얻는가, 어디서 나오는가? 그건 직관, 선천지식, 선천적 개념 등에서 얻을 수 있다고 대답한다. 그러면서 그들은 거꾸로 질문한다. 신의 존재를 어떻게 경험으로 알 수 있는가?

관찰을 통해 진료하고 연구하는 병리학자에게 인간의 인식이 어떻게 이루어지고 발전하는가는 단순한 현학적 논쟁에 머무르지 않는다. 생명을 관찰하며 동시에 그걸 뭉뚱그려내는 '누군가'가 있지 않다면 지식은 없다. 만일 관찰은 관찰로만 논증할 수 있고, 이성은 그와 상관없는 영역에서 따로 움직인다면 실상 뭘 봐도 '아는 게' 아니지 않은가? 지식의 수준을 넘어서 지의知意를 파악하는 작업은 더 말할 필요도 없다. 그렇다면 어떻게든 감각과 이성의 적극적 교류와 생산적 융합이 일어나야 한다. 그래야 생명의 본질에 조금씩이나마 다가갈 수 있지 않을까?

합리주의와 경험주의의 치열한 논쟁이 이어지는 가운데, 둘 다 일리가 있으면서도 지나치게 양극에 치우친 부분적이고 불완전한 주장들이 아닌지 회의하는 시각도 등장한다. 이마누엘 칸트Immanuel Kant, 1724-1804는 1781년 출간한 '순수이성비판Kritik der reinen vernunft, Critique of pure reason'에서 선험지식*a priori* knowledge의 합성에 의한 인식확장을 처음으로 제시한다(참고문헌 10). 선험지식은 경험을 통해 배우지 않고도 가능한 지식인데, 칸트 이전에는 '공은 둥글다.'처럼 그냥 주어 안에 이미 술어의 의미가 들어 있는 이른바 '분석적'인 선험지식만 생각했다. 그런데 만일 '공은 무게가 나간다.'라고 한다면, 그건 '공'이라는 모양과 무관한 새로운 '합성적' 판단으로 지식의 확장을 이루게 된다. 칸트는 수학을 선험지식의 예로 들었다. '2+2=4'와 같은 수학적 지식은 인간이 경험하거나 생각해내지 않아도 원래 그렇게 존재하는 선험적 지식이다.

그런데 두 사람씩 두 팀이 만나면 네 사람이 되는데, 구체적으로 어떤 사람들이 만나느냐에 따라 모처럼 회포를 푸는 반가운 모임이 될 수도 있고 목숨을 건 'OK 목장의 결투'가 될 수도 있다. 그래서 실제 지식이란 사물의 인지와 선험적 지식의 융합으로 이루어지는데, 감각으로 느낀 외부세계의 정보를 처리하여 순서를 매기고 이해하게 하는 건 인간의 정신이다. 따라서 이성은 이해력understanding과 감성적 분별력sensibility으로 이루어진다. 칸트는 자기 제안이 경험주의와 합리주의 각각의 한계를 극복하는 코페르니쿠스적 생각의 전환이라고 자부한다. "내용 없는 생각은 공허하고, 개념 없는 감각은 눈이 멀었다."라는 게 그의 표현이다.

형이상학에서는 인간이 감각을 통해 파악할 수 있는 모든 것을 '현상phenomena'이라 하고, 그에 반해 인간의 감각이나 인식과 무관하게 원래 존재하는 것을 '본체noumena'라고 설정한다. 말하자면 현상이란 대상과 인간의 합작품인 반면, 본체는 인간과 무관하게 원래부터 존재하는 플라톤의 '이데아idea'와 같은 맥락이다(4장 2. 플라톤과 이데아). 칸트는 인간의 체험은 사물의 겉모양에만 그치고, 본체는 존재하지만 결국 알 수 없다고 했다.[02] 본체는 인식의 영역을 넘어선다는 건데, 그에 대한 비판도 상당히 있다. 플라톤은 동굴 벽에 비치는 그림자처럼 이데아를 볼 수 있다고 비유했는데(참고문헌 11), 그마저 깨달을 수 없는 것이라 한다면, 혹시 칸트는 본체를 너무 좁게 설정한 건 아닐까?

그렇다면 인간의 질병을 다루는 병리학은 어떨까? 세포와 조직이 이루는 현상을 살펴보고, 어떤 공통점이 드러나면 진단이라는 이름으로 정리해보는 것으로 그치는 걸까? 그게 질병이 실제 전개되는 양상과 잘 맞아떨어지고 대부분 환자들에게 어김없이 반복된다는 사실은 무엇을 뜻할까? 혹시 세밀한 관찰을 통해 생명과 질병의 본체를 언뜻 볼 수 있게 되는 건 아닐까? 그렇다면 관찰은 대상의 본질을 적절한 말로 표현할 수 있어야 비로소 완성된다는 굴드 교수의 가르침은 대단히 의미심장하다. 관찰을 통한 인식의 융합은 언어를 매개로 이루어지며, 그렇게 도입한 좋은 명제는

---

02 칸트는 이것을 '사물 그 자체'라는 뜻의 'Ding an sich', 영어로 'Thing-in-itself'라고 표현했는데, 그 말의 엄밀한 적용범주에 대해서 다소 이견도 있다.

이성적 논증을 유도하여 지식의 확장과 발전을 이끌어내고, 나아가 그 현상으로 나타나는 특정지식의 더 깊고 넓은 의미에 다가갈 수 있게 된다. 거기엔 관찰을 위한 세심한 노력과 아울러, 선천적 직관, 후천적 지식, 적절한 훈련 등 종합적 뒷받침이 필요하다.

귀납법은 베이컨이 처음 도입했는데, 흄은 같은 경험주의자면서도 귀납적으로 얻은 지식을 증명하는 데는 한계가 있다고 인정한다. 즉, 인간의 감각적 인식만으로는 자연법칙을 증명하는 데 한계가 있거나 아예 불가능할 수 있다. 매일 아침 해가 뜬다는 건 경험으로 알지만, 내일도 해가 뜨리라는 걸 어떻게 증명하는가? 유명한 '귀납의 문제'다. 이 문제는 오랫동안 철학의 숙제로 남아 있었는데, 20세기 철학자 포퍼Karl Raimund Popper, 1902 - 1994는 '내일도 태양이 뜨리라는 걸 오늘 증명할 길은 없지만, 매일 태양이 뜬다는 가설은 세울 수 있다.'라고 제시했다. 어느 날 태양이 뜨지 않으면 그 가설은 그때 '틀렸다고 밝혀지는falsified' 것이며, 그 전까지는 그 가설을 거부할 필요가 없고 태양이 어떻게 될 거라는 등 복잡한 이론을 세울 필요도 없다는 얘기다.

포퍼는 과학은 확증verification이 아니라 잘못을 찾아내어 삭제falsification, elimination해감으로써 발전해 가는 진화론적 학문이라고 주장하며, 애초부터 삭제할 여지가 없는 건 종교나 신념일지는 몰라도 과학은 아니라고 단언했다. 놀랍도록 참신하고 실용적인 견해인데, 실은 고대 그리스 철학자 지노파네스Xenophanes of Colophon, 기원전 ~570-475도 같은 생각을 가지고 있었다. 하늘 아래 새로운 생각이란 없는 걸까? 아무튼 가설과 이론이 풍부하게 나오고 또한 많이 삭제될수록 과학은 발전한다. 그렇다면 포퍼는 엄숙한 과학에 풍성한 이야기보따리를 풀어준 셈이다. 요즘엔 인터넷 덕분에 개인은 물론이고 사회의 총체적 사고역량이 획기적으로 발전할 기반이 마련되었다. 실제로 그렇게 될지는 우리 자신에게 달려 있다.

03 감각의 원천적 불완전성

다시 시각 이야기로 돌아가 보자. 인간이 가진 다섯 감각 중 가장 뛰어나기로는 단연 시각이 손꼽힌다. 그러나 시력이 아무리 좋은 사람이라도 몇 킬로미터 떨어진 먹잇감도 찾아내는 독수리의 날카로운 시각에는 비할 바가 못 된다. 만일 사람 눈의 물리적 구조를 획기적으로 개선할 방법이 개발된다 해도 문제가 다 해결되는 건 아니다. 망막세포의 감지능력만큼이나 그 신호를 해석하는 시각두뇌기능도 중요하기 때문이다. 시각은 빠르고 뛰어난 반면 사물을 파악하는데 근원적인 문제가 내포되어 있다. 우리가 사물을 본다는 건 거기 부딪혀서 반사한 빛photon을 보고 '느끼는' 것이다. 즉, 사물 그 자체가 아니라, 거기서 전해지는 감각적 자극을 해석한다. 그건 청각도 마찬가지다. 소리란 공기의 파장이 전해오는 것이니까. 그러면 보고 듣는다는 게 모두 주관성이 상당히 반영된 해석의 결과이고, 자칫하면 실상과 동떨어진 나름대로의 '추정'일 수도 있다. 셰익스피어의 '리어왕'은 딸들이 보여주는 교태와 들려주는 감언에 홀려 그들의 진면목을 놓치고서 자기만의 세계에 빠져들며 생기는 비극이다. 인간의 근원적 약점을 적나라하게 보여주는 점에서도 길이 남을 명작이다.

우리 눈의 해부학적 구조도 시각의 주관적 해석에 영향을 미칠 수 있다. 빛을 감지하는 망막에서 가장 예민한 부분인 황반macula이 차지하는 부분은 대단히 작은 편이라서 전체 시야에서 차지하는 부분이 팔을 쭉 뻗었을 때 보이는 엄지손톱 크기 정도다. 나머지 부분은 어렴풋이 보고 있다는 의미다. 그래서 부지중에 수시로 눈을 움직이며 그 약점을 보완한다. 하지만, 어느 순간 받아들이는 시야의 대부분은 결국 '봤다고 여기는' 수준에 머무는 일종의 '가상현실'일 수도 있다. 어떤 사건을 '똑똑히' 본 증인들이 서로 다른 말을 하더라도 별로 이상할 게 없다. 즉, '본다는 것 자체가 이야기'란 뜻이다.

후각과 미각은 그에 비해 해당 물질 분자를 직접 우리의 코와 입에 있는 수용체가 받아들여 느낀다. 그래서 거짓을 꾸며내기 쉽지 않고, 시각과 청각에 비해 그만큼 오류가 적을 수도 있다. 그러나 사람의 후각 수용체들은 다양성과 기능이 떨어져서 냄새 물질들을 세밀하게 감별하기 어려울뿐더러, 그걸 통해 전해오는 자극을 해석해야 한다는 면에서도 한계가 있긴 마찬가지다. 촉각은 사물을 직접 만져보지만 화학반응이 아니라 신경반응이라는 점에서 대체로 그 중간 정도라고 보면 되겠다.

인간이 은근히 자부심을 갖는 이성의 도움으로 감각정보를 해석하려면 우선 감각신호를 적절한 언어로 전환해야 한다. 그런데 그것부터가 결코 쉬운 일이 아니다. 감각을 다루는 두뇌와 언어두뇌가 멀리 떨어져 있고, 그사이에 별다른 연결망이 없기 때문이다. 즉, 감각과 언어가 상당 부분 '따로 놀고 있다.'는 뜻이다. 시각중추는 대뇌 후두엽에 있는 반면 언어중추는 측두엽에 위치한다. 게다가 후각중추는 진화적으로 오래된 변연계limbic system에 속해서, 대뇌피질 언어중추와는 아주 다른 차원이고, 오히려 감성, 보상, 기억력 등과 더 밀접한 연관성이 있다. 특정 냄새를 말로 표현하기가 아주 어려운 이유가 바로 거기에 있다(참고문헌 12). 후각은 이른바 '감성지수EQ, emotional quotient'와 더 연관이 깊다.

말로 표현할 수 없다고 느끼지 못한 건 아니다. 인간이 언어를 가지기 오래전부터 감각은 삶을 이끌어 왔다. 다만, 인식능력을 키우려면 감각

중추와 언어중추 사이의 연결을 계속 강화시켜 마치 하나의 기능적 중추처럼 원활하게 움직이게 하려는 노력이 필요하다. '말할 수 없는 것에 대해선 침묵하라.'라는 비트겐슈타인의 지적은 되는 대로 둘러대지 말라는 뜻이다(3장 3. 비트겐슈타인과 노자의 언어철학). 관찰자는 침묵할 수 없다. 다만 가장 적절한 표현을 찾아 끊임없이 노력할 따름이다.

04 시각의 물리적 한계: 망원경과 현미경

생명과학은 인간의 시야가 얼마나 좁은지 깨우치는 과정 속에 발전해왔다. 그 과정은 모든 과학, 철학, 문화적 영역까지 폭넓은 영향을 미치게 된다. 우연한 기술발달로부터 시작한 그 과정은 우리가 본다는 게 실상 얼마나 미미한 부분에 그쳤었는지, 얼마나 못 본 걸 봤다고 얼버무리고 우기며 살아왔는지 자각하게 이끌어주었다. 그리곤 자신이 누구인지 돌아보게 해주었다.

망원경은 16세기 렌즈 제작기술의 발전에 힘입어 개발된다. 렌즈를 두 개 들고 겹쳐보니 신기하게 멀리 있는 물체가 가까이 보였다. 때마침 대항해 시절을 맞아 새로 등장한 망원경의 중요성을 깨닫는 데는 오랜 시간이 걸리지 않았다. 말하자면 시각의 물리적(공간적) 한계성을 다소 극복한 것이었다. 다만 그건 이미 알고 있는 존재를 더 손쉽게 본다는 개념이었다. 그러다가 그걸 다른 목적으로 사용하면서, 즉 하늘을 보면서, 큰 사단이 벌어지기 시작한다.

갈릴레오Galileo Galilei, 1564–1642는 망원경으로 태양의 흑점과 목성의 위성들을 발견했다. 육안으론 볼 수 없던 천상의 새로운 존재를 확인하는 순간이었다. 문제는 거기서 그치지 않는다. 그 천상의 움직임은 천체의 자전과 공전 말고는 달리 설명할 길이 없었다. 갈릴레오는 한 세기 전 코페르니쿠스Nicolaus Copernicus, 1473–1543가 주창했던 지동설이 부인할 수 없는 사실이라고 확신하게 된다. 확장된 시야로 본 천체는 그전에 축적된 여러 데이터와 완벽하게 합치했다. 바로 신의 뜻을 본 것이었다! 그러나 그건 지상의 신학은 아니었다. 그 안에서의 우주는 여전히 지구를 중심으로 돌고 있었다. 그 후 그가 겪었던 고초와 진실의 무게를 굳이 언급할 필요는 없을 것 같다. 갈릴레오로 대변되는 시야의 확장은 서구사회에서 억압에 맞서는 자유에의 갈망으로 부단히 맥을 이어가, 과학혁명, 계몽주의, 산업혁명으로 이어지는 확고한 사상적 기반을 이끌어낸다.

현미경은 그보다 늦은 17세기 중반에 등장하는데, 본격적인 현미경은 반 레벤훅Antonie Philips van Leeuwenhoek, 1632–1723이 처음으로 개발해냈다. 자수성가한 사업가였던 그는 다방면에 관심이 깊은 '르네상스인'이었다. 직접 렌즈를 갈아서 해상도 높은 현미경을 만들어낸 그는 이를 통해 처음 접하는 미세세계 속으로 빠져든다. 그러다가 연못물 속에서 놀라운 것을 보게 된다. 살아 움직이는 수많은 작은 생명체들, 즉 미생물이었다.[03] 발견은 또 다른 발견을 부른다. 이어서 동물의 근육섬유, 정자, 모세혈관을 흐르는 혈액까지 면밀히 관찰하여 그게 다 독립된 단위들, 즉 세포로 이루어진 걸 깨닫는다. 그 업적으로 그는 동시대인 로버트 후크와 함께 '세포의 발견자'라고 알려져 있다.

03 반 레벤훅은 자신이 발견한 미생물을 '미세동물(animaculum)'이라고 불렀는데, 지금도 '미생물학의 아버지'라고 일컬어진다.

그는 정식으로 과학교육을 받은 적도 없었고 학위도 없었다. 논문을 내본 적도 없었으며, 발견한 내용들을 영국 왕립학회지에 '편지' 형태로 보고했을 뿐이다. 말하자면 아마추어였지만 대단한 개척정신의 소유자였고, 학계는 기존의 생명관에서 완전히 벗어난 결과를 인정해주었다. 마침 그때는 서구에 과학혁명이 일어나고 네덜란드가 세계로 뻗어 나가는 이른바 '탐험의 황금기'였다. 그게 다 우연히 동시에 벌어진 일들이었을까?

망원경과 아울러 현미경의 탄생은 인간에게 새로운 세상을 열어주었다. 우리가 익숙하게 봐오던 세상은 실제 존재하는 세상의 극히 일부분에 지나지 않을지 모른다! 사람들은 크나큰 충격 속에 눈을 뜨게 된다. 이제 현미경학의 주요 관심은 인간 스스로에게 향한다. 여러 현미경적 기법과 염색법이 차례로 개발되고 그 바탕 위에 조직학이 발전하며, 그때마다 한 걸음씩 인간의 시야는 넓어졌다. 그리곤 미생물뿐 아니라 인간, 동물, 식물에 이르기까지 '모든 생명체는 세포로 이루어진다.'라는 세포론으로 이어졌다. 생명과학과 의학이 내디딘 커다란 한걸음이었다.

05 시각의 시간적 한계: 진화

생물의 감각은 가능한 짧은 시간 안에 작동할 수 있도록 발전해 왔다. 자연 속에서 생존하려면 즉각적 반응이 결정적 요소이기 때문이다. 그런데 사물을 잘 관찰하려면 그런 순간적 반응보다 꾸준히 살펴보는 끈기가 더 필요할 수 있다. 그 과정에서 변화하는 일련의 모습을 볼 수 있다면 본질을 이해하는 데 큰 도움이 될 수 있기 때문이다. 예를 들면, 어느 날 인공위성촬영을 통해 적진에서 이상한 징후를 발견했는데, 그게 뭔지, 뭘

하려는 건지 파악하기 어렵다. 그런데 계속 살펴보니 어떤 방향의 변화가 포착되며 사진 한 장으로는 도저히 가늠하기 어려웠던 의도가 명백히 드러났다. 말하자면, 시간의 흐름을 '보는' 것이다. 그런데 관찰자의 삶은 유한한데, 그와는 비교할 수 없도록 훨씬 더 긴 유구한 세월 동안 느리지만 끊임없이 벌어지는 변화가 있다면 그걸 어떻게 볼 수 있을까?

다윈Charles Robert Darwin, 1809–1882은 영국의 명문 에딘버러 의과대학에 입학하고는, 곧 지루하고 따분한 강의에 염증을 느끼고 자연과 역사 공부에 끌려 해양 무척추동물 연구에 흥미를 갖게 된다. 그걸 본 부친이 놀라서 캠브리지 대학으로 전학시키지만 여전히 그 기대에 부응하지 못하고 있다가, 급기야 1831년 세계탐사를 떠나는 비글HMS Beagle호에 자연 연구관으로 지원한다. 장장 5년간 이어진 탐사의 끝자락에 비글은 망망대해 점점이 모인 섬들로 이루어진 갈라파고스 군도에 도달한다. 화산활동으로 갓 태어난 지옥 같은 섬, 낙원 같은 성숙한 섬, 생을 마치고 죽어가는 듯 밋밋한 섬까지 다양한 모습은 마치 생물체들의 생로병사를 보는 듯했다. 각 섬의 생물군집도 상당히 차이가 났다. 거북들은 보기만 해도 어느 섬 출신인지 알 수 있을 정도였다. 어째서 그럴까? 다윈은 부지런히 조사하여 많은 샘플들을 수집한다.

귀국길, 배 안에서 그는 수집한 샘플들을 정리하며 골똘히 생각에 잠긴다. '자연환경과 생물군집이 함께'한다? 그게 무슨 뜻일까? 각 섬의 흉내지빠귀mocking birds들도 부리 모양이 상당히 달랐다. 서로 다른 종일까? 그렇게 보긴 어렵다. 그러면 변종? 어떻게 섬마다 서로 다른 변종이 있을 수 있을까? 고심하던 그의 눈앞에 섬마다 천지 차이가 나던 자연환경이 떠오른다. 그렇다! 새의 부리와 거북의 등딱지는 각각 섬에서 살아가기 딱 맞도록 최적화되어 있던 것이다. 답은 한 가지다. 오랫동안 고립된 지역에서 주어진 자연환경에 적응하는 개체들만 번성해온 결과였다. 비로소 시간을 거슬러 생명을 보는 눈이 떠진 것이다!

그런데 그건…우리가 보는 세상을 신이 손수 창조한 게 아니란 뜻 아닌가? 이 내용을 발표하면 신을 부정하는 걸로 비칠 수 있지 않을까? 갈릴레오처럼 종교재판에 소환되진 않더라도 온갖 수난을 겪을 수 있다. 무려 20년 넘게 신중에 신중을 기하며 근거를 하나씩 확충하고 가다듬어서, 마침내 1859년, 그는 '종의 기원On the origin of species'을 출간하여 진화와 자연선택의 개념을 주창한다(참고문헌 13). 보통 사람 같았으면 아마 입이 간지러워서라도 참지 못하고 그전에 뭔가 일을 벌였을 듯하다. 그러나 그 긴 진화를 말하는 데 그까짓 기다림쯤이야!

우리가 본다고 인식하는 건 실상 아주 짧은 순간의 제한된 모습일 뿐이다. 모든 생명은 환경에 맞춰 끊임없이 진화하며 삶을 이어간다. 극심한 논란에도 불구하고 일단 자리 잡은 진화의 개념은 비단 생명체에만 머물지 않았다. 독일의 탐험가, 지구물리학자, 기상학자인 베그너Alfred Lothar Wegener, 1880 – 1930는 1912년 출간한 '대륙의 기원The origin of continents'에서 원시지구는 하나의 큰 대륙, '판게아Pangea'로 이루어져 있다가 서서히 여러 대륙으로 나뉘었다고 주장한다. 제목부터 다윈에게서 따온 건데, 그 역시 다윈처럼 자기주장을 밑받침해줄 여러 증거들을 제시했다. 대륙들의 모양이 마치 퍼즐 맞추듯 곧잘 맞아 들어갔고, 발굴되는 화석들의 분포는 그 맞춰진 퍼즐 위에 자연스럽게 연결되었다. 다윈 덕분에 그만큼 크게 비판받지는 않았던 모양이다. 무시당했을지는 몰라도.

그렇다면 정말 대륙이 이동했다는 건데, 어떻게 엄청난 대륙판들이 물 흐르듯 움직일까? 그런데 그건 새로운 아이디어가 아니었다. 고대 그리스의 탈레스는 세상이 평평하며 물에 떠서 움직인다고 했다. 사실은 물이 아니라 액체성 마그마 위에 떠 있지만, 대륙판이동설이 이미 수천 년 전에 등장한 건 엄연한 사실이다. 세상에 진정 새로운 건 없나 보다. 진화론 덕분에 이제 땅속까지 보이는 눈이 떠진다. 일단 떠진 눈으로는 세상이 다시 보인다. 세상은 우리의 좁은 인식 안에 갇혀 있는 게 아니다. 갇혀 있는 건 우리 자신이다.

06 어떻게 관찰할까?

시각이 본질적으로 주관적 해석을 벗어날 수 없다면, 어떻게 세상을 봐야 할까? 어떻게 안 보이는 눈앞에 사물의 모습이 살포시 떠오르게 말해 줄 수 있을까? 그 난해한 생명을 어떻게 보면 될까? 사람마다 눈이 다르고 보고자 하는 바도 다를 테니, 그건 어쩔 수 없이 각자의 몫으로 남는다. 그래도 큰 원칙들은 짚어볼 수 있다. 첫째로, 있는 그대로 보라는 것이다. 훌륭한 관찰은 '나'를 버려야 가능하다. 어린애처럼 봐야 한다. 있는 걸 그대로 보는 게 무슨 대수일까 싶기도 하다. 과연 그럴까?

사람 위장에 사는 세균 헬리코박터*Helicobacter pylori*는 1982년 호주의 마샬Barry Marshall과 로빈Warren Robin이 발견했다(참고문헌 14). 이야기는 병리학자 로빈에게서 시작한다. 어느 날 그는 염증이 심한 위 점막에 닥지닥지 붙어 있는 길쭉한 모양의 세균들을 본다. 응? 강한 산성인 위 안에 세균이? 다시 봐도 분명히 이건 그냥 음식에 묻은 '지나가는' 균이 아니라 위에 붙어 '사는' 균이다. 혹시나 해서 뒤져봐도 그러한 균에 관한 문헌은 보이지 않는다. 그러나 분명히 균은 있다! 다른 환자에게서도 보인다. 그걸 동료 마샬에게 보여주자, 두 사람은 이제 확신에 찬 서로의 눈을 바라본다.

세균을 동정하려면 먼저 배양부터 해야 한다. 마샬은 샘플이 나올 때마다 대기하다가 넘겨받아 배양을 시도하지만, 어찌 된 노릇인지 아무리 애써도 뜻대로 잘 되지 않는다. 대체 뭐가 잘못된 걸까? 지친 그는 자포자기 상태로 휴가를 떠났다. 돌아와 배양기를 청소하고 배지들을 버리려고 들어보니, 이게 웬일인가? 미세한 군체colony들이 자라고 있는 게 아닌가? 위처럼 저산소 상태에서 잘 자라는 헬리코박터의 특성으로 인해 휴가 중 배양기가 방치돼 산소공급이 원활하지 않았음에도 불구하고 오히려 잘 자랐던 것이다.

드디어 그 균은 살아있는 실체를 드러낸다. 그런데 이게 무슨 균일까, 어떤 생물학적 의미가 있을까? 그냥 인간과 더불어 공생하는 걸까, 위염 때문에 이차적으로 자라나게 된 걸까, 아니면 위염을 일으키는 병원균일까? 그건 직접 겪어볼 수밖에 없었다. 마샬은 스스로 그 균 배양액을 마시곤 머잖아 복통을 동반하는 심한 위염에 걸린다. 곧이어 위궤양이나 위암과의 밀접한 역학적 연관성까지 밝혀지며, 그들은 그 공로로 노벨상을 수상하게 된다. 드디어 위암 발생의 주원인을 찾은 것이다! 두 사람의 예리한 관찰과 집념이 일구어낸 성과였다. 헬리코박터는 전 세계적으로 분포하지만, 특히 한국인을 비롯한 동양인들에게 자주 발견되며 심각한 위염과 위암을 일으킨다는 게 밝혀진다.

그런데 한 가지 의문이 떠오른다. 헬리코박터는 왜 이제야 발견된 걸까? 전에 없던 새로운 균이 생겨난 걸까? 그게 아니라면, 대부분 국민들이 감염된 한국의 병리학자들은 뭘 하고 있었단 말인가? 혹시나 싶어서 오래된 슬라이드를 구해 보면 역시 균들이 우글우글하다. 특별한 염색이 필요한 것도 아니다. 그런데 왜 그걸 못 봤을까? 왜 보고도 못 봤을까? 강산성인 위 속에는 균이 '원래 없다.'는 생각이 앞섰기 때문이었다. 그래서 보고도 인식에서 지워버렸다. 그러니 '없었다.' 헬리코박터는 인류와 함께 진화해왔다. 나중에 문헌을 샅샅이 뒤져보니, 그러면 그렇지, 오래된 병리학술지에 위 속 세균에 대한 보고가 있었다(참고문헌 15). 하지만 그대로 묻혀버렸다. 아날로그 시대에 벌어졌던 일이지만, 요즘 디지털 시대라고 사정이 그리 다를까? 관찰자가 스스로를 버린다는 건 그렇게 어렵고 힘든 일이다.

관찰의 둘째 원칙은 전체를 보라는 것이다. 그래야 본질에 더 가까이 다가갈 수 있다. 그런데 그게 쉽지 않은 주문이다. 관찰대상의 윤곽도 잘 모르는 상태라면 더욱 그렇다. 전체를 본다는 건 그 범위를 파악하는 데서부터 시작한다. 생명은 테두리가 있기에 존재한다(6장 1. 생명의 테두리). 그러면 어떻게 해야 전체를 볼까? 영화에 등장하는 두 사람 사이의 관계는 보통 그들 사이의 거리로 나타난다. 친밀한 관계가 될수록 그 거리는 좁혀진다. 그런데 가까이 다가갈수록 상대방의 어떤 면은 잘 보겠지만, 깊은 내면, 즉 본질은 오히려 놓치는 경우가 많다. 별것 아닌 겉모습에, 실은 그게 바로 보고자 하는 모습인지 모르겠지만, 빠져들기 십상이기 때문이다. 오히려 한걸음 뒤로 물러나서 보는 편이 훨씬 더 잘 보일 수 있다. 좋든 싫든, 비로소 상대방 전체가 보이기 때문이다. 전체가 보이면 주위와 비교하여 그 위치와 입장을 깨달을 수 있다.

'유아돌연사 증후군sudden infant death syndrome'은 갓난아기가 갑자기 숨을 거두는 상황을 일컫는 말이다. 예쁜 아기가 갑자기 세상을 떠나면 부모의 상심이 어떨지 말할 필요도 없을 텐데, 어째 그런 일이 벌어질까? 19세기 들어, 유아돌연사 증후군으로 희생된 아기들은 흉선thymus과 림프절들이 월등히 크며, 이로 인해 갑자기 사망할 수 있다는 보고가 나온다. 이 보고는 나중에 '흉선림프현상status thymicolymphaticus'이라는 멋진 이름의 '질병'

으로 무려 한 세기 이상 세상을 풍미한다. 당시 자유주의[04] 풍조 속에 교육받은 엄마들이 그 결과를 가만히 두고 보지만은 않았다. 흉선 크기를 줄여 사랑스러운 아기를 지키려고 앞다투어 행동에 나서서, 수많은 아기들이 방사선조사를 받았다. 그 아기들에게 딱히 돌연사가 줄었다는 보고는 없었다. 원래 대단히 드문 상황이라 제대로 통계를 내보기도 어려웠다. 정작 문제는 그 아이들이 자라나며 방사선조사 후유증으로 갑상선암을 비롯한 각종 암에 시달리게 된 데 있었다.

대체 어찌 된 일이었을까? 처음 보고했던 병리학자는 뭘 본 걸까? 그 아기들의 흉선이 큰 건 사실이었다. 그런데 '크다' 또는 '작다'란 무슨 뜻일까? 그 자체가 다른 것과 비교해보기 전엔 할 수 없는 말이다. 그럼 무엇에 비해서? 살아있는 아기들의 흉선을 볼 수는 없으므로, 대조군은 죽은 아기들밖에 없었다. 급사한 경우가 아니라면, 각종 질병으로 시달리며 시름시름 죽어간 불쌍한 아기들이었다. 질병으로 인한 심한 스트레스로 그들의 흉선은 쪼그라들어 있었다. 사실은 대조군 흉선이 작았고, 갑자기 죽은 아기들의 '질병군' 흉선은 '정상' 크기였던 것이다. 아, 이걸 어쩌면 좋을까! 다 어떻게 보느냐의 문제였다. 대상의 테두리를 확인하지 않고 무턱대고 들어가 그 안에서 방향을 잃고 헤맸던 것이다. 넓은 시야로 전체를 보지 못해 벌어진 기막힌 비극이었다. 그런데 한번 자리 잡은 사고는 쉽게 바뀌지 않는다. '흉선림프현상'은 불과 20-30년 전까지 전 세계 병리교과서에 버젓이 실려 있었다. 방사선조사 이야기만 슬며시 빠진 채로.

운이 지독하게 없어서 예외적 상황이 벌어진 걸까? 그런 것 같지는

04 19세기말 유럽에 군림하던 왕정들이 속속 무너지며 시민계급이 새로 등장하여 자유와 평등사상을 바탕으로 정치나 관습의 억압에서 벗어나려 했던 시대적 사조.

않다. 의학사를 통틀어 '의료'란 이름으로 행해진 모든 행위들이 인간에게 실제로 얼마나 도움이 되었던지 회의적인 시각이 많다. 의료가 인간에게 해를 끼치기보다 조금이라도 도움을 더 주게 된 건 불과 백여 년 남짓밖에 안 된다는 견해도 있다. 서양의사의 상징으로 여기는 란셋lancet이란 원래 정맥을 째서 이른바 '사혈'하는 도구였다. 그걸로 뭘 고쳤는지 몰라도, 아무튼 란셋은 모든 의사가 갖고 다니던 필수품이었고, 권위 있는 영국의학 학술지 '란셋'도 그 이름을 딴 것이다. 원래 의료가 과학적인 면과 비과학적 면이 뒤섞인 분야라 그런 걸까? 정말 과학은 더 '과학적'으로 발전하지 않을까? 그렇지도 않은 것 같다. 저명한 이론물리학자 막스 플랑크Max Karl Ernst Ludwig Planck, 1858–1947는 "새로운 과학적 진실은 반대자들이 납득해서가 아니라 그들이 죽고 다음 세대가 들어서야 비로소 받아들여진다."고 말했다. 달리 말하자면, "과학은 한 번에 장례식 하나만큼만 진전한다. Science advances one funeral at a time."

07 발견의 기쁨

관찰은 쉬운 일이 아니다. 열정 없이는 할 수 없는 어려운 작업이지만, 세상을 발견하는 엄청난 기쁨을 안겨줄 수 있다. 요즘 대사대란이라는 말이 어울릴 정도로 당뇨가 전 세계를 휩쓸고 있다. 말하자면 새로운 유행병이 창궐하는 것이다(9장 1. 비만, 풍요라는 이름의 질병). 그 한가운데 혈당을 조절하는 호르몬인 인슐린이 있다. 인슐린은 어떻게 알려졌을까?

1860년대 독일의 젊은 의학도 랑거한스Paul Langerhans, 1847–1888는 당시 조직학의 신기술인 도침impregnation 조직화학염색법을 연구하고 있었다.

도침 조직화학염색법이란 염색용액에 들어있는 금이나 은 입자가 상황에 따라 여러 조직에 다르게 침착하는 걸 활용한 염색법인데, 잘만 하면 어떤 특정 세포들만 따로 염색해낼 수 있다. 염색조건이 아주 까다롭고 변화무쌍해서 지금은 잘 활용하지 않고 특이항체를 이용한 면역조직화학법으로 대치하고 있지만, 당시만 해도 새로운 걸 볼 수 있는 새로운 눈이었다. 헌신의 노력 끝에 어느 날 그는 소화액을 내는 외분비선으로 가득한 췌장에서 마치 고요한 바다에 떠 있는 섬 같은 구조물들을 발견한다(참고문헌 16).

당시는 그 생물학적 의미를 알 수 없었지만, 수십 년이 지난 후에야 비로소 그 섬들이 내분비기관이며 혈당을 조절하는 호르몬이 그로부터 분비된다는 사실이 밝혀진다. 이에 붙여진 '인슐린insulin'이란 이름도 그가 찾았던 '섬insula'에서 따온 것이다. 그 후에도 끊임없이 도침법을 개선해가며 연구하다가 이번에는 피부상피세포 속에 자리 잡고 있는 별 모양의 특이한 세포들을 발견한다. 그의 이름을 따서 랑거한스 세포라고 불리는 이 세포들이 처음으로 모습을 드러낸 것은 면역조절 수지상세포dendritic cell였다(8장 4. 면역계, 또 하나의 블록체인). 업적을 인정받아 곧바로 베를린대학 정교수에 임명된 후에도 부단히 연구를 계속하던 그는 젊은 나이에 그만 폐결핵으로 세상을 뜬다. 갇힌 공간에서 무수한 부검을 하며 연구에 매진했으니 어찌 보면 스스로 선택한 운명이었는지도 모른다. 젊음을 불사르는 열정이 없었다면 그런 대단한 발견이 가능했을까?

랑거한스는 젊은 시절 필자의 귀감이었다. 그런데 섬의 '발견'은 거기서 끝난 게 아니다. 그 안에 새로 찾아낼 것들이 얼마든지 기다리고 있다. 조금만 더 들여다보면 모르는 것 투성이가 바로 생명이다. 랑거한스 섬에는 인슐린을 분비하는 베타세포 외에 글루카곤(알파세포)과 조마토스타틴(델타세포) 등을 분비하는 내분비세포들이 모여 있다. 베타세포는 원래 섬이 존재하는 이유, 즉 인슐린을 분비하기 위한 거라고 치더라도, 왜 다른 내분비세포들까지 작은 섬으로 뭉쳐 있는지는 의문으로 남아있다. 사람 췌장의 내분비세포들은 균일하게 분포하지 않고, 알파세포와 델타세포는 종종 섬의 가장자리와 모세혈관 주변에 모여 있다. 어떻게 그런 구조가 만들어지는지는 신비에 싸여 있었다. 그렇다면 태아의 췌장이 발생하는 과정에 그 비밀이 숨어있지 않을까? 하지만 그건 이미 많은 발생학자들이 열심히 살펴보지 않았을까? 아무튼 잘 관찰해 보니, 놀라운 사실이 기다리고 있었다. 섬들은 매우 특이한 방법으로 활발하게 만들어지고 있었다.

먼저 두 가지 다른 유형의 전구체 섬precursor islets들이 만들어지는데, 하나는 베타세포만으로 이루어지고 다른 하나는 알파세포와 델타세포가 고루 섞여 있다. 그리고 그 두 섬이 융합하며 비로소 성숙한 섬이 만들어진다(참고문헌 17). 그 과정은 랑거한스가 봤던 것처럼 잔잔한 바다에 고요히 떠 있는 섬들이라기보다는, 마치 원시태양계에서 거칠게 충돌하고 융합하며 성숙해가는 행성들 같았다. 융합을 통해 알파/델타세포 섬은 적극적으로 베타세포 섬을 감싸고 파고들며 혈관형성을 자극하여, 결과적으로 섬의 가장자리와 혈관주위에 자리 잡는다(그림 2). 섬이 발견되고 무려 150년이 지나서, 그 특이한 구조가 어떻게 이루어지는지 윤곽이 비로소 밝혀진 것이다.

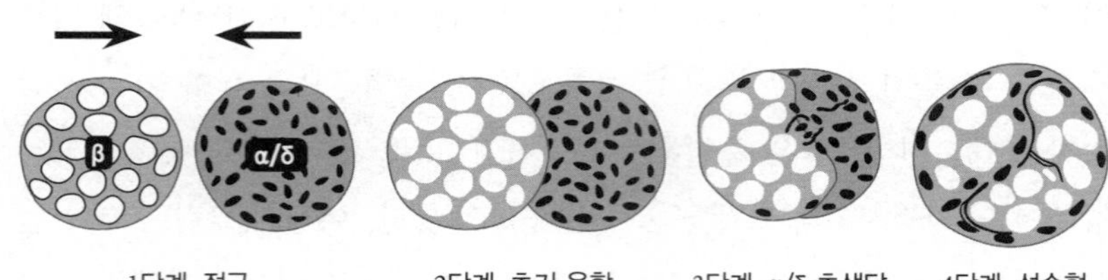

그림 2 사람 췌장 랑거한스 섬 발생과정

사람 태아 췌장은 먼저 β 섬과 α/δ 섬이 따로 만들어진 다음, 그 둘이 서로 융합하여 성인형 섬으로 성숙해간다. α/δ 섬은 α세포와 δ세포가 잘 섞인 구조인데, 섬 융합과 모세혈관 발달을 주도한다(3, 4 단계). 이런 복잡한 발달과정을 통해 β세포가 성숙하여 인슐린 분비기능이 완성된다.

새로운 사실이 밝혀지면 질문들이 꼬리를 물기 마련이다. 왜 랑거한스 섬은 그런 복잡한 과정을 통해 만들어질까? 전구체 섬들은 크기가 다양한데, 그러면 융합으로 만들어지는 섬들의 세포 비율은 어떻게 조절될까? 섬의 특이한 구조에는 어떤 기능적 의미가 있을까? 조직 발생과정에서 벌어지는 세포들의 신비한 성숙과정은 잘 알 길이 없다. 모르는 건 함부로 예단하지 말고, 떠오르는 질문들을 잘 정리해서 발표하고 침묵하며 성찰하면 된다. 대사조절의 핵심인 랑거한스 섬이 융합을 통해 발생한다는 건 대단히 의미심장하다. 융합은 모든 생명현상에 신비로운 힘을 불어넣어 준다. 생각도 마찬가지다. 앞으로 섬 발생에 관한 새로운 자료가 나오면 이미 정리해둔 질문들과 융합하여 새로운 가능성, 즉 가설이 떠오를 수 있다. 줄기세포로 기능성 베타세포를 배양하여 제1형 당뇨 치료에 활용하려는 연구에도 중요한 참고가 될 것으로 보인다. 위대한 성과들은 대개 융합을 거쳐 나타난다.

랑거한스 섬 융합의 발견은 콜럼버스 달걀 같은 건지 모른다. 그런데 나는 그 연구결과를 발표하느라고 상당히 애를 먹었다. 요즘 손꼽히는 학술지들은 "관찰만으로 이루어진 연구는 싣지 않는다."라고 자랑스레 선언하곤 한다. 그러면 대체 새로운 발견 없이 어떻게 생명과학의 실마리를 풀어가겠다는 걸까? 이미 찾을 건 다 찾았다는 걸까? 앞으로 살펴보겠지만, 현대의학은 극단적 환원주의reductionism 물결 속에 휩쓸려 있다(4장 7. 과학혁명과 환원주의). 모든 존재는 그걸 이루는 구성물만 보면 다 알 수 있다는 자신감의 발로다. 과연 그럴까?

08 무엇이 시야를 가리는가?

관찰하기 가장 어려운 대상은 바로 생명이다. 생명은 복잡한 차원에 걸쳐 존재하며, 도무지 전체를 파악할 수 없도록 광범위하면서, 세부 하나하나가 모두 그 얼굴이다. 다양성은 생명의 진수 그 자체다. 어떻게 다양한 세부를 놓치지 않으면서 전체를 볼 수 있을까? 그런 너른 시각은 어디서 찾아볼 수 있을까?

겸재 정선謙齋 鄭敾, 1676–1759은 조선의 최초이자 최고의 진경화眞景畵[05]를 창안하고 그려낸 화가로 손꼽힌다(참고문헌 18). 겸재의 진경화는 철

05 있는 그대로 보고 그려낸 그림이라는 뜻. 겸재 이전까지 조선미술은 외국 화보를 베껴보는 수준에 머물렀고, 스스로를 그대로 그려낸다는 개념 자체가 거의 없었다. 믿어지지 않겠지만 사실이다.

학적 자신감의 발로였고, 그 자체로 패러다임 전환이었다. 겸재는 전국의 여러 명승들, 특히 오묘한 금강산에 심취하여 혼신을 다해 화폭에 담아낸다. '금강전도金剛全圖'에는 한 손에 잡힐 듯 금강산 전체를 그려내며, 동시에 힘찬 봉우리마다 놀라운 사실적 묘사가 담겨있다(그림 3). 높은 비로봉을 필두로 돌산과 흙산이 어우러진 그 웅장한 모습! 물론 실제로 그 많은 봉우리를 다 그려 넣을 수는 없으니 과감한 취사선택을 한 결과물이지만, 세밀한 묘사 위에 전체의 균형을 놓치지 않는 시각이 놀랍다. 그런 놀라운 눈은 겸재 같은 대가들만 가질 수 있는 특권일까?

불경 금강경에는 부처와 제자 수보리 사이에 사람의 시각에 관한 아주 흥미로운 대화가 나온다. 부처가 제자에게 육안, 천안, 혜안, 법안, 불안肉眼, 天眼, 慧眼, 法眼, 佛眼을 각각 가지고 있느냐고 차례대로 묻는다. 육안은 우리가 통상 사용하는 눈으로서 한곳을 보면 다른 데는 안 보이는 수준의 눈이고, 천안은 사통팔달 한 번에 사방이 다 보이는 눈이라고 할 수 있다. 병리의사로 치면 잘못된 세포 하나도 놓치지 않는 눈이다. 혜안은 사물의 흐름, 이치, 원인-결과 관계까지 다 보여서, 질병을 보면 발병원인과 과정까지 다 깨달을 수 있는 눈이다. 시간의 흐름을 볼 수 있는 눈이라고 할 수도 있겠다. 법안은 이미 큰 깨달음을 얻었지만 중생과 함께하고자 속세에 머무는 보살의 눈이라고 한다. 오늘날까지 흘러온 진화의 긴 과정까지 다 보이는 건 물론이겠다. 불안은 동서고금을 막론하여 우주의 삼라만상이 그 안에 들어있고, 인간뿐 아니라 모든 살아있는 생명체들을 올바르게 제도하는 부처의 눈을 가리킨다.

수보리는 스승의 질문에 자기가 그 다섯 가지 눈을 다 가지고 있다고 분명하게 대답한다. 언뜻 오만하게 들릴 수도 있는 그 대답에는 인간이라면 누구나 부처의 눈까지 가지고 태어났다는 걸 깨우친 깊은 뜻이 담겨있다.

그림 3 금강전도, 겸재 정선

마치 손에 잡힐 듯한 금강산 전경. 이것만 들고 찾아가도 너끈히 한 바퀴 돌아볼 수 있을 것만 같다.

안타깝게도 수많은 중생들이 스스로 그 눈을 가리고 전혀 써보지도 못한 채 소중한 삶을 마친다. 그러니 깨달음을 얻도록 끊임없이 공부하고 또 공부하라는 것이다. 커다란 깨달음을 통해 누구나 성불할 수 있다는 게 부처의 가르침이니, 과연 그 스승에 그 제자다. 그런데 우리는 왜 보려고 해도 보지 못할까? 눈을 뜨지 못하도록 앞을 가리는 건 무엇일까? 편견, 오만, 오기, 맹신, 광신, 지나친 기대, 자기과신…결국 우리 자신 아닌가?

어떻게 하면 세상을 모자라지도 남지도 않게 널리 보는 눈을 가지게 될까? 좋은 글을 쓰려면 먼저 짧게 줄였다가 다시 늘려 쓰는 과정을 여러 번 거치길 권한다. 사실 많이 할수록 좋다. 그러면 불필요한 부분들이 조금씩 사라지고 모자란 부분들이 하나씩 메워지며, 산봉우리는 더욱 빛나고 전체를 하나로 아우르는 눈이 떠진다. 금강전도 같은 걸작을 위해 겸재는 얼마나 열심히 관찰하고 그렸을까? 살림이 그다지 넉넉지 않았던 그의 집 마당 한쪽에는 다 닳아져서 던져버린 몽당붓자루들이 산더미처럼 쌓여 있었다고 한다. 겸재의 산은 금강만이 아니었다.

산뜻퀴즈/

2-1. 예술적 관찰과 과학적 관찰

과학자의 눈과 예술가의 눈은 다른 걸까요? 만일 그렇다면 어떻게 다를까요? 과학적 통찰력과 예술적 통찰력은 어떻게 구할 수 있을까요?

2-2. 분자현미경

만일 분자의 움직임까지 볼 수 있는 초고해상도 현미경이 개발되어 세포를 보면 전혀 몰랐던 생명의 비밀을 상세히 이해할 수 있을까요? 찬반 간에, 그렇게 생각하시는 근거는 무엇인가요?

2-3. 벌거벗은 임금님의 여론지지율

사람들은 벌거벗은 임금님을 보고 멋지다고 환호합니다. 당시 임금님의 여론지지율을 조사하면 어땠을까요? 한 아이가 그런 임금님을 보고 깔깔 웃은 다음에는 어떻게 되었나요? 그렇다면 그 경우 여론지지율의 의미는 무엇일까요?

2-4. 스승과의 대화

스승은 우리 삶을 이끌어주십니다. 선생님들과 나누었던 대화 중 생생하게 기억나는 게 있으신가요? 왜 그것이 특별히 기억에 남았을까요? 잘 떠오르지 않는다면 왜 그럴까요? 인생의 스승은 학교에만 계실까요? 쉽사리 범접할 수 없는 높은데 계신 분이어야 할까요?

2-5. 데이트 상대 고르기

(이 퀴즈는 강의 후에 이어진 토론에서 학생들이 제기한 것입니다. 감사!)
데이트 상대자는 어떻게 골라야 할까요? 상대방에 대한 감각적 이끌림을 따라야 할까요, 이성적 이해가 우선일까요? 그걸 스스로 조절할 수 있을까요? 혹시 그 두 가지를 잘 융합할 방법은 없을까요?

2-6. 자화상

대단히 인상적인 자화상을 남긴 화가들이 많습니다. 렘브란트, 반 고흐, 윤두서의 자화상들을 보면 그야말로 혼이 들어 있는 듯합니다. 스스로를 잘 관찰하지 않고는 그릴 수 없는 작품들입니다. 그분들은 왜 자화상을 그렸을까요? 우리도 자신이 누구인지 보여주는 자화상을 그려봅시다. 붓도 좋고 글도 좋습니다. 어떻게 그리면 보는 분들의 눈앞에 내 모습이 그대로 떠오를까요?

2-7. 다윈의 삶

인생을 경력으로만 속단할 수는 없겠지만, 만일 다윈이 부친의 소망대로 무난히 의과대학을 졸업했다면 그의 삶은 어땠을까요? 그러면 오늘날의 과학과 우리의 시각은 어떻게 달라져 있을까요?

철학과 언어

언어를

소중히 여기지 않는 철학은 있을 수 없다.

01 언어와 논증

철학은 논증reasoning의 과정을 거쳐 전개된다. 플라톤은 지식에 대해 언급하며, 신념이나 상상 같은 것들은 지식이 아니라 그저 '견해'에 지나지 않는다고 했다(참고문헌 11). 말하자면 철학적 논증을 거치지 않은 온갖 데이터나 정보는 지식이 아니다. 그 과정에 직관이 작동할 수도 있으나, 그것도 일종의 추가 데이터로서 다시 언어를 통한 논증을 거쳐야 한다. 인간의 사고는 기본적으로 언어를 통해 작동하기 때문이다. 거기엔 수학 같은 포괄적 의미의 언어들도 활용할 수 있으나, 논증을 거칠 수 없는 감각만이라면 철학의 대상으로 삼기 어렵다.

언어도 그 자체로 뜻이 분명해야 논증을 거칠 수 있다. 이를테면 요즘 흔히 듣는, '맛(또는 기분)이 좋은 것 같아요.' 라는 식의 표현은 나름대로 자기 감각이나 느낌을 드러내고자 한 건데, 뭐가 어떻게 그렇다는 건지 내용적 모호성은 그만두고라도, 그나마 '좋다' 혹은 '나쁘다'라는 표현조차 분명하게 하지 못할 수준이라면 그건 논증의 차원을 한참 벗어난다. 단순한 일상표현을 문제 삼으려는 게 아니라, 이건 실제로 사람들의 '행복'을 목표로 하는 공리주의에서 심각한 문제로 드러나는 부분이다(8장 6. 민주주의와 공리주의). 철학언어는 논증이 가능하도록 명료해야 한다. 사람에 따라 상황에 따라 다른 의미로 받아들여질 언어라면 곤란하다.

그러면 철학언어는 생활언어와는 완전히 다른 특별한 것인 걸까? 이를테면 문학적 언어와는 근본적으로 다른 걸까? 그렇지 않다. 다만, 대상을 다루는 양식에 차이가 있을 수 있다. 철학은 이성에 의지하여, 논증을 거치고, 체계적 사고를 지향한다. 문학은 감성에 호소하고, 주관적이며, 삶의 어떤 단면을 통해 인간성의 실체를 다루려는 면이 강하다. 하지만 철학과 문학이 근본적으로 다른 대상을 다루는 것도 아니다.

1장에서 들었던 외계신호 예를 떠올려보자. 다양한 등장인물의 성격, 집념, 인간관계, 인공지능의 힘을 빌린 언어의 확률적 해석이란 기이한 상황을 받아들이도록 주변을 설득하는 상황, 거기서 마주치는 국가과학위원회 대가들의 고집과 편협, 그런 가운데 한 걸음 더 나아가 동물학대와 부당한 처우로 눈을 돌려 행동에 나서는 모습 등을 잘 그려내면 나름대로 흥미로운 문학작품이 될 수 있지 않을까? 문학은 같은 언어를 써도 접근방식이 다를 수 있다. 한마디로 인간 없는 문학이란 존재할 수 없다. 반면 수학으로 풀어낸 과학의 세계는 인간 없이도 존재할 수 있다. 그러면 인간 없는 철학은 가능할까? 철학이 논리와 논증만으로 이루어지는 거라면, 혹시 그럴 수도 있지 않을까? 인공지능이 점점 비중 있게 다가오는 시점에서 나름대로 의미심장한 질문인지 모르겠는데, 앞으로의 숙제로 남겨두고자 한다.

철학언어와 문학언어가 근본적으로 다른 게 아니라면, 철학에서는 어떻게 그 목적에 맞도록 언제나 분명한 말들을 골라 사용할까? 일관적 명료성을 가진 말들만 사용한다는 게 과연 가능할까? 만일 그렇지 못하다면 어떻게 할 건가? 철학은 사회 전반에 영향을 미치기 때문에, 자칫하면 말한마디가 큰 반향과 혼란을 일으킬 수 있다. 더구나 그게 이념화된다면 돌이킬 수 없는 엄청난 사회문제까지 만들 수 있다. 먼 데서 찾아볼 것 없이, 우리 스스로부터 한번 되돌아보기로 하자.

02 성리학의 언어

조선시대를 지배했던 성리학性理學은 한국인의 사고와 사회 전반에 큰 영향을 미쳤다. 성리학은 남송시대 주희朱熹, 1130-1200가 집대성해서 주자학朱子學이라고도 불린다. 당나라의 쇠망과 더불어 외래종교철학인 불교의 전성기가 지나고 새로운 국가이념체계가 절실할 때였다. 그렇다고 존재에 대한 성찰보다 윤리학적 인간관계에만 집중하는 고전유학으로 다시 돌아가기도 마땅치 않은 상황에서, 성리학은 불교적 우주론에 고전유학의 윤리학을 가미한 일종의 융합철학으로 등장한다.

성리학적 존재론에서는 우주가 '리理'와 '기氣'로 이루어진다고 한다. 기가 우주만물을 구성하고 있는 질료인 형이하학적인 것이라면, 리는 형태와 작위가 없는 형이상학적인 것이며 우주만물의 존재원리라고 본다. 리와 기는 서로 섞일 수 없는 근원적으로 다른 것이며, 응당 리가 기 위에 존재한다는 '주리론主理論'이 주자학의 근본사상이다. 주리론적 사고는 윤리학의 해석으로 그대로 이어진다. 사람의 인간성은 크게 성性과 정情으로 이루어진다. 정은 희로애락喜怒哀樂처럼 기가 움직여서, 기운氣運, 벌어지는 일시적 현상인 반면, 성은 인의예지신仁義禮智信처럼 기의 움직임과 무관하게 변함없는 인간의 기본적 품성이라고 생각한다. 그래서 그걸 다섯 가지 변함없는 가치, 즉 '오상五常'이라고 일컫는다.

주자학은 '성즉리性卽理, 성이 곧 리다.'를 기반으로 하는 주리론적 윤리학으로 돌아가서, 감성 위주의 정은 멸시하고 변함없는 성을 지고의 가치로 여긴다. 그래서 '성리학性理學'이라고 불린다. 서양의 비판적 이성理性철학과는 출발과 맥락이 다르다. 성리학은 봉건사회의 안정적 기틀을 제공하여, 마침 고려시대 불교를 배척하며 세워진 조선의 건국이념으로 채택되었고, 그 후 수백 년에 걸쳐 퇴계 이황退溪 李滉, 1502-1572, 율곡 이이栗谷李珥, 1537-1584를 위시한 최고 지성들이 그 계승과 발전에 전념하는 가운데, 성리학적 존재론의 핵심인 리와 기의 해석과 감별에 관한 기발한 주장들이 전개된다.

그런데 이기론적 관념철학은 고도의 학술적 논쟁에만 그치지 않고 왕왕 엄청난 국가적 혼란을 일으킨다. 주리론적 해석에 의하면 당시 국가에서 왕은 지고의 리에 해당하고 백성은 기가 된다. 그러면 왕비는? 왕의 어머니인 대비는? 그에 대한 이기론적 해석이 둘로 나뉘던 차에 왕가의 장례를 맞아 그 절차를 두고 처절한 싸움을 벌인다. 이른바 '예송논쟁禮訟論爭'이다. 지금 보면 별것도 아니지만, 그 논쟁에서 이기면 충신이고, 지면 하루아침에 성현의 말씀을 거스르는 사문난적斯文亂賊으로 지목되어 멸문지화를 당하기도 했다. 싸움은 대를 이어 계속되고 마침내 승리한 노론의 일당독재가 이어지며 국운은 기울어져 간다. 명나라가 망한 후에는 그들의 아집이 더욱 심해지며 모든 이견을 탄압한다. 그리곤 추사 김정희秋史 金正喜, 1786-1856 같은 지성인들도 제거하며 나라의 명줄을 당긴다(참고문헌 19). 그러니 조선은 당파 때문이 아니라, 당파가 없어지며 망한 것이다. 이념이나 종교의 이름으로 벌어지는 무지몽매한 일들이 요즘이라고 없을까?

조선의 육백 년을 이어온 성리학을 무조건 비판하거나 그 역할을 뭉뚱그려 폄하할 수는 없다. 지금도 우리는 알게 모르게 그 영향 속에 살아가고 있다. 태극기 문양도 성리학적 상징에서 비롯한 것이고, 우리말에도

'진리, 원리, 궁리, 이치, 기운, 성정' 등 성리학적 언어들이 깊숙이 자리 잡고 있다. 다만 여기서는 철학언어의 치밀한 사용에 관한 반성을 촉구할 따름이다. 이기론은 나름 흥미로운 생각이다. 그러나 애초에 '리'와 '기' 같이 정의하기 어렵고 주관적 해석으로 흐르게 마련이었던 개념을 두고 수백 년간 국가의 모든 자원과 자산을 다 털어 넣다시피 하며 치열하게 싸운 게 무슨 의미가 있었을까? 만물을 둘 중 하나로 나눌 수 있다면 세상이 얼마나 간단할까? 아니, 견딜 수 없이 지루할까? 철학은 언어의 선택에서 비롯한다. 아무 말도 하지 않는 것까지 포함해서.

03 비트겐슈타인과 노자의 언어철학

서구 이성철학의 전통을 세운 철학자로 손꼽히는 소크라테스는 대화를 통한 강의로 유명했다. 일방적 강의라기보다 종종 상대방에게 '정의', '선함', '책무' 등의 철학적 단어를 어떻게 생각하는지 묻는 데서 시작한다. 어떤 식으로든 대답이 나오면, 거기 대한 질문들이 꼬리를 물고 이어진다. 그 말에 대한 확실한 이해가, 혹은 그렇지 못하다는 자각이, 그의 철학의 시발점이었던 것이다. 그 뛰어난 분석과 접근법은 두고두고 깊은 영향을 미치지만, 철학언어의 엄밀한 선정과 활용의 문제는 늘 어려운 숙제로 남는다.

비트겐슈타인Ludwig Wittgenstein, 1889–1951은 철학언어의 문제를 깊이 탐구하여 독자적 언어철학의 경지로 승화시킨 철학자로 손꼽힌다. 그는 매우 비범하고 특이한 인물이었다. 오스트리아 철강 갑부이며 비엔나 문화학술의 후원자였던 부친 덕분에 어려서부터 출중한 철학자, 예술가, 문인들을 접하며 성장했다. 영국에서 공학을 공부하던 당시, 수학적 방법으로 철학을 추구하던 버트란트 러셀Bertrand Arthur William Russell, 1872–1970을 찾아 캠브리지 대학으로 간다. 러셀은 그의 천재성을 파악하고 격의 없이 철학과 논리에 대해 논의한다. 비트겐슈타인은 기존 형이상학은 거의 다 언어의 덫에 빠져 무의미senseless한 상태라서, 우선 그 틀에서 빠져 나와야 한다고 주장한다. 그러다가 캠브리지의 '현학적 분위기'가 거슬린다고 고국으로 돌아가 칩거하며 저술에 전념한다.

비트겐슈타인은 제1차 세계대전이 발발하자 오스트리아군 포병장교로 참전했다. 전투에 임하면서도 늘 노트를 갖고 다니며 틈틈이 저술하고 내용을 가다듬는다. 나중에 전쟁포로로 수용되었는데, 그를 아낀 사람들이 찾아가서 그 원고를 받아 러셀에게 전해주었다고 한다. '논리–철학 논고Tractus Logico–Philosophicus'는 그렇게 출간되었다(참고문헌 20). 생전에 출간한 단 한 권의 저서였다. 그리곤 그 책으로 자기도 모르는 새, 일약 철학계의 떠오르는 스타가 된다. 그의 나이 서른두 살이었다.

논리–철학 논고는 일곱 가지 명제를 중심으로 정리한 비교적 짧은 책인데, 매우 난해해서 영어 번역판에 적잖은 논란이 따를 정도였다. 기존의 고전철학과 달리 생소하고, 언뜻 무슨 암호를 보는 것 같은 느낌이 들기도 하고, 실제로 수학적 기호들을 사용하기도 한다. 대표적 표현들 몇 가지만 소개하면 다음과 같다.

» 그림은 현실의 모델이다.
» 사실의 논리적 그림은 생각이다.
» (기존의) 철학적 작업에 들어있는 대부분의 명제와 질문들은 거짓이 아니라 그냥 무의미하다.

» 말할 수 없는 것에 대해선 침묵해야 한다.

언어로 현실을 그려낼 수 있다는 이른바 '그림이론'이다. 명확히 그렇게 할 수 없다면 더 이상 무의미를 양산해내지 말고 그냥 입을 다물라고 한다. 아리송하면서도 고개가 끄덕여지는 말이다. 조선의 처절했던 리기 논쟁과 그에 따른 엄청난 후유증을 떠올려보면, 마치 우리 들으라고 하는 말 같아서 속으로 뜨끔하다. 그게 다 명확히 정의할 수 없는 언어의 미혹에 빠져, 각자 자기식으로 '말할 수 없는 것을 끝까지 떠들어댄' 결과 아닐까? 그러나 그의 말을 들은 사람들이 항변한다. 만일 철학적 논리가 그 자체로 무의미하다면, 그래서 형이상학, 인식학, 미학, 윤리학 등을 의미 있는 방식으로 전개할 수 없다면, 대체 철학자는 왜 있는 건가? 그에 대해 그는 이렇게 대답한다.

"철학은 이론이나 교리가 아니라 활동이다. 생각을 명확하게 만들고 나아가 언어를 비평하는 활동이다."

철학 자체에 대한 이 설명은 그의 철학에서 매우 중요한 대목이다. 우리는 철학을 '생각을 명확하게 하고 언어를 비평하는 활동'이 아니라 자기식의 '이론과 교리'를 만들어 내어 힘없는 사람들에게 강요하는 도구로 사용했던 것 아닌가? 비트겐슈타인은 저서 머리말에서 "나는 (철학의) 문제들을 최종적으로 해결했다."라고 어찌 보면 철학사상 가장 오만한 선언을 했다. 그리곤 이제 말로서 빚어지는 고질병을 완치시켰다며, 뒤도 돌아보지 않고 학계를 떠나 전 재산을 기부해 버리고는 평범한 직장인, 노동자의 삶으로 돌아간다.

그렇게 10년 가까운 세월을 보내다가 그는 홀연히 교단으로 다시 돌아온다. 자기 이론의 문제점을 깨달았기 때문이다. 혹시 언어에 굴레를 씌우는 교리를 만든 건 바로 자기 자신이 아니었을까? 생각이 깊어갈수록 그는 스스로 자기 이론의 비판자가 된다. 스타의 쉽지 않은 변신이다. 언어란 뭔가를 대변하려고 있는 게 아니라 그 자체가 살아 있는 생명처럼 꿈틀거리는 존재다. 대표적 몇 가지 표현들을 살펴보자.

» 단어의 의미란 바로 언어에서의 쓰임새다.

» 본질의 표현은 문법 안에 들어있다.

» 생각하지 말고, 봐라!

말의 의미는 문맥에서 찾아야 한다는 것이다. 단어들은 연장통에 들어 있는 여러 가지 연장이다. 장인이 그걸로 뭘 하는가는, 혹은 할 수 있는가는, 지켜봐야 알 수 있다. 즉, '보라.'고 한 건 각각을 살펴보라는 것이며, '작업이란 다 이런 것이다.'라고 일반화하지 말란 뜻이다. 철학은 가설을 내거나 설명을 하는 게 아니라, 그냥 모든 걸 눈앞에 꺼내 펼쳐 놓아서 설명할 필요조차 없게 하는 것이다. 오히려 그게 해결법이 될 수 있다. 달리 말하면, 병에 갇힌 파리에게 빠져나갈 출구를 보여주는 것이다. 그의 두 번째이자 마지막 저서 '철학적 탐구Philosophical investigations'는 그의 사후인 1953년에 출간되었다(참고문헌 21).[06] 돌아와 모든 걸 쏟아 넣고, 자기 언어에 생명을 불어넣고, 다시 홀연히 떠나간 걸까?

동양에도 난해하기로 이름난 철학이 있다. 노자老子, 기원전 ~571-471로 시작되는 도학이다. 유학이 군자君子를 지향점으로 삼았다면, 도학은 도道를 이상으로 삼아서 모든 인위적인 걸 버리고 자연의 순리를 따르라 한다. 노자의 저서로 알려진 '도덕경道德經'은 대단히 난해해서 전체를 읽고 또 읽어야 비로소 그 맥락을 조금씩 이해하게 된다(참고문헌 22). 유명한 문장 몇

06 다른 '저서'들은 그의 강의를 다른 사람들이 정리해서 나중에 출간한 것들이다.

가지만 소개해본다.

» 道可道 非常道(도가도 비상도, 도란 이런 것이다 하면 이미 그런 도가 아니다.)

» 名可名 非常名(명가명 비상명, 이게 그 이름이다 하면 이미 그런 이름이 아니다.)

» 爲無爲 卽無不治(위무위 즉무불치, 무위를 하면 다스리지 못할 게 없다.)

아리송하기 짝이 없으면서도, 그 표현이나 내용이 어디서 많이 본 것 같지 않은가? 특히 언어에 대한 극단적으로 신중한 접근은 비트겐슈타인의 철학과 아주 흡사하다. 누가 이런 지적을 했다는 말은 못 들었지만, 시대와 문화권을 뛰어넘는 대단히 흥미로운 사실이다. 비트겐슈타인이 도학을 따로 공부했는지는 모르겠으나, 아무튼 같은 사고의 맥락 위에 있다는 건 분명해 보인다. 어찌 보면 그가 도덕경의 주석을 친절히 달아준 것 같은 착각마저 든다. 명확하지 않은 말로 뭔가 억지로 만들어 내려 하지 말라. 노자는 그 경지를 '무위無爲'라 불렀다. 그런데 그 무위라는 말이 자칫 오해를 사기 쉽다. 흔히 대책 없이 놀고먹는 걸 무위도식한다고 하는데, 원래 무위란 말은 아무 것도 안 한다는 뜻이 아니다. 위무위爲無爲란 '무위를 한다.'란 말이다. 즉, 적극적으로 인위적인 것을 떨어내고 도를 찾는다는 뜻이다. 그게 얼마나 어렵고 힘든 일일지 말할 필요가 있을까? 마치 사람의 손이 전혀 가지 않은 것처럼 정원을 자연스럽고 풍요롭게 가꾸는 게 일률적으로 화초를 심고 다듬어 놓는 것보다 얼마나 더 힘들고 정성이 필요할까?

뭔가 깨닫고 안다는 건 원래 쉽지 않은 것이다. 공자孔子, 기원전 551–479는 논어에서 지식에 대해 이렇게 말한다.

» 知之爲知之, 不知爲不知, 是知也(지지위지지 부지위부지 시지야. 아는 걸 안다고 하고 모르는 걸 모른다고 하는 것, 그게 바로 아는 것이다.)

깊은 뜻을 쉽게 풀어 일깨워주는, 언제 봐도 멋진 공자다운 표현이다. 억지 지식이나 가식을 지양하고 참 지식을 구하는 길을 제시했다는 점에서, 이 또한 노자와 비슷한 맥락의 표현이라고 볼 수 있다. 옛적에 공자와 노자가 만나서 대화를 나눴다는 설화도 전해오지만, 도학과 유학은 원래 별반 교류가 없었다. 그렇다고 서로 크게 반목했던 것 같지는 않다. 각자의 철학으로 공존해온 셈이다. 그런데 신유학 주자학을 도입한 조선은 비현실적 적폐라는 이유로 도교와 불교를 철저히 배척해서 다른 견해를 듣고 다른 시각으로 볼 기회마저 원천적으로 없애버린다. 조선 후기의 기독교 탄압도 그 선상에서 벌어진 일이다.

완벽한 지적 체계라 믿는 게 있다면 그건 철학이 아니라 교리다. 비트겐슈타인이 지적했듯이 철학은 그런 게 아니라, 삶의 어두운 길을 밝혀주는 등불이 아닐까? 갇혀 있는 함정에서 빠져나가는 길을 가르쳐주려면 난해한 말보다 간단한 지도 한 장이 낫다. 그렇게 보면 그의 말은 전혀 난해한 게 아니다. '까칠했던' 그를 알아보고, 인정하고, 후원해준 러셀 같은 스승이자 동료가 있었다는 게 부러울 따름이다. 거장은 다르다고나 할까? 그런데 우리는 어떨까? 혹시 모든 면에서 남을 인정해주는 데 너무 인색하고 야박한 건 아닐까?

04 언어, 소중한 생명체

언어는 소중하다. 언어를 소중히 여기지 않는 철학은 있을 수 없다. 사용하는 단어 하나하나마다 지대한 관심과 정성이 필요하다. 철학언어만의 문제가 아니다. 언어는 살아있는 생명체다. 오늘도 꿈틀거리며 진화해간다. 분단 후 불과 수십 년 만에 남북 간 언어에 얼마나 괴리가 생겼는지 피부로 느낄 수 있지 않은가? 진화의 방향은 그 언어를 구사하는 모든 사람들 삶의 총체적 결과물이다. 모두의 소유이자 책임이라는 뜻이다. 거칠고 투박하고 살벌한 말을 쓸지, 아니면 아름답고 고상하고 깊이 있는 말로 이끌어갈지는 그 사회에 속한 모두의 몫이다.

'리딩으로 리드를'

어느 주요 일간지 기사제목이다. 이게 대체 무슨 말일까? 기사를 읽어보면 독서reading를 통하여 지도력leadership을 기르자는 내용이었다. 알파벳 'r'과 'l'을 한글로 구별하지 못해서 벌어지는 소동이다. 일부러 재미있으라고 그렇게 쓴 건진 몰라도, 이건 재치wit가 아니다. 어떻게 이런 어처구니없는 일이 벌어질까? 현재 한국어엔 깊이 있는 단어들, 특히 명사와 동사들의 절대량이 부족하다. 과학이건 문학이건 외국 서적을 우리말로 번역해본 사람들은 모두 공감하고 동의하리라 믿는다. 냉철하게 말하자면 한글의 전반적 콘텐츠 부실 현상이 퍽 심각한 수준이다. 그래서 활발한 외국어 도입이 필요하다. 여태까진 주로 한자어를 활용해 필요한 부분을 메워왔다. 그 결과 우리말 명사와 동사 대부분은 한자어에서 도입한 것들이다. 그런데 언제부턴가 한자를 배척하고 학교에서도 가르치지 않는다. 그래서 매일 사용하는 단어들의 어원에 대한 이해가 부족하여, 언어의 뿌리가 마냥 흔들리는 모습이다. 요즘엔 그 빈자리를 영어가 메우는 실정인데,

한자어로는 서구 위주의 새로운 문물을 표기하기에 불충분한 게 현실이기도 하다. 이래저래 우리 한국어는 커다란 전환기에 서 있다. 그런데 거기에 아직 해결 안 된 큰 문제가 도사리고 있다.

한글은 논리적인 방법으로 만들었기 때문에 활용성과 확장성이 크다. 복모음의 자유로운 합성은 아주 빼어난 발상으로서, 현대식 자판에 적용하는 데도 대단히 큰 이점이 있다. 그러나 알파벳에 비해 자음이 여럿 부족하고 중간소리 모음도 부족한 하드웨어상의 문제가 있다. 그래서 전혀 다른 의미의 외래어들을 감별하지 못하는 안타깝고 착잡한 상황이 이어진다. 위에서 말한 기사제목뿐 아니라, 종종 사용하는 파일file or pile, 패션fashion or passion, 패스트볼fast or passed ball, 허브herb or hub 등 예를 들자면 한이 없다. 영어사전을 펼쳐서 우리가 표기하지 못하는 'f, v, z, r, th' 등의 자음으로 시작하는 부분의 두께만 봐도, 우리가 얼마나 많은 걸 감별하지 못하고 있는지, 따라서 모든 면에서 그만큼 핸디캡을 안고 사는지 실감할 수 있다. 그러다 보니 외국어에 능한 사람들은 알게 모르게 한글표기를 외면하고 외국어를 그대로 사용한다. 반면 그런 세태에 강한 거부감을 느끼는 사람들도 많아서, 외국어를 두고 전체적으로 국민적 위화감이 심각한 것 또한 사실이다.

얘기가 다소 옆길로 새지만, 나는 외래어표기를 위한 새로운 자음들의 도입을 제안한 바 있다(조선일보 2010.1.12). 이를테면, 'f' 표기에 'ㅍ'가 아닌 'ㅍ'를 쓰자는 것이다. 그 모양을 보면 영어를 잘 모르는 분들도 'p'와 구분할 수 있고, 언어의 호환성도 월등히 좋아지는 계기가 마련되지 않을까? 이어진 수차례 지상논의와 토의를 통해 한글보완이 오래전부터 많은 분들의 큰 관심사였던 걸 실감할 수 있었다(참고문헌 23). 세종대왕의 훈민정음은 당시로선 생각하기 어려운 혁신이었다. 그토록 어렵게 태어난 생명체는 계속 진화해 나아가야 마땅하지 않을까?

한글 확장을 위한 국민적 공감대 형성에는 적지 않은 시간이 걸린다 하더라도, 품위 있는 발음과 그에 따른 철자법 수정은 의지만 있다면 당장에라도 시작할 수 있다. 이를테면, "~했습니다." 식의 철자는 영어로 치면 s가 셋이나 잇달아 나오는 된소리를 조장한다. 우아하게 들리지도 않거니와, 잉크까지 낭비하며 그럴 필요가 어디 있을까? 외국어 표기도 그렇다. 이를테면 '쳌카드' 하면 쉽게 원음에 가깝게 발음할 텐데, 왜 구태여 힘들게 '체크카드'라고 해야 하나?[07] 이러니 외국에 나가 소통이 잘 될 리 없고, 오랜 세월을 투자하며 배우고도 외국어라면 주눅부터 드는 것 아닌가?

한 걸음 더 나아가 외래어들을 적극적으로 잘 정리하면 멋진 말들을 만들 수도 있다. 요즘은 커피전문점에 가면 종종 음료를 '머그잔'에 담아줄지 물어본다. 사실 '머그mug'만 해도 뜻은 충분할 텐데 거기 '잔'까지 합쳐 그리 부른다. 이왕 그럴 거면 '머그잔'이라는 맥 빠진 표현보다 '막잔'이라고 하면 뜻도 잘 통하고, '막사발, 막걸리, 막국수' 같은 말들과 어울려 얼마나 산뜻하고 멋진 우리말로 다시 태어날 수 있을까?

일본어는 우리와 비슷한 계열의 언어인데, 모음과 받침발음이 상당히 제한적이다. 한자의 부분표기에서 비롯한 음절문자 히라가나ひらがな 하드웨어는 실상 우리보다 훨씬 부족하다. 우리에게선 오래전 사라진 문자체계인 이두 비슷한 개념이다. 그래도 그들은 외래어표기에 상당한 심혈을 기울여 나름대로 표기법을 완성하였다. 외국어는 가타카나カタカナ로 표기하는데, 예를 들면, coffee를 'コーヒー(코-히-)'로 표기한다. 장음 표

07 누구나 받침 발음을 잘하는데 일부러 그렇게 표기하는 건 아직 남아 있는 일본식 발음의 영향이 아닌지 모르겠다.

시도 큰 도움이 된다. 아쉬운 점은 있지만, 한글의 '커피'가 'coffee'인지 'copy'인지 헷갈리는 것보다는 그래도 낫지 않을까? 아무튼 부족한 문자체계로 외래문물과 외래어를 가려서 받아들이느라고 많은 선각자들이 얼마나 진지하게 고심했는지 느껴진다. 그들은 일본이 전근대적 봉건사회에서 신흥산업국가로 급격하게 발전하며 국력과 국격을 획기적으로 향상시키는 데 결정적으로 기여했다. 우리 한글은 어떤가? 어느 외국학자는 한글이 '묶여 있는 거인'과 같다고 했다. 안타깝지만 찬동하지 않을 수 없다. 철학은 언어 사랑에서부터 시작한다.

05 포용과 융합의 언어

영어는 문학, 과학, 철학, 법률 등 다방면에서 세계적 언어로 인정받고 널리 사용된다. 영어를 사용하는 국가들의 위상도 있지만, 영어가 가진 콘텐츠가 엄청나고 언어로서의 매력도 뛰어난 게 사실이다. 그런데 쉬운 것 같아도 폭이 넓어서 끝없이 배우고 익혀야 하는 언어가 영어기도 하다. 문법적으로도 예외조항이 수두룩한, 실상 잡동사니 같은 언어다. 거기엔 정복왕 윌리엄 1세William Ⅰ, 1028-1087 시대로 거슬러 올라가는 숨은 이야기가 있다. 원래 윌리엄은 노르망디 지역을 장악했던 바이킹인데, 영국을 침공해서 왕위에 오른다. 원주민들 입장에선 끔찍한 일이 벌어진 건데, 세월이 가며 상황은 전혀 예상하지 못했던 쪽으로 흐른다. 지배층의 불어, 신부와 지식인들의 라틴어, 서민들의 토속영어 등 세 가지 언어가 뒤섞여 공존하게 되며, 한 가지 사물을 세 가지 언어로 표현할 수 있게 된 것이다.

그렇게 수백 년이 흐르면서, 세 언어는 각각 조금씩 다른 의미를 가진 단어로 기묘하게 분화한다. 우수한 콘텐츠를 가진 라틴어는 일반인들이 접근하기 쉽도록 복잡한 어미변화가 대폭 생략된 채로 융합언어에 편입된다. 자기도 모르게 영국인들은 모든 사물에 대해 엄청나게 강화된 감별능력을 갖게 된 것이다. 다양하면서 유연한 문법의 융합언어로 성장한 영어는 드디어 셰익스피어William Shakespeare, 1564–1616에 이르러 화려한 전성기를 맞는다. 언어의 발전과 더불어 영국은 조용하면서도 매우 역동적인 변화를 겪는다. 그리곤 과학혁명과 산업혁명을 거치며 세계의 패권국으로 올라선다. 역설적이지만 정복자를 포용하고 품어서 엄청난 선물을 받게 된 셈이다. 포용과 융합은 늘 강하다.

철학언어에는 치열함이 필요하다. 사용하는 언어들을 명료하게 정의하고, 그 한계도 분명히 할 필요가 있다. 외래어들을 도입할 때도 정성껏 선별하고 새로운 단어와 표현들도 명료한 의미로 이끌어가야 한다. 우리말은 명사와 동사 대신 형용사가 풍부해서 철학보다는 문학적으로 적합하다는 관점도 있다. 그런데 우리말엔 큰 장점이 있다. 잘 발달한 조사助詞, postposition가 바로 그것이다. 조사는 우랄알타이어의 특징인데, 덕분에 영어의 전치사보다 훨씬 더 명확한 표현을 할 수 있다. 중국어와는 비교할 수 없는 강점이다. 철학이 '생각과 비평을 명확하게 하는 활동'이라면 조사는 그 활동에 엄청난 도움을 줄 수 있다. 문법을 훨씬 자유롭게 해 주고, 이를테면 단어의 순서를 바꿔도 문맥에 큰 변화가 없으면서 섬세한 뉘앙스 차이를 만들 수 있다. 한국어는 그런 면에서 참 귀한 언어다. 그 탁월한 구조 덕분에 우수한 세계적 융합언어가 될 잠재력이 충분하다고 믿는다. 단어들만 멋지게 잘 정리하고 알맞게 활용하면 된다.

국어는 국가의 소유물이나 정부자산이 아니다. 단어 하나라도 국가기관에서 임의로 정했다고 덜컥 발표해버리는 식이면 안 된다. 모든 국민들의 적극적 관심과 참여와 후원이 필요하다. 영어의 경우 다 같은 라틴어 뿌리 언어들을 융합하는 데도 무려 500여 년이 걸렸다. 체계가 다른 한국어, 한자어, 영어, 기타 언어들까지 내용적 융합을 이루려면 그와는 비교하기 어려운 난관이 기다리고 있다. 그러나 역설적으로, 그 과실은 여태까지 그 누구도 맛보지 못한 엄청난 게 될 수 있다. 동서양 문화를 두루 이해하고 섭렵하고 통합할 기회가 아무에게나 주어지는 건 아니지 않은가? 한국인들은 목표만 명확히 서면 너끈히 외래문화를 소화하여 훌륭한 융합문화를 만들어내는 데 탁월한 감각이 있는 선수들이다. 이제 손발 묶인 거인을 우리 손으로 풀어 주려는 노력을 시작해야 하지 않을까?

3-1. 한글전용론

한글만 사용하면 우리말이 훨씬 더 발전하고 풍부해질 거라는 주장이 있습니다. 한자를 학교 교육에서 완전히 배제시킨 데에는 그런 배경이 깔려있습니다. 과연 그럴까요? 언어가 생명체처럼 살아서 꿈틀거리며 발전하는 거라면, 폐쇄적인 게 도움이 될까요, 아니면 개방적이고 융합적인 발전을 도모하는 편이 좋을까요? 국민들은 어느 편을 선호할까요? 만일 한글전용에 대한 지지율이 높다면, 그건 왜 그럴까요?

3-2. 끼어들기

운전 중 자기 앞에 다른 차가 끼어들었다는 이유로 심한 다툼을 벌이거나 심지어 위험한 보복운전을 하곤 합니다. 누구든 차선을 한 번도 바꾸지 않고선 목적지까지 갈 수는 없을 텐데 대단히 안타까운 일입니다. 그런 다툼의 원인은 무엇일까요? 도로 곳곳에 '끼어들기 금지'라는 표지가 있는데, 혹시 그게 누구든 내 앞에 들어오는 건 용납 못한다는 선입관을 은연중에 불러오는 건 아닐까요? 게다가 '끼어들기'라는 말은 자기 위주의 근시안적 상황파악이라는 문제도 있습니다. 이제부터는 '차선 바꾸기' 같은 말로 부르면 어떨까요? 그보다 더 좋은 말은 없을까요? 실제로 언어가 생활에 변화를 가져올 수 있을까요? 차선을 바꿀 때는 어떻게 해야 뒤에 오는 차에 폐를 끼치지 않을까요? 운전면허 발급요건에 운전기술만이 아니라 상호존중 운전예절을 포함시키면 어떨까요?

3-3. 살충제 계란

간혹 살충제로 오염된 계란이 시중에 판매되다 적발되어 국민들의 분노를 사곤 합니다. 일단 언론에 '살충제 계란'이란 보도가 나가면, 큰 물의가 벌어지고 문제가 된 농장뿐 아니라 양계농업 전체가 막대한 손해를 입습니다. 그런데 '살충제 계란'이란 구체적으로 계란 하나에 살충제 무슨 성분이 얼마나 들어 있다는 걸까요? 그 말은 어떻게 정의해야 할까요? 언론이 임의로 혹은 무심코 사용해도 되는 말일까요?

3-4. 비판과 비난

비판과 비난은 같은 걸까요? 만일 다르다면 그 차이점은? 비판과 비난에 해당하는 영어 단어들이 꽤 많은데, 그건 왜 그럴까요?

3-5. 한글발전 공론화위원회

언어는 대대손손 이어나가야 할 우리 모두의 자산입니다. 국어에 관한 주요 정책들은 누가 어떻게 결정해야 할까요? 거기서 국민들의 생각은 어떤 비중을 차지해야 할까요? 요즘 '공론화위원회'라는 임의조직이 여럿 등장하고 있습니다. 그 정당성과 아울러 편파적 운영의 우려를 두고 논란이 많은데, 다만 형식적으로라도 국민들의 직접 참여라는 면에서는 수긍이 가기도 합니다. 이왕 그럴 거라면, 이 기회에 한글과 우리말 개선을 위해 국민들이 직접 참여하는 '한글발전 공론화위원회'를 만들어 무기한 운영하는 건 어떨까요?

3-6. 남을 인정하기

학생들끼리 서로 한 가지씩 칭찬하기 운동을 벌이는 학교가 있다고 합니다. 우리 사회에서는 참 찾아보기 어려운 운동이지요. 혹시 우리는 자신에겐 너그럽고 남을 인정해주는 데는 아주 인색하고 야박한 건 아닐까요? 민주주의란 어떤 면에서 뛰어난 사람들을 인정해주지 않고 누구나 다 똑같아야 하는 걸까요? 아니면 각자 다른 점을 인정하고 서로 배우고 도우며 함께 발전하는 길을 찾아가는 걸까요?

4

의학과 이야기

이야기는 생명이다.

01 이야기?

우리는 근거에 입각한 명제의 논증을 통해 일방적 주장이나 속단이 아니라 나름대로 단단한 기반을 가진 지식을 축적해나간다. 과학은 그 지식을 지속적으로 검증하고 삭제하는 과정을 거치며 발전해가고, 갖춰진 지식체계는 철학적 사고의 바탕이 된다. 무슨 정보건 그 논증과정에 관심을 갖지 않고 그냥 남들의 결론만 전해 듣는 것이라면 참고는 될지 몰라도 진정한 내 지식이 될 수 없고, 물론 그 깊은 의미도 파악할 수 없다. 사람들 입에 오르내리는 토막지식만 듣고 무분별하게 행동하는 건 철학하는 자세가 아니다. 그런데 논증에 참여하기만 하면 그 지식을 온전히 파악하게 될까? 지식의 의미는 지식의 내용이 많이 쌓이면 저절로 깨닫게 되는 걸까? 생명과학 지식이 많이 쌓일수록 삶의 의미에 더 가까이 다가가게 될까? 철학은 논증과 지식만 축적되면 충분히 이루어지는 걸까?

생명과학은 생명의 관찰에서 비롯한다. 뭘 본다는 건 시각적 자극을 그리 해석한 것, 즉 나름대로의 이야기다. 유심히 보고 또 본 것을 종합하여 적절한 말로 정리하여 하나의 이야기로 엮어내야 관찰은 비로소 일단락된다. 본다는 건 반드시 눈을 거쳐야 하는 건 아니다. 앞이 안 보이는 시각 장애인들도 '이야기의 흐름'을 볼 수 있다. 훌륭한 이야기는 지식이 단순한 토막상식에 머물지 않고 깊은 이해와 깨달음으로 이어지도록 이끌어준다. 이야기는 흐르는 강물과 같이 때로는 변화무쌍하면서도 끊임없이 유유히 흐르며 주변의 모든 삶을 넉넉히 품어준다. 우리는 살아가며 끊임없이 이런저런 말을 한다. 너스레 떨고, 둘러대고, 넋두리하고, 아첨하고, 욕설도 한다. 그런데 그중 가장 재미있는 걸 꼽으라면? 단연코 이야기 아닐까? 좋은 이야기는 늘 재미있다. 하는 것도 재미있고 듣는 것도 재미있는 게 바로 이야기 아닌가? 그리고 우리의 학습중추를 활짝 켜서 진정한 행복으로 이끌어준다(1장 5. 재미있는 생명철학)

이야기는 내용이 풍부하고, 격조 높고, 재치가 있을수록 공감이 가고 재미있고 가치가 있다. 아직 텔레비전이 귀하고 라디오가 서민들의 고달픈 삶을 어루만져주던 시절, '재치문답'이란 프로그램이 있었다. 사회 명사들이 출연하여 생활 주변에서 흔히 마주치는 사안에 대해 재치로서 말을 이어가는데, 청취자들은 그날 가장 재치 있는 문답을 하는 사람이 누구일지 나름대로 점수를 매겨보며, 방송이 끝난 후 가족끼리 혹은 이웃끼리 평가하고 문답을 이어가기도 했다.

요즘은 방송이 화려해지고 토론 프로그램도 많이 늘었다. 좋은 현상이다. 그런데도 그런 걸 선뜻 보기가 두려운 건 왜 그럴까? 자칫 무슨 험한 꼴을 보게 될지 모르기 때문 아닐까? 격조 없는 나대기, 극렬한 자기주장, 근거 없는 비난, 타협 없는 패거리 논리, 무턱대고 말 가로막기…일단 남의 말부터 경청해주는 사람은 도무지 찾아보기 어렵다. 보릿고개에 시달리던 때를 생각하면 요즘은 비교할 수 없이 풍족하게 살아가는데도 사람들 심성은 그다지 넉넉해 뵈지 않는다. 왜 그럴까? 그런 일방적 아우성을 대담이라고 부르기도 어렵겠지만, 그 안에 재치라곤 눈을 씻고 봐도 찾기 어렵다. 이제 잊었던 이야기를 찾아 역사여행을 떠나보자. 이야기는 역시 오래 곰삭은 게 더 맛이 난다. 생명철학 이야기는 어디서 시작될까?

02 플라톤과 이데아

고대 그리스는 예술과 철학이 꽃핀 풍성한 사회였다. 소포클레스와 유리피데스의 연극을 보고, 헤로도토스와 투키디데스의 역사를 읽고, 올림픽 경기에 나가 알몸으로 땀을 흘리며 뛰었다. 지성이 활짝 날개를 펴서, 피타고라스와 유클리드 수학이 태어나고, 우주론적 자연철학도 활발하게 개진된다. 어떻게 그리 넓지도 않은 땅 위에 인류문화의 훌륭한 원형이 만들어졌을까?

서양 이성철학의 굳건한 전통은 소크라테스Socrates, 기원전 470-399를 위시한 세 분의 선구자들에게서 비롯한다. 이성으로 논증하는 철학의 바탕이 세워진 것이다. 소크라테스는 스스로 책 한 권 낸 적 없지만, '대화편Dialogues'을 위시한 제자 플라톤의 저서들 안에 생생하게 살아있다. 그는 타고난 이야기꾼이었다. 그런데 더욱 훌륭한 건 혼자서 떠들어대는 일방적인 이야기가 아니라, 상대방의 입에서 서로 납득할 수 있는 이야기가 나오도록 이끌어간다는 점이다. 이른바 이성적 논증에 의한 '대화'다. 그건 아무나 할 수 있는 일이 아니다.

당시 교육현장은 소크라테스의 독무대가 아니었다. 사실은 그 반대였다. 교육의 주류는 '소피스트sophist'[08]라고 불리던 인물들이 담당하고 있

08 원래 '현자'라는 뜻이다. 오늘날로 치면 '지식인'이라 불러야 할 듯하다.

었다. 당시 주변국 많은 지식인들이 선진국 아테네로 모여들었는데, 그들은 웅변이나 수사학처럼 정치경제적 영향력과 직결된 실용적 기술들을 가르치며 그 대가로 상당한 학비를 요구했다. 그만한 학비를 감당할 수 있는 사람들은 사실상 상류층에 국한되었기 때문에, 그들은 사회에 지식의 양극화를 가져왔다는 비판을 받기도 했다. 반면 소크라테스는 학비를 받지 않고 누구나 원하는 사람들과 대화를 나누었다. 부인이 악처라고 소문났었다지만, 글쎄 누군들… 그는 소피스트들과 지식의 양을 두고 경쟁하지 않았다. 다만 자기가 무지하다는 바로 그 사실을 안다는 점에서 그만큼 더 현명하다고 말했다. 그 말을 듣고 열 받은 소피스트들의 머리에서 김이 올라오는 장면이 눈앞에 선하다.

소크라테스는 젊은이들을 미혹하고 사회기강을 저해했다는 엉뚱한 죄목으로 피소되어 사형판결을 받는다. 당시 아테네는 거대제국 페르시아와의 전쟁에서 기적적으로 승리하여 지중해의 패권을 장악하곤 이내 오만해져서 스파르타까지 장악하려고 전쟁을 일으켰다가 오히려 패배하여 항복한 상태였다. 그 참담한 상황을 누군가의 탓으로 떠넘기고 싶은 일종의 군중심리였는지도 모른다. 소크라테스는 생의 마지막에 "이제 떠날 때가 되었다. 나는 죽기 위하여, 여러분은 살기 위하여. 그러나 어느 편이 더 행복한지는 신 말고 아무도 모른다."라고 말하곤 독배를 들이켜 죽음을 받아들였다. 그러나 그의 곁에 있던 플라톤은 도저히 그걸 담담히 받아들일 수 없었다. 아무것도 모르면서 알고 있다고 굳게 믿는 중생들, 죄라면 그들의 무지몽매한 꿈을 깨뜨려준 것뿐 아닌가? 플라톤은 그 숭고한 모습을 후세 사람들에게 전해주기 위하여 스승의 재판과정과 의연한 언행들을 한 점

가감 없이 '소크라테스 변론 Apologia Socrates'에 담아낸다.[09] 그리곤 그 뜻을 이어 진실한 지식을 찾는 철학의 길에 매진하며 아카데미아를 설립해 제자들을 양성한다.

플라톤은 사물의 '본체noumena'인 '이데아Idea'라는 형이상학적 존재를 제시한다. 이데아는 인간이 감각을 통해 파악할 수 있는 '현상phenomena'이 아니라 그와 무관하게 원래부터 존재하는 본체이고, 현상세계에 존재하는 모든 사물의 근원이자 본질이다(2장 2. 감각과 인식론). 이데아는 완벽하지만 현실은 그 모방에 지나지 않고, 현상세계 만물은 낡아지고 사라지지만 이데아는 시간이 지나도 변치 않는다. 인간이 모두 사라지더라도 이데아는 그대로 있다. 이데아는 인간이 존재하는 원인이고, 그 덕분에 현상세계에 인간이 실재한다. 다만 인간이 현상세계로 오려면 레테 강[10]을 건너야 하는데, 그러면 이데아세계에 대한 기억을 상실해 버린다. 그래서 현상세계는 늘 뒤죽박죽이다.

언뜻 이상한 신비주의처럼 들릴지도 모르겠지만, 이데아는 맹목적 신념이나 이념이 아니라 오로지 이성을 통해 깨우칠 수 있다. 인간의 머리로 지어낸 게 아니라 원래 보편적으로 존재하는 이데아는 마음만 먹으면 실상 그다지 어렵지 않게 찾아볼 수 있다. 이를테면, 삼각형을 그리라면 누구나 자기식으로 삼각형을 하나 그릴 텐데, 살펴보면 각각의 모양은 달라도 거기엔 모두 겹치지 않는 세 점과 그것을 연결하는 직선으로 이루어

---

09 대부분 한국어 번역판들은 '소크라테스의 변명'이라는 제목으로 되어 있다. 법정에서 당당하게 변론한 후 부당한 판결이 났어도 지저분한 변명 한 마디 안 하고 깨끗이 죽음을 택한 소크라테스의 뜻을 정면으로 거스르는 대단히 부적절한 번역이다.

10 그리스 신화의 '레테'는 망각의 여신이다. 저승에는 그 이름을 딴 망각의 강이 흐른다. 죽은 사람은 모두 이 강물을 마셔야 하며, 마시면 이전의 기억을 모두 잃게 된다.

진다는 유사성이 '있다.' 그런 '보편적 삼각형'은 분명히 존재하며, 그건 인간이 생각해서 만들어낸 게 아니라 인간과 무관하게 존재하는 그 자체로서의 이데아다.

마찬가지로 다른 이데아도 곳곳에서 찾아볼 수 있다. '인간'이란 말도 개개인의 특성들이 겹치는 보편성의 이데아라고 볼 수 있다. 러셀은 한 걸음 더 나아가 언어에서 특정 명사나 수식어와 결합되지 않은 상태의 동사들도 대부분 그 자체의 이데아라고 제시하며 개념적 이해를 확장시킨다(참고문헌 24). 그러면 '본체란 결코 알 수 없는 것'이란 칸트의 견해에는 찬동하기 어렵게 된다(2장 2. 감각과 인식론). 사실 우리는 이데아와 함께 살고 있다! 다만 그걸 분간하지 못하고, 오로지 자기가 그린 것만 삼각형이라고 우기고 싸우느라 삶을 낭비할 따름이다. 그래서 플라톤은 철학이란 현상을 통해 본체를 찾아 '보는' 작업이라고 말해준 것이다.

우리는 앞에서 생명철학의 출발점으로서 관찰의 중요성을 살펴보았다. 이제 플라톤을 통해 보면, 그 목표가 더 명백해진다. 바로 현상을 통해 본체로서의 '생명의 이데아'를 보려는 것이다. 예를 들어, 랑거한스가 처음 발견한 섬은 척추동물의 췌장에 모두 존재하는 일종의 이데아다. 그 당시에는 기능을 몰랐지만, 그 후 그게 혈당조절에 필수적이라는 사실이 차차 밝혀진다(9장 2. 비만의 병리학). 즉, 이데아에 특정지식이 합해진 융합지식으로 확장되어가며, 이젠 그 전반적 의미까지 파악하게 된다. 여기서 지식의 의미란 어떤 지식에 대한 주관적이고 감각적인 나름대로의 해석이 아니라, 그에 따른 필연적 연관관계나 인과관계를 뜻한다.

그런데 이데아가 인간의 인식과 무관하게 존재한다면 그들 사이의 관계는 인간이 경험으로 파악할 수 있는 후천적 지식이 아닌 '선험적*a priori*' 지식에 해당한다. 그래서 선험지식의 의미를 파악하기는 어렵다. 이를테면, 우리는 '생명'과 '죽음'이라는 두 이데아 사이의 관계를 알고 있지만, 그 의미가 무엇인지 이성으로 알 수는 없다. 우주 존재의 의미를 알 수 없는 거나 마찬가지다. 그러나 그 안에서 개별 은하의 움직임이나 어떤 혜성의 속성 같은 특정 지식들은 그에 따른 연관관계들을 도출하며, '우리가 보는' 입장에서, 그 의미를 파악할 수 있다. 나아가 생명현상의 어떤 변화가 생명 그 자체를 어떻게 위협하는지도 알 수 있다.

다시 말하자면, 지의를 향한 철학적 탐구는 선험지식만으로는 불가능하고, 거기에 구체적 특정지식이 융합된 확장지식이라야 비로소 가능해진다. 그 특정 지식의 의미는 전체적 비교를 통해 비로소 파악할 수 있고, 따라서 모두 상대적이다. 아무튼 그렇게 깨우쳐가다 보면, 부분을 통해 전체를 조금씩 엿보게 될지도 모른다. 그러나 부분을 알면 곧 전체를 파악할 수 있다는 건 아니다. 생명철학에서 생명의 보편적 특성과 아울러 다양한 생명체들의 개별적 특성까지 함께 살펴봐야 하는 근거가 거기 있다. 앞으로 아리스토텔레스가 보여주려 한 게 바로 그 점인지도 모르겠다.

플라톤에 따르면 '형상은 물질에 우선한다. Forms over matters.' '형상'이란 말은 물질적인 개념이 아니라 이데아로 연결된다. 그의 이데아론은 어이없이 스승을 죽인 기막힌 현실에 이루 말할 수 없이 낙담한 데서 비롯한 건지도 모르겠다. 소크라테스는 이성이라는 선물을 남겨두고 엉망진창 현상세계를 떠나 영원한 이데아의 세계로 돌아간 것이다. 그래도 플라톤은 스승을 희생시킨 이 현상세계를 못내 견딜 수 없었는지, 저서 '국가론The republic'에서 정의로운 이상사회를 그리며(참고문헌 11), 통치자 왕은 '선善의 이데아'를 인식하는 사람, 즉 철학자여야 한다고 주장한다(8장 8. 민주주의, 민정주의?). 지구 반대편에서 어지러운 난국에 군자가 통치하는 국가를 그리며 떠돌던 외로운 공자孔子, 기원전 551–479와 어쩌면 그리 닮았는지! 덕분에 인간에 대한, 인간의 지성에 대한 믿음이 생긴다. 그러나 그들은 그 시대의 중심에 서 있지 못했고, 오히려 배척받는 삶이었다. 지금 태어났으면 많이 달랐을까?

플라톤의 형이상학은 서양철학의 근간을 이룬다. 화이트헤드Alfred North Witehead, 1861-1947는 딱 잘라 말했다. "서양의 이천 년 철학은 모두 플라톤에 각주를 붙인 데 불과하다고 봐도 무방하다." 볼수록 고개가 끄덕여지는 말이다.

•

03 아리스토텔레스의 포괄적 철학체계

소크라테스가 이성본위 철학의 씨앗을 뿌리고 플라톤이 그 위에 형이상학의 꽃을 피웠다면, 아리스토텔레스는 그 뒤를 이어 철학을 모든 영역으로 확장하여 형이상학과 형이하학을 조화시킨 포괄적 철학으로 이끈 대학자다. 아리스토텔레스는 플라톤이 세운 아카데미아 출신으로서, 후세사람들이 '철학자 그분the Philosopher'이라고 칭송할 정도로 서구 지성사에 획기적 발자취를 남겼다. 그리고 우리 생명철학 역사여행의 중심인물이기도 하다(그림 4).

그림 4 아테네 학당, 라파엘로

바티칸의 교황거실 벽화 '아테네 학당'에 등장하는 모든 현인들의 중앙에 서 있는 두 인물이 플라톤과 아리스토텔레스다. 교황 율리우스 2세(Julius Ⅱ, 1443-1513)가 주문하여 라파엘로가 그린 건데, 그 많은 인물들을 모두 생생하게 그려낸 예술가도 대단하지만, 자기 처소에서 기독교 성인들이 아닌 철학자들과 지성인들의 토론을 지켜보고자 했던 율리우스의 넉넉함이 돋보인다.

아리스토텔레스는 서구가 배출한 역대 최고의 지성으로 일컬어진다. 사실 고대에서 근대로 이어지는 모든 학문체계를 정립한 '바로 그분'이다. 플라톤 문하답게 가장 심혈을 기울인 분야는 윤리학이었다. 그림 '아테네 학당'에서 들고 있는 책이 대표작 '니코마코스 윤리학'[11]이다(참고문헌 25). 거기서 그는 플라톤 철학을 보다 구체화하여 명예, 신뢰, 절제, 우정, 행복 등 여러 실제적 덕목virtues들을 열거하고 그건 인간이 '응당 따라야 할 삶의 목적', 즉 '텔로스telos'라고 했다. 아니 땐 굴뚝에 연기 나지 않듯, 세상에 무언가 벌어지는 데는 다 이유cause가 있는데, 그중 가장 최종적 이유는 바로 그 사물이 존재하는 목적, 텔로스다. 플라톤의 이데아에서 유래하여, 그걸 알기 쉽게 이해하고자 도입한 개념인지도 모르겠다. 인간의 모든 사회적 활동도 자유의지, 필요, 욕망, 신념 같은 목적, 즉 동기부여에 따른다. 그의 '텔로스론teleology'은 오랫동안 서구사회의 사상적 기반이 된다.

아리스토텔레스는 플라톤의 철학을 계승하면서도 경험적 관찰에 의한 실제적 학문을 중시했고, 스승과 일종의 긴장관계였던 것으로 보인다. 수제자였던 그가 아카데미아를 이어받지 못한 것으로도 미루어 짐작할 수 있다. 플라톤의 사후에 떠오르는 강국 마케도니아의 왕 필립이 아들 알렉산더Alexandros the Great, 기원전 356-323의 스승으로 아리스토텔레스를 모셔온다. 왜 전쟁과는 무관한 아리스토텔레스를 모셨을까? 아들을 단순한 지배자가 아닌 역사적 인물로 만들고자 했던 아버지의 꿈이 물씬 느껴진다. 아무튼 든든한 후원을 받게 된 아리스토텔레스의 학문은 형이상학과 윤리학에 머물지 않고, 온갖 학문을 아우르고 창시하는 수준으로 발전한다. 조국 아테

11 아리스토텔레스는 윤리학 저서를 두 권 출간했다. '니코마코스 윤리학'은 그의 아들 니코마코스가 엮어낸 편집본이다. 아들이 아버지가 친히 들려준 인생의 귀감을 정리한 건지 모르겠다.

네에 대한 플라톤의 애증의 그림자를 벗어나 새로운 학문세계로 들어서고자 했던 건지도 모른다.

알렉산더가 정복전쟁을 떠나자, 그는 다시 아테네로 돌아와 신개념의 개방형 교육기관 '리케이온Lykeion/Lyceum'을 설립하고 거기서 학생들과 함께 산책하며 강의했다. 사람들은 그와 학생들을 '소요학파逍遙學派, the Peripatetic school'라는 애칭으로 불렀다. 마치 소크라테스가 되살아난 것 같지 않은가? 그리곤 물리학, 생물학, 동물학, 논리학, 미학, 시학, 음악, 수사학, 언어학, 정치학 등 방대한 분야에 수많은 저서를 저술한다. 전체 저작들 중 현존하는 저서는 극히 일부라고 하는데, 대체 한 사람이 이룰 수 있는 업적의 한계가 어디일지 궁금하게 만든다. 특히나 경험적 관찰에 의거한 자연과학적 방법론의 전통은 그에 의해 비로소 태어났다고 해도 과언이 아니다.

생물학에서 남긴 업적만 봐도 놀라지 않을 수 없다. '동물의 역사Historia animalium', '동물의 운동De motu animalium', '동물의 부분De partibus animalium', '동물의 발생De generatione animalium', '생명력De anima' 등 많은 저서들이 남아 있다. 실제 관찰과 해부학적 연구결과를 기술하고 분석한 업적들이다. 알렉산더도 정복전쟁 중 틈틈이 진기한 생물학 샘플과 자료를 모아 스승께 보내드렸다고 하는데, 아무튼 언제 그 많은 연구를 했는지 놀라울 뿐이다. '동물의 역사'에선 여러 동물들을 구체적 근거 위에 비교·분석했는데, 동물들의 일반적 특성과 종마다 다른 특성을 분리하여 현대 생물분류학의 효시가 된다. '동물의 부분'과 '동물의 발생'은 해부학적 근거 위에 동물들 특성의 '원인'을 분석하고자 한다. 이를테면, 동물의 폐와 물고기 아가미의 대칭성, 육상동물의 팔, 새의 날개, 물고기의 지느러미 등의 연관성을 제시하고, 그걸 통해 각 기관들의 '목적'이 무엇인지 유추한다.

천 년 후에야 등장할 진화론적 통찰력을 미리 암시한 건지도 모른다. 사람을 위시한 모든 생명체의 진수는 생명력psyche[12]이라고 지적하였다. 그러면 의학의 텔로스는 당연히 생명력을 보존하는 게 된다. 로마시대를 거쳐 고전의학의 기본이 된 이 개념은 훗날 현대의학이 태어날 때 큰 쟁점이 된다.

오늘날 물리학에 해당하는 자연철학도 아리스토텔레스가 정리하고 확립하였다. 모든 물체는 원래 정지해서 '자연휴식' 상태에 있다가, 갑작스러운 힘을 받으면 비로소 움직여 직선운동을 하다가 다시 정지하여 휴식하게 된다고 했다. 사방에 보이는 것마다 모두 그러니 나름대로 자연스러운 생각이었다. 그런데 그건 지상에서의 일이고 하늘에 있는 천체는 그와 달리 끊임없이 움직이며 원형운동을 한다. 그래서 지상의 물체와 천체는 구성과 운행이 근본적으로 다르다고 생각했다. 흙, 물, 불, 공기의 네 가지 요소로 이루어지는 지상의 모든 만물들과 달리, 천상은 그 외의 다섯 번째 요소제5요소, quintessence로 이루어진다. 이런 사고는 나중에 기독교에서 속세와 천국은 완전히 다르다는 뜻으로 그의 학문을 재해석하고 받아들이게 되는 중요한 근거가 된다. 물론 그의 생전에 기독교란 없었고, 천 년 후에나 벌어질 일을 알았을 리도 만무하지만.

아리스토텔레스는 보통 사람들이 범접하기 어려운 대학자였고, 앞으로도 그런 인물은 다시 태어나기 어렵다. 아니, 요즘같이 모든 걸 쪼개고 '전문화'하는 환원주의가 만연한 세상에서는 절대로 다시 태어날 수 없다. 아리스토텔레스는 인간의 감각을 통한 자각(통찰력)의 중요성을 잘 알고 있었고, 정작 그의 위대함은 그 지식들을 정리하여 이성적 체계로 묶어

---

12 그리스어 'ψυχή (psyche)'는 흔히 '영혼(soul)'이라고 번역하는데, 여기선 '생명력(vitality)'이라고 번역하는 게 더 합당하다.

내는 데 있었다. 수천 년 전 그가 얻을 수 있는 데이터는 지금에 비하면 매우 제한적이었겠지만, 주어진 여건 속에서 최선의 이성적 접근으로 체계적 지식을 얻는 방법을 보여주었다. 그는 뛰어난 철학자이자, 예리한 관찰자이자, 엄청난 이야기꾼이었다.

플라톤과 아리스토텔레스를 이야기할 때마다, 퇴계와 율곡이 떠오른다. 그분들도 연배가 30년쯤 차이가 난다. 물론 플라톤-아리스토텔레스처럼 사제지간은 아니었다. 오히려 젊은 율곡은 거장 퇴계의 학문을 에둘러 비판하고 새로운 학설을 제창하는 입장이었고, 퇴계와 대립하는 학풍의 대표자 격이었다. 퇴계는 리와 기는 근원부터 다르다는 '리기이원론理氣二元論'을 내세우며, 주자보다 더 철저할 정도로 '리기의 분리理氣不雜'를 주장했다. 그리곤 당시 현실정치엔 리가 자리 잡을 곳이 없다며, 향리에 내려가 제자들을 가르치며 자기 본분을 지키려 했다. 반면 율곡은 학자로서 세상에 조금이라도 도움이 될 수 있다면 혼탁한 현실정치도 마다하지 않아야 한다는 입장이었다. 그 학풍의 선비들은 출사하여 조정을 장악하는 서인을 이룬다. 율곡은 나아가 리기가 근원부터 다른 건 아니라는 '리기일원론理氣一元論'까지 주장하게 된다. 물질세계/현실세계에 적용되는 원칙들도 성리학적 원리로 이해할 수 있다는 확신이다. 퇴계와 율곡의 학문적 대비는 플라톤의 철저한 형이상학적 사고와 그걸 이어받아 형이하학으로 확장시키려는 아리스토텔레스의 입장과 어쩌면 그리 닮았는지! 입장과 생각은 달라도, 율곡은 퇴계를 존경했고 퇴계도 율곡을 존중하고 무척 아꼈다. 율곡이 퇴계를 문안하려고 일부러 먼 길을 찾아간 적이 있는데, 퇴계는 젊은 율곡을 극진히 대접하고, 날씨가 궂어 비가 올 것 같으니 머무르라는 핑계를 대며 사흘이나 붙들어두고 함께 학문을 논했다고 한다. 아름다운 인간관계란 바로 이런 게 아닐까?

04 기독교, 이슬람, 철학자 그분

역사의 바퀴는 굴러서, 그리스의 찬란했던 전성기는 저물고, 그 문화를 흡수한 로마가 지상 최고의 제국으로 부상한다. 그리스의 이론은 로마의 실용성으로 변용되고, 창조보다 조직운영, 예술보다 정치를 앞세우는 시대가 되었다. 로마는 전 제국에 걸쳐 지금의 고속도로망에 해당하는 도로망을 거미줄처럼 깔았고, 도시마다 수로aqueduct를 만들어 언제나 신선한 물을 공급했다. 산 넘고 물 건너 이어지는 엄청난 수로들을 보자면, 현대 공법으로도 쉽지 않은 수로를 건설한 기술력과 그 웅대한 비전에 경의를 표시하지 않을 수 없다. 로마인들은 오늘날에도 사용하는 여러 공학기술을 개발했다. 특히 그들이 발명한 시멘트 콘크리트의 우수성은 그 오랜 세월 침식과 수많은 지진도 견뎌내며 건재하고 있는 많은 수로교와 건축물들이 증명하고 있다. 의술에서는 그리스 히포크라테스의 의학이론을 갈렌 Galen, 129–200이 집대성하여 서양의학의 근간을 세운다(참고문헌 1, 26). 실무 의료를 앞세웠고, 특히 외상치료에 탁월했다고 한다. 수많은 전쟁을 겪은 로마인다운 접근이다.

거대제국을 유지하자면 점령지에서 들어오는 물자가 필수적이었다. 로마는 막강한 군사력을 유지하는 한편, 점령지의 문물을 가능한 존중해 주고 사람들에게 시민권도 선택적으로 부여하는 등 나름대로 포용정책을 펼친다. 그 상징물이 로마 시내 한복판에 웅장하게 자리 잡은 판테온 Pantheon이다. 모든 신을 함께 모신다는 뜻인데, 말 그대로 점령지의 신들까지. 물론 제우스보다는 아래지만, 모신다는 의미로 지은 제국통합의 상징이었다. 로마인들은 단일신을 모시는 유대인들과 마찰이 끊이지 않았는데, 남의 신을 절대 인정하지 않는 배타적 자세는 결국 제국을 허물어뜨린다고 믿었기 때문이다. 그러니 역시 단일신을 섬기는 신흥종교 기독교의 전파에 지배층은 신경을 곤두세우지 않을 수 없었다. 그러나 무자비한 배척과 탄압은 오히려 고달픈 서민들에게 포교를 재촉하는 결과만 불러왔다.

치열한 갈등을 거쳐 콘스탄티누스 1세Constantinus Ⅰ, 272-337 치하에 이르러 드디어 기독교는 국교로 공인받는다. 박해받던 처지에서 벗어나 제국의 중앙 무대를 차지하게 된 것이다. 그러나 이미 국운은 기울어간다. 수도 로마가 연이어 이민족들에게 약탈당할 무렵, '참회록'으로 명성을 얻은 성 아우구스티누스Aurelius Augustinus, 354-430는 저서 '하느님의 도시'에서 보잘것없는 인간의 도시(로마)에 연연하지 말고 영원한 하느님의 도시로 가라고 외친다. 그 말이 그대로 실현되었는지, 로마는 제대로 저항 한번 못하고 어이없게 무너지고 만다. 적이 강해서 무너졌다기보다, 스스로 자멸했다고 보는 편이 옳다.

로마제국이 멸망하자, 엄청난 혼란 속에 곳곳에 힘 있는 자들이 속속 제후로 등장하여 새로운 정치판을 만들어가는 가운데 유럽은 중세로 진입한다. 그 와중에 로마교회와 교황은 정신적 중심으로 남아, 혼란한 세상을 '하느님의 도시'로 이끌려는 성스러운 사명을 다하고자 한다. 어려운 책무였다. 가장 아쉬운 건 혼란스러운 속세와 지고의 천상을 이어주는 연결고리였다. 교회 깊숙한 곳에서는 조금씩 아리스토텔레스 철학이 기독교사상과 나름 겹치는 부분이 많고 기독교사상을 현상에 구현하는 데 도움이 될지도 모르겠다는 생각이 자라게 된다. 그러나 중세교회는 하느님의 목소리를 구하는 데 매달려 속세 공부는 할 여력이 없었고 사실 그럴 생각도 별로 없었다. 그러던 중 역사의 바람이 엉뚱한 데서 불어온다. 기독교에 이어 신흥세력으로 등장한 이슬람은 당시 거의 모든 면에서 서구를 압도하고 있었다. 그들은 적극적 포교활동과 아울러 활발한 탐험과 학술활동을 벌이며 신의 뜻을 찾아 세계로 나선다. 그 새로운 바람의 중심에 두 명의 의사가 있었다는 게 흥미롭다.

아비세나Avicenna, 본명 Abu-Ali al-Husayn ibn-ina, 980-1037는 의학을 집대성한 총 5권의 '의학정전Qanun fi al-tibb, the canon of medicine'을 저술한 이슬람의학 최고봉으로 잘 알려져 있다. 그리고 논리학, 자연과학, 수학, 형이상학, 윤리학, 정치학을 아우르는 방대한 내용의 '치유의 책Kitab Al-Shifa, the book of healing'을 발간한 철학자이기도 했다. 그가 본 '치유'의 대상은 육체만이 아니었다. 인간이성의 역할을 인정하는 동시에, 결국은 신과의 교감을 통해서만 인간이 올바른 길로 갈 수 있다는 게 그의 시각이었다. 그의 저술들은 12세기 이후 서구지성을 뒤흔들 정도로 큰 영향을 미친다. 그러나 그는 이슬람 세계에서 권력이 아니라 이성의 촛불을 밝히려는 한 지성일 뿐이었다. 모든 위대한 철학자들의 삶은 결국 이런 걸까? 조심스레 이성을 종교의 동반자로 옹호해 보지만, 격동하는 정세 속에 그의 이성적 종교관은 심한 탄압을 받게 되는데, 그 와중에 가까스로 그를 구해준 건 바로 그의 뛰어난 의술이었다. 덕분에 그는 생의 마지막 순간까지 촛불을 밝히고 저술활동을 할 수 있었다.

아베로에스Averroes, 본명 Abu al-Walid Muhammad Ibn-Ahmad Ibn-Rushd, 1126-1198는 지금의 스페인 코르도바에서 태어난 의사이자 철학자다. 라파엘로의 '아테네 학당'에서 왼쪽 아래 수학풀이에 몰두하고 있는 피타고라스의 어깨너머로 바라보는 터번 쓴 인물로 그려져 있다(그림 4). 대학자를 그런 모습으로 그린 게 옳은 건지 몰라도, 아무튼 거기서 뺄 수 없는 인물이었다는 것만으로도 그의 역사적 중요성을 반증해볼 수 있다. 아베로에스는 아비세나의 업적들이 공격받고 잊혀 갈 무렵, 철학과 종교를 연결하려는 마지막 불꽃을 태운 학자였다. 격동의 중동에서 멀리 떨어진 코르도바의 유력한 집안에서 태어난 배경 덕분이기도 했다. 아비세나 못지않게 그는 철학, 신학, 법학, 심리학, 정치학, 음악, 지리학, 수학, 천문학, 의학 등 다방면에 방대한 저서를 남긴 대학자였다. 그중에서도 유럽 지성인들에게 가장 큰 영향을 미친 건 아리스토텔레스 저작들에 붙인 방대한 주석이었다. 그가 온갖 학문을 집대성한 대학자 선조를 만나 얼마나 반가웠을지 잘 알 것 같다. 거의 잊혀가던 아리스토텔레스가 이슬람 학자에 의해 부활할 줄 누가 알았을까!

이성과 지식에 목말랐던 이슬람 철학자들의 업적은 유럽 지성인들을 분발시키고, '이성을 통한 신앙의 보완'이라는 영감을 제공한다. 성 토마스 아퀴나스Thomas Aquinas, 1225-1274는 가톨릭 도미니크회 수사였으며, 교회에 엄청난 영향을 미친 신학자, 철학자, 법학자였다. 그는 '이성은 신 안에 있다.'라고 주장하며 자연신학을 옹호했고, 아리스토텔레스를 '철학자 그 분'이라고 부르며 떠받든다. 그를 제외하고는 철학을 논할 수 없는 최고의 철학자라는 더할 나위 없는 찬사다. 물론 어떤 철학이건 감히 기독교신앙에 버금갈 수는 없다고 경계하면서도, 아퀴나스는 아리스토텔레스 철학적 사고를 기독교에 접목시키려고 부단히 노력했다. 가만히 살펴보면, 아리스토텔레스의 텔로스 이론이나 속세와 천국의 근원적 분리 같은 생각들은 가톨릭 교리와 근본적으로 배치되는 게 아니었다. 사실 아리스토텔레스는 신실한 유신론자였다. 어찌 보면, 신의 뜻에 어긋나게 살면 안 된다는 게 텔로스론의 근간인지 모른다. 다만 아리스토텔레스가 너무 일찍, 예수가 태어나기 전에 태어났다는 것이 문제였을 뿐!

아퀴나스는 가톨릭교회가 배출한 가장 걸출한 신학자이자 철학자로 추앙받는다. 그러나 미리 결론을 내리고 하는 사고는 종교적 신념이지 철학이 아니라는 심한 비판도 받는다. 아무튼 이성을 앞세우는 아리스토텔레스 철학의 재평가와 신학적 접근은 그간 인간의 사고에 거의 잃어버렸던 이성이란 씨앗을 뿌려 조만간 다가올 르네상스의 물꼬를 튼다. 그런데 그 밑받침이 된 아리스토텔레스는 엉뚱하게도 교회의 수호신처럼 여겨지며 큰 수난을 당한다.

05 르네상스, 이야기와 함께 찾아오다

시인 페트라르카Francesco Petrarca, 1304-1374는 라틴어 서적들을 일반인 눈높이에 맞도록 이탈리아어로 번역하여 인문주의humanism의 선구자라고 일컬어지는 인물이다. 그는 중세를 암흑기라고 단정 지었다. 왜 그랬을까? 중세가 '신의 시대'였다는 후세 사가들도 있다. 그럼 인간은 없었단 말인가? 물론 살아 움직이고 있었다. 무서운 흑사병이 전 유럽 인구를 처참히 지워나갔지만, 그래도 사람들은 함께 모여 꿋꿋이 버텨내며 살았다. 한구석에서 아비세나, 아베로에스, 아퀴나스 등 석학들의 촛불 역시 꺼지지 않고 타오르고 있었다. 그런데 뭐가 없어서 암흑기란 말을 들어야 했을까?

그건 바로 '이야기'다. 인간의 이야기가 철저히 빠져있었다. 그리고 보면, 르네상스는 이야기와 함께 찾아온다. 르네상스의 신호탄이라고 일컬어지는 단테Dante Alighieri, 1265-1321의 신곡The Divine Comedy은 실상 신의 이야기라기보다 신이 부여한 길을 걸어가는 인간들의 이야기다. 길 안내자로 로마시대 최고의 시인 베르길리우스Publius Vergilius Maro, 기원전 70-19가 등장하는 게 의미심장하다. 보카치오Giovanni Boccaccio, 1313-1375의 데카메론Decameron은 한술 더 떠, 처음부터 끝까지 인간이 만들어가는 '속된' 이야기다. 드디어 이야기보따리의 봇물이 터질 때 원조 이야기꾼 아리스토텔레스가 빠질 수는 없지 않을까? 고전으로, 고전으로! 잃어버린 천 년에 대한 보상은 고전에서 찾는 것 외에 다른 길이 없었다. 그리고 그건 무궁무진했다.

문학에서 비롯한 이야기는 목마른 들판에 붙은 불꽃처럼 타올라 모든 예술로 번져나간다. 이야기의 힘! 마침 동양과의 상거래 및 금융거래를 통해 막대한 부를 축적한 이탈리아의 도시국가들, 특히 피렌체의 메디치 가문이 역사의 중앙무대로 등장한다. 메디치 가문의 전폭적 후원에 힘입어 오랫동안 가뭄에 시달리다가 단비를 만난 생명처럼 학문과 예술이 활짝 꽃을 피운다. 다 빈치Leonardo da Vin′ci, 1452–1519, 미켈란젤로Michelangelo Buonarotti, 1475–1564, 라파엘로Raffaello Sanzio da Urbino, 1483–1520 같은 천재 예술가들이 등장하여 못다 한 인간들의 이야기를 화폭 가득 가슴 찡하게 담아냈다. 천 년의 기다림 끝에 화려한 감각의 시대가 열린 것이다. 그 주인공은 인간이었다.

르네상스는 화려한 모순의 시대였다. 현실과 이상의 괴리가 극심한 분열증의 시대였다. 사람들이 처한 현실은 암담했다. 흑사병으로 언제 떼죽음할지 몰랐고, 가족들은 흩어지고, 정치는 부패했고, 전쟁은 끊임없이 일어났다. 잠깐 느슨해지는 듯했던 종교적 속박은 더욱 강해져서, 보티첼리Sandro Botticelli, 1445–1510는 자신의 무수한 작품들을 사보나롤라 수사[13]가 지핀 장작불 속에 스스로 던져 넣어야 했다(참고문헌 3). 단테의 연옥은 사후세계가 아니라 매일 살아가는 현실 바로 그것이었다. 그래서 사람들은 그의 이야기에 더욱 매료되었는지 모른다. 그러나 이제 한 가지 분명히 달라

---

13 피렌체 산 마르코 수도원 사보나롤라(Girolamo Savonarola, 1452–1498)는 도미니크회 수사로서 인문주의자들의 르네상스 운동을 극렬하게 반대하며 '종교로의 회귀'를 종용했다.

진 건 있었다. 그건 이야기로 다가온 꿈이었다. 그리고 그들은 스스로가 누군지 묻기 시작했다.

06 해부학, 나를 찾아가는 순례

르네상스를 거치며 인간에 대한 관심이 깊어지고, 생로병사에 대한 관심도 되살아나고, 육체에 대한 관심도 커진다. 그전까지 생로병사는 신의 영역이라 인간이 깊게 고민할 필요가 없었다. 그 뜻에 기꺼이 따르면 그만이었다. 인간의 육체란 그냥 더럽고, 냄새나고, 무의미한 고깃덩어리일 뿐이었다. 목욕도 거의 하지 않았다. 그럴 가치가 없었으니까. 이제 르네상스 예술가들이 인간을 생긴 그대로 그리려 해보지만, 정작 인체에 대해 아는 게 너무 없었다. 답답한 그들은 비밀리에 인체 해부에 매진한다. 그건 일반인에겐 불법행위였고, 발각되면 어찌 될지 모르는 상황이었다. 대체 왜 그랬을까? 요즘 우리라면 과연 '생길 것 없는 일'에 그리할까? 컴퓨터로 대충 합성해버리지 않고? 그 결과는 다 빈치와 미켈란젤로의 걸작들에 반영되어 오늘날에도 가슴 설레게 우리 앞에 서 있다.

의학에도 새 바람이 불어오기 시작한다. 벨기에 출신 베살리우스Andreas Vesalius, 1514–64는 그가 배운 의학이 실제와 많이 다르다는 걸 깨닫는다. 우선 인체를 있는 그대로 뜯어보는 것밖에 다른 해결책이 없다는 생각을 굳힌 그는 수없이 해부를 시행한다. 마침내 해부학의 권위자가 된 그는 명문 파두아 대학교수로 초빙된다. 그의 명저 '인체구조학De Humani Corporis Fabrica'은 있는 그대로, 보는 그대로 그려낸 해부학의 완성판이었다. 그의 해부학강의는 진실을 밝히는 등불로 학생들에게 명성이 자자했다(그림 5).

베살리우스의 해부학은 천 년 동안 신봉되어온 로마시대 갈렌의학이 실은 해부학적 바탕이 미흡한 오류투성이라고 적나라하게 밝혀낸다. 아무도 넘볼 수 없었던 갈렌의 권위는 일거에 땅에 떨어진다. 인체해부가 널리 시행되면서 머잖아 정상과 비정상의 차이가 인식되기 시작한다. 새로운 눈이 떠지고 있었다. 질병으로 사망한 사람들은 질병에 따라 장기에 특별한 변화가 있었다. 갑자기 열이 나고 숨이 가쁘다가 죽은 사람들은 폐 전체가 고름 덩어리였고, 황달을 앓았던 사람은 간이 쪼그라들어 돌덩어리처럼 딱딱했다. 사망 전 증상을 보면 반복적으로 나타나는 어떤 패턴들이 있었고, 한 걸음 더 나아가 부검 전에 미리 장기의 특정 변화를 예측하기도 했다. 비로소 병리학의 첫걸음을 떼게 된 것이다. 이제 질병을 '본대로 이야기할' 수 있게 되었다!

베살리우스 이후 백오십여 년이 지나, 파두아 대학교수 모르가니 Giovanni Battista Morgagni, 1682-1771는 장기의 병적 변화들과 질병의 원인을 엮은 방대한 저서 '질병의 위치와 원인De Sedibus et Causis Morborum'을 출간하여 병리학의 초석을 놓아서 지금도 '병리학의 아버지'로 불린다. 그는 여러 질병들이 종종 어떤 특정 기관이나 조직에 집중적으로 발생해서 질병마다 특이한 병소病巢, 혹은 병변病變, pathologic lesion을 이룬다고 했다(참고문헌 27). 그 예로, 매독으로 인한 대동맥류aortic aneurysm, 갑자기 괴사된 간, 위를 메우고 있는 암 조직 등 놀라운 병소들을 보여주며 세계 각국에서 모여든 많은 학생들에게 '근거에 입각한' 체계적 의학강의로 깊은 감명을 주었다. 때는 바야흐로 과학혁명의 시대였다.

현미경이 널리 보급되고 조직학적 기술이 발전하며 부검은 자연스레 조직학연구로 이어졌다. 흔히 '조직학의 아버지'로 불리는 프랑스의 천재

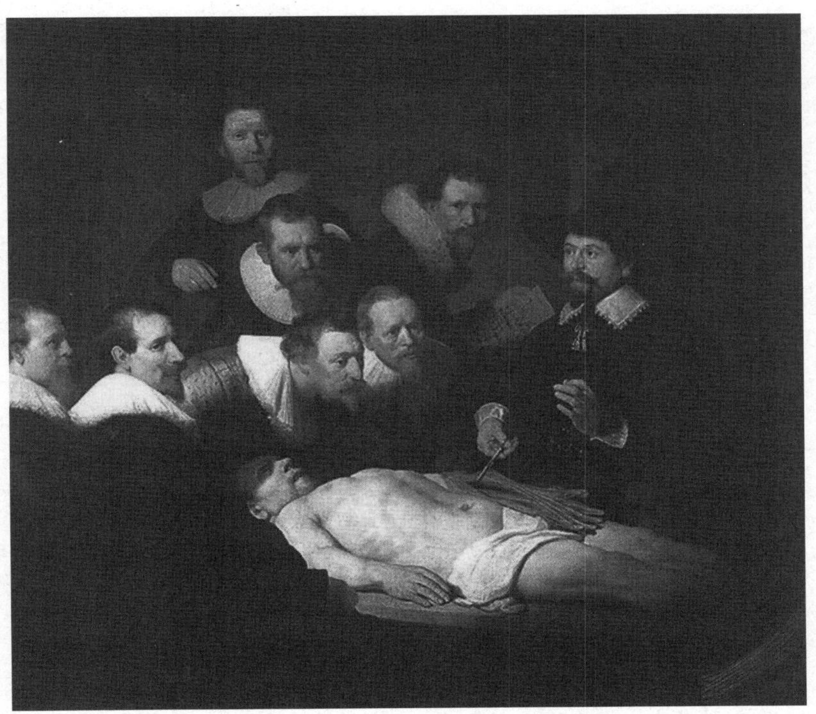

그림 5 툴프박사의 해부학 강의, 렘브란트

렘브란트(Rembrandt Harmenszoon van Rijn, 1606 - 1669)의 명작 속에 해부강의를 하는 툴프박사의 자신감 넘치는 당당한 자세와 진실을 향하는 학생들의 눈빛이 이글이글 불타고 있다. '빛의 마술사'로 일컬어지는 렘브란트는 어두운 화폭 한가운데 놓인 해부용 시신과 그걸 지켜보는 얼굴들에 빛을 집중시킨다. 진실은 감춰야 할 추한 것이 아니라 벗겨내야 할 아름다운 것이다! 렘브란트가 활약했던 시대는 스페인과의 독립전쟁에서 승리한 신교도 네덜란드의 황금기로서 각국의 우수한 학문과 문물을 적극적으로 받아들이던 때였다. 당시 유럽에서 의학의 최고봉은 베네치아 공화국의 파두아 대학이었다. 베살리우스와 모르가니의 의학이 꽃피어난 바로 그곳이다. 개방적이며 실질을 숭상했던 베네치아는 해양무역으로 벌어들인 막대한 경제력을 바탕으로 종교나 인종과 무관하게 각국의 유능한 학자들을 초빙하여 적극 후원했다. 그 일환으로 파두아 대학에 세계 최초의 해부학 강당(Anatomical theater)이 설립되었는데, 교수가 보여주는 걸 하나라도 놓치지 않고 볼 수 있도록 가파른 계단식으로 지어진 그 건축양식은 모든 의과대학으로 전파되며 오로지 진실만을 밝히려는 학문적 상징이 되었다. 옛 서울대학교 의과대학 병원 본관건물의 가파른 계단식 강의실도 알게 모르게 그 영향을 받은 것이다.

적 병리학자 삐사Marie François Xavier Bichat, 1771-1802는 '막膜에 관한 연구Traite des Membranes'와 '일반해부학Anatomie générale'을 잇달아 출간했다. 질병의 조직학적 병소가 육안부검 이상으로 아주 특이하며 그걸로 질병을 진단하고 본질을 더 잘 이해할 수 있다고 보여주었다. 불과 31세의 나이로 요절했지만, 그가 이룬 업적은 대단한 것이었다. 혼신을 다한 관찰과 분석, 그리고 그걸 엮어낸 이야기 덕분이었다. 덕분에 각 질병마다 고유한 자기 이야기를 갖게 된다.

07 과학혁명과 환원주의

베살리우스, 갈릴레오, 뉴턴으로 이어지는 16세기 후반부터 17세기는 유례없이 과학적 사고와 업적이 꽃핀 시기로서 흔히 과학혁명기라 불린다. 데카르트와 로크가 활동했던 철학자들의 시기이기도 하다. 과학이 바로 철학이라면 당연하지 않은가? 흔히들 과학혁명의 대단원은 뉴턴Isaac Newton, 1642-1726이 장식했다고 말한다. 그가 제시한 운동법칙은 우주의 움직임을 읽어냈고, 지금도 태양계 천체들이나 우주선의 움직임을 꽤 정확히 예측하게 해준다. 세상의 움직임을 풀어낼 수 있는 수학적 명제를 찾아낸다는 게 얼마나 대단한 일인가! 비로소 인류는 무지몽매한 암흑의 세계에서 벗어나게 된 것일까?

과학혁명은 인간에 대한 자신감과 아울러 기존권위에 대한 반발로 이어진다. 뉴턴은 자신 있게 말한다. "나는 어떤 가설도 세우지 않는다. 무엇이건 자연현상으로부터 연역해낸 게 아니면 다 가설이라 불러야 마땅하다."(참고문헌 4) 그가 말한 가설이란 무엇이었을까? 가장 먼저 손꼽힌 건 텔로스였다(4장 3. 아리스토텔레스의 포괄적 철학체계). 세상이 만들어진 '목적'을 그 누가 알 수 있단 말인가? 우리는 세상이 어떻게 움직이는지, 그 '방식'을 찾아낼 뿐이다. 어느 시인은 성경의 창세기를 따서 이렇듯 비아냥대며 승리의 노래를 불렀다.

'자연과 자연법칙은 암흑 속에 놓여 있었다.

하느님께서 뉴턴이 있으라 하시니, 모든 게 환해졌다.'

환하게 밝아온 세상은 바로 유물론과 환원주의의 세상이었다. 오로지 물리학법칙에 따라 움직이는 물질로 이루어진 세상이었다. 모든 사물은 부분의 합, 그 이상도 이하도 아니다. 그러니 구성성분만 알면, 나머지는 오로지 과학법칙을 따라 현실화될 뿐이다. 세상은, 결국 우주도, 그렇게 이루어진다. 시인은 뉴턴을 신격화하려는 게 아니라, 그 위의 존재를 끌어내리려 한 건지도 모른다.

과학은 그렇게 철학과 결별을 선언한다. 과학은 '이야기'가 아니다! 문학이나 철학은 몰라도, 이야기는 과학과는 전혀 상관없다. 그 와중에 아리스토텔레스는 그가 보지도 듣지도 못했던 기독교의 편에 서서 과학발전을 가로막았던 적폐의 장본인으로 지목된다. 그런데 그가 보여준 건 바로 진실을 찾아가는 과학적 방법론 아니었나? 그야말로 원조 경험론자가 아니었던가? 그와 함께 '과학적 근거 없는' 관찰과 이야기들도 수난을 겪는다. 전깃불로 밤인지 낮인지 알 수 없게 되어가는 세상에서, 할머니 무릎에 앉은 손주에게 들려주던 옛이야기를 아스라이 밝혀주던 호롱불은 스러져간다. 르네상스를 거치며 잠시 풀리는 듯 했던 이야기보따리는 다시 꽁꽁 묶여서 어느 구석으로 들어가야 할 운명일까?

뉴턴은 경험주의 전통을 가진 영국사회의 보호를 받았고, 선배학자들처럼 교회로부터 처절한 박해를 받지도 않았다. 뉴턴이 도입한 운동법칙은 실상 코페르니쿠스Nicolaus Copernicus, 1473–1543, 브라헤Tycho Brache, 1546–1601, 케플러Johannes Kepler, 1571–1630, 갈릴레오Galileo Galilei, 1564–1642, 데카르트René Descartes, 1596–1650의 방대한 천체관찰, 수학적 좌표분석법, 통찰력 등을 물려받아 모두 집대성한 결과다. 갈릴레오는 만년에 자택연금 상태에서 관성의 법칙과 지구 중력가속도까지 밝혀냈다. 그러기 위해 종교재판에서 스스로 지동설을 부정하는 굴욕을 감내했던 것 아닐까? 뉴턴의 운동 제1법칙, 즉 움직이는 물체는 그냥 둬도 그대로 움직인다는 관성의 법칙은 갈릴레오가 발표했던 내용과 다를 바 없다. 요즘 같으면 표절 논란에서 자유롭지 못할지 모를 지경이다. 그런데 그건 뉴턴이 '지구상 움직이는 만물은 언젠가는 정지하여 안식상태에 들어간다.'라고 했던 '철학자 그분'을 부정하며 정면으로 공격하던 가장 큰 근거였다. 하지만 뉴턴 본인이 아무리 부정했어도, 실상 그가 한 일은 많은 선배들의 업적들을 모아 그 위에 하나의 '이야기'를 엮어낸 것이다. 그분들의 일생을 건 헌신과 투쟁, 모두 가슴 뭉클한 이야기 아니었나?

08 세포론과 세포병리학

조직학이 체계적으로 발전함에 따라 생체는 세포들로 이루어진다는 사실이 더욱 분명해진다. 독일의 슐라이덴Matthias Jakob Schleiden, 1804–1881과 슈반Theodor Schwann, 1810–1882은 '세포는 생명의 기본단위이며, 모든 생체는 하나 혹은 그 이상의 세포로 이루어진다.'라고 선언한다. 초기 현미경학자들이 본 세포는 이제 희한한 손님이 아니라 생명의 어엿한 주인 자리로 올라선다. 병리학자 비르효Rudolf Virchow, 1821–1902가 여기에 '모든 세포는 세포에서만 생긴다. Omnis cellula e cellula.'라는 원칙을 추가하여 세포론은 확립된다. 더 이상 '학설'에 그치지 않게 된 세포론은 진화론과 더불어 생물학의 양대 기둥으로 굳건히 자리 잡는다.

비르효는 세포론에 입각하여 종양, 백혈병, 혈관색전증 같은 다양한 질병연구를 수록한 저서 '세포병리학'을 발간한다. 삐샤가 뿌린 조직병리학의 씨앗이 독일로 건너와 활짝 개화한 셈이다. 비르효는 세포론이야말로 의학이 과학의 반열에 오르는 첩경이므로, 그에 반하는, 적당한 생체 여건이 주어지면 세포가 저절로 만들어진다거나, 조직 안에 막연한 '생명력'이 존재한다거나 하는 따위의 '비과학적' 생각들을 철저히 배척하라고 주문했다. 그리곤 비엔나의 대가 로키탄스키Carl Rokitansky, 1804-1878의 저서에 생명력을 옹호하는 듯한 모호한 표현들, 특히 '악액질dyscrasia'[14]이라는 말이 아직도 그대로 들어있다며 혹독하게 비판했다. 히포크라테스 이래 서양의학의 기본개념을 철저히 뒤엎으려 한 것이다.

다시는 되돌아갈 수 없도록 아예 대못을 박으려 한 것이었을까? 부검을 임상진단의 근간으로 격상시켰고, 폐렴의 종류와 기전, 폐기종, 위질환, 간질환, 선천성 심장질환 등에 수많은 업적을 남겼던 로키탄스키는 결국 젊은 비르효의 서슬 퍼런 비판에 직면하여 자기 저서를 '자연과학적 견지'에서 완전히 고쳐 쓴 개정판을 내게 된다. 후배를 인정하고 존중해주는 대가다운 포용력으로 볼 수 있을지도 모르겠지만, 이제 의학은 새로운 시대사조에 발맞춰 '눈으로 본 것만 믿는다.'는 확신에 찬 소장파 학자들이 이끄는 대로 '생명력의 체액의학'이라는 오랜 전통에서 완전히 벗어나 새

---

14 히포크라테스가 체계화한 '체액조화론'에서 등장했다. 인체는 4가지 기본 액체로 이루어지며 그 균형이 무너지면 악액질이 되어 질병이 생긴다는 내용이다.

로운 미지의 길로 접어들게 된다. 그걸 이어받은 현대의학은 역사적으로 최근에 생겨난 돌연변이라고 할 수 있겠다. '이제부터 의학은 과학이다.'라는 신념의 깃발 아래.

직접 상관은 없지만, 생명력에 관한 비르효와 로키탄스키의 치열한 논쟁은 뉴턴과 라이프니츠의 '공간'에 관한 논쟁을 연상시킨다. 사실 거의 빼 박은 듯하다. 라이프니츠는 미적분법을 발견하였고, 원조 컴퓨터라 할 수 있는 계산기도 만들었던 독일의 합리주의 철학자/과학자였다. 뉴턴과는 미적분법의 저작권을 놓고 이미 한바탕 논란을 빚은 바 있었다. 라이프니츠는 공간이란 데모크리투스의 주장처럼 물질이 존재하기 위해 개념적으로 필요한 '빈' 상태라기보다는 물질과 '상호교류'하는 어떤 '존재'라고 보았다. 뉴턴이 그런 '미신 같은 것'을 용납할 리 없었다. 만일 그렇다면 태양계의 천체들이 빈 공간의 허락을 받고 움직이는 세입자들이란 건가? 당신이 무슨 '철학'을 하던 상관하지 않겠지만, 과학의 세계에 왜 그런 걸 끌고 들어오는가? 날 선 공방이 이어지는 가운데, 자기주장을 뒷받침할 구체적 자료가 부족했던 라이프니츠는 수세에 몰릴 수밖에 없었다. 만일 당대에 아인슈타인Albert Einstein, 1879-1955이 있었다면 어찌 되었을까? 그의 상대성 이론은 물질과 공간뿐 아니라 심지어 시간까지 하나로 엮인 '존재'라고 '보여준' 게 아닌가?

새로운 병리학의 등장은 '철학은 이론이나 교리가 아니라, 생각을 명확하게 만들고 나아가 언어를 비평하는 활동'이라는 비트겐슈타인의 명언을 다시금 상기시킨다. 비르효는 '악액질' 같은 정의하기 어려운 언어를 과감히 거부했고, 그렇게 '과학적으로 말할 수 없는 것에 대해선 그냥 침묵하자.'라고 한 셈이다. 그런데 정작 자신은 '세포병리학' 같은 역시 명확히 정의하기 어려운 말에 집착한다. 그렇다면 세포가 아닌 건 모두 병리학과 무관하다는 건가, 아니면 세포가 아닌 건 일절 상관하지 않겠다는 뜻인가? 후자라면 그건 개인의 취향일지 몰라도, 전자라면 큰 문제가 된다. 이를테면, 혈장이나 결체조직은 세포는 아니지만 분명히 신체의 일부 아니던가? 그들의 신념이 더욱 굳건해가는 가운데 병리학은 '보이지 않는 걸 마치 본 것처럼' 연구하는 면역학, 유전학, 바이러스학 등 새로 피어나는 많은 생명과학과 연을 끊는 방향으로 흘러가고 만다. 동시대 인물 멘델Gregor Johann Mendel, 1822-1884은 콩을 관찰하여 그 형질을 결정하는 유전법칙을 발견하고, 나아가서 신의 그 손길을 시행하는 '보이지 않는 요소', 즉 유전자를 '본다.' 시대적 후광을 업고 멋지게 등장한 병리학은 자기도 모르는 새 또 다른 교리를 만들어낸 건 아닐까?

09 질병의 현상과 이데아

제1차 세계대전으로 유럽이 황폐화되고 미국이 강대국으로 부상하자, 의학의 중심도 자연스레 독일에서 미국으로 건너간다. 그 중심엔 '새로운 의학의 기수' 병리학이 있었다(참고문헌 26, 28). 마침 유잉James Stephen Ewing, 1866-1943과 스타우트Arthur Purdy Stout, 1885-1967 같은 걸출한 지도자들이 등장하며 이제 뉴욕은 임상진료와 의학연구의 새로운 중심으로 자리잡는다. 원래 외과의사 출신이었던 스타우트는 병리학을 '외과병리surgical pathology'로 개편하여 실제 진료에서 핵심적 역할을 맡도록 이끈다. 거기에 미국 특유의 실용주의적 아이디어들이 결합하여, 병리는 더 이상 상아탑 속의 이론적 학문에 머물지 않고 실제 진료의 선봉에 서게 된다.

외과병리는 상세한 질병분류체제를 확립하는 데 결정적 공헌을 했다. 진단의 주관적 차이를 최소화하도록 진단방식이 규격화되었다. 규격화는 의학뿐 아니라 미국사회의 전반적 특성이었다. 자동차 산업처럼 일관된 대량생산이 가능하게 한 체제였다. 의학을 '과학화'하고 '객관화'하도록 다양한 화학적, 물리학적 검사들이 도입되며, 수치화된 진단시스템을 이루도록 지향한다. 그런데 정작 외과병리는 샘플을 '관찰'하여 진단하는 특성상 거기에 쉽사리 편입되지 못하고, 외톨이 비슷한 어색한 처지로 남아있게 된다. 그렇다고 진단의 최종 보루인 병리학을 뺀 현대의학은 생각할 수 없다.그러면 이게 형태학의 근원적 문제일까, 아니면 접근방식의 문제일까? 혹시 나날이 발전하고 있는 인공지능이 조만간 모두 '수치화'하여 해결할 수 있게 될까?

진료를 객관화할 수 있다면 여러모로 유리하다. 병리진단도 같은 언어와 규격을 사용해야 상호교류성도 있고 그 위에 더 큰 발전도 기대할 수 있다. 그러나 그건 어디까지나 실체를 바라보기 위한 방법론이다. 그걸 어떻게 적용하여 본체를 파악하는가는 우리에게 달려있다. 이를테면 교통신호는 필요한 것이고 꼭 지켜야 하지만, 우리가 그걸 지키기 위해 사는 건 아니다. 병리학이 진정 추구해야 바는 현상을 넘어 질병의 본체에 가까이 다가서는 것 아닐까? 혹시 발병기전과 원리를 고찰해야 할 '병리학病理學'이 '객관적 진단'을 위한 외과병리로 전환하는 과정에서 물질 위주의 '병기론病氣論'으로 슬며시 탈바꿈해 눌러앉아버린 건 아닐까? 규격화되지 않은 건 발붙일 틈이 없는 땅에는 이야기가 자라나지 못한다. 유연한 융합적 사고가 필요하다. 누군가의 정성스런 이야기 없이 어떻게 질병의 본체를 찾아볼 수 있을까?

아리스토텔레스는 최선을 다해 자료를 수집하고 분석해서 이론(이야기)들을 만들며 학문의 이성적 전개과정을 보여주었다. 그것만 해도 후세는 '철학자 그분'에게 미처 다 갚지 못할 큰 빚을 진 셈이다. 만일 거기 오류나 잘못된 점이 있으면 하나하나 삭제하거나 수정해나가면 된다. 과학은 풍성한 이야기(가설, 이론)를 열심히 뜯어볼수록 발전한다. 오랜 정체가 있었다면 누굴 탓하기 전에 우리 자신부터 돌아볼 필요가 있지 않을까? 갈렌의학의 경우도 그렇다. 해부학으로 그 오류를 찾아낸 건 좋지만, 무려 천 년 이상 교과서 개정판 한번 나오지 못했던 게 과연 무덤 속에 있던 갈렌의 잘못일까 아니면 살아있던 후학들의 잘못일까? 다 남의 탓으로 돌리면 잠시 속은 시원할지 몰라도, 모든 과거를 적폐로 몰아 단절하자는 건 내일을 저버리는 거나 마찬가지다. 긴 호흡이 필요하다. 요즘 의학연구는 이른바 중개의학이라는 이름 아래 성급하게 임상 적용을 위한 성과만 강조하여 스스로 앞길을 막는 건 아닐까? 다소 천천히 가더라도 생명의 근본적 질문들을 붙들고 토론을 이어가는 학술적 분위기가 필요하지 않을까? 안 그러면 이야기는 사라진다. 이야기는 생명이다.

10 아리스토텔레스 변론

의학은 원래 과학일까? 의학에서 '과학적'이란 무슨 뜻일까? 의학에서 모든 이야기를 객관적 수치로 대치하자는 걸까? 만일 그렇게 된다면, 과연 '이야기 없는 의학'이 가능한 걸까? 의학의 역사를 돌이켜보면 인간의 무지와 편견에서 비롯한 답답한 이야기들도 있고, 거친 땅에 떨어진 한 알 씨앗처럼 가슴 뭉클한 이야기들도 있다.

제멜바이스Ignaz Philipp Semmelweis, 1818-1865는 헝가리 출신으로 비엔나

의과대학을 졸업한 뒤 산부인과 조수[15]로 근무했다. 당시 신생아사망률은 대단히 높았는데, 가장 큰 문제가 산욕열puerperal fever이었다. 지금은 출산기에 발생하는 감염질환으로 잘 알려져 있지만, 아직 세균이론이 확립되지 않았던 당시에는 일단 발생하면 산모와 신생아 대부분 사망하는 원인불명의 무서운 병이었다. 대학병원에 산과병동이 두 군데 있었는데, 희한하게도 제1병동의 산욕열 발생률이 제2병동에 비해 월등히 높았다. 환자들은 그걸 알고 제2병동으로 입원시켜달라고 애원하기도 했다. 왜 그런 차이가 생겼을까? 아무리 살펴봐도 다른 점이라곤 하나뿐이었다. 제1병동은 의사들이 직접 관장하는 주로 의과대학 교육용인 반면, 제2병동은 산파들이 출산을 담당했다.

그러던 중, 사망한 산욕열 환자를 부검하다가 손을 다친 동료가 똑같은 증상으로 사망하는 걸 목격한 제멜바이스는 '사체에 든 물질'이 원인이라고 직감했다. 그래서 의사들과 의과대학생들이 부검을 시행한 후엔 염소석회수에 손을 깨끗이 씻고 병동에 돌아오도록 조치했다. 곧이어 놀라운 일이 벌어졌다. 10%를 넘나들던 제1병동 신생아사망률이 제2병동과 거의 같은 2% 수준으로 뚝 떨어졌다! 마법같이 놀라운 그 결과는 젊은 의사들의 입을 타고 널리 퍼져나갔다. 그러나 정작 그는 발표를 꺼린다. 뭔가 심상찮은 걸 느꼈던 걸까?

그의 조수계약이 만료되자 다시는 갱신되지 않았다. 그에게 내린 '포상'이 바로 그것이었다. 거듭 탄원서를 내도 아무 소용이 없자, 그는 모욕감을 떨치지 못하고 비엔나를 떠나 고향 부다페스트로 돌아가서 인근 작

15 지금으로 치면 교수를 보필하는 수석전공의 정도의 위치이다.

은 병원에 부임한다. 거기서도 손 씻기를 엄격하게 시행하자, 엄청나게 높던 신생아사망률이 아예 1% 미만으로 낮아진다. 그러나 그의 이론은 고국에서 오히려 더 격렬하게 배척받는다. '근거 없는 이야기'일뿐이라는 것이었다. 낮아진 신생아사망률만이 그의 우군이었다.

오랜 인고와 노력 끝에 마침내 1861년, 처음 발견에서부터 무려 14년이란 세월이 흐른 후, 그는 '산욕열의 원인, 개념과 예방Die Atiologie, der Begriff und die Prophylaxis des Kindbettfiebers'을 발간한다. 그리곤 가까스로 당시 의학의 본향이던 독일에서 발표할 기회를 얻는다. 진실을 밝히려고 기다리고 기다리던 기회였다. 그러나 그가 고대하던 반응은 전혀 없었다. 관중 속엔 병리학의 대부 비르효가 앉아 있었다. 그는 제멜바이스의 발표를 들으며, '악액질'을 주장하던 로키탄스키 같은 '끈질긴 구닥다리'들을 떠올리고 있었던 건 아닐까? 보이지 않는 걸 있다고 우긴다면 그게 미신과 다를 게 뭔가? 새로운 의학의 대변자인 비르효의 인정을 받지 못하면 모든 게 끝이었다. 제멜바이스는 절망상태에 빠져든다. 자기 저서를 비판하던 사람들에게 반박편지를 보내며 힘겹게 투쟁하다가, 결국 정신병원에 강제입원하게 되는데 그 과정에서 심한 폭행을 당해 사망하고 만다.

과학은 한 번에 장례식 하나만큼만 진전한다더니, 안타깝게도 바로 자신의 장례식이 의학발전, 그것도 엄청난 도약을 위한 계기가 될 줄 어찌 알았을까? 그가 죽고 이제 그 '가설'을 부인하고 배척할 필요가 없어지자, 모두 다 그의 이야기를 기꺼이 잊어버린다. 그러나 아주 진지하게 받아들인 사람들도 있었다. 그의 이론은 파스퇴르Louis Pasteur, 1822-1895와 리스터Joseph Lister, 1827-1912에게 계승되어 질병의 세균이론을 낳고 의료에 소독이란 개념을 도입하여 무수한 생명을 살려낸다. 병원감염은 지금도 큰 문제인데, 가장 중요한 예방책이 바로 손 씻기다. 생전에 제멜바이스를 가장 괴롭힌 건 '당신 주장의 과학적 근거를 대라.'는 요구였다. 현미경 학자는 아니었지만, 그는 '과학적'으로 그걸 '봤고', 본 것을 본 대로 이야기해 주었다.

이번엔 시선을 돌려 의학연구사상 소중한 어떤 순간을 살펴보자. 멘델이 유전연구를 위해 콩을 사용한 건 '신의 한 수'라고 할 수 있을 정도로 기가 막힌 선택이었다. 콩 줄기의 키, 콩깍지와 콩의 모양과 색깔, 꽃의 위치와 색깔 등 표현형들은 요즘 '멘델형 유전'이라고 불리는 현상을 분석하는 데 그야말로 안성맞춤이었다. 그가 찾아낸 놀라운 유전법칙은 사람들의 관심에서 멀어졌다가, 무려 30년 이상 지나서 다시 주목을 받게 된다. 유전이란 우연히 벌어지는 게 아니라 어떤 원칙에 따라 진행되는 자연현상이라는 게 반복적으로 드러났기 때문이다. 그러면서 그걸 수행하는 어떤 '요소들'이 어렴풋이 '보이기' 시작했다. 세포 안에 있는 어떤 물질일 텐데, 그게 단백인지 지질인지 도무지 알 길이 없었다. 그 실마리는 역시 엉뚱한 데서 찾아온다.

제1차 세계대전에 미국이 마침내 참전하기로 결정하자 갑자기 많은 젊은이들이 입대하여 속속 집결하면서 열악한 생활환경 속에 인플루엔자가 발생하고, 곧이어 전 세계 인류를 위협할 정도로 창궐하는 최악의 유행병으로 발전한다(참고문헌 28). 그 와중에 병사들뿐 아니라 그들을 치료하는 일선 의료진도 큰 희생을 치른다. 인플루엔자 환자들이 폐렴구균에 2차 감염되어 폐렴에 걸리면 사망률이 아주 높았다. 아직 항생제가 없던 당시 폐렴치료는 오로지 폐렴구균에 대한 항체를 주사하는 것뿐이었다. 항체치료는 사실 상당한 효과가 있었다. 요즘의 항생제치료 못지않은 성적을 거두었다고 한다. 사방에서 항체를 보내달라고 빗발치듯 요청해왔다. 갑자기 항체를 대량생산해내야 하는 연구진들은 어려운 여건 속에서도 인명을 구한다는 사명감 하나로 밤을 지새우며 버텨나갔다. 뉴욕 록펠러 대학연구소의 에이버리Oswald Theodore Avery, 1877–1955도 그중 한 사람이었다.

면역학적으로 폐렴구균에 몇 가지 유형이 있다는 게 알려져 있었다. 당연히 병원성이 강한 균에 대한 특이항체를 만드는 게 에이버리 팀의 목표였고, 그러자면 먼저 그런 균을 많이 배양해야 했다. 그는 배지에서 매끈한 균체로 자라는 폐렴구균이 병원성이 강하고, 거친 균체는 병원성이 없다는 걸 알게 되었다. 그런데 그런 형질은 어디서 오는 걸까? 혹시 그걸 활용하여 그 원하는 균을 배양해낼 수 있지 않을까? 연구팀은 균을 열처리한 추출물을 동물에 주사하며 그 '요소'를 끈질기게 찾아나갔다. 마침내 고병원성균의 핵산DNA이 저병원성균을 고병원성으로 '변환'한다는 것을 발견하였다.

비로소 멘델이 '봤던' 유전물질을 찾아낸 것이었다! 그건 단백이 아니라 핵산이었다. 핵산은 대체 어떤 기전으로 유전정보를 전할까? 일단 보이면 더 자세히 들여다보는 건 그다지 어렵지 않다. 전쟁이 끝난 후 많은 연구진이 핵산의 구조규명에 도전하였고, 결국 왓슨James Watson과 크릭Francis Krick, 1916–2004이 이중나선구조를 밝히며 생명과학의 새로운 앞날이 열린다. 그들은 그 일로 노벨상을 받았지만, 정작 에이버리는 그렇지 못했다. 시대를 너무 앞서 갔기 때문이었다. 그는 생명의 언어를 밝혀주는 이야기를 선물로 남겨주고 떠났다.

인간의 유전체를 모두 해독한 마당에, 현대의학에선 어떤 이야기들이 우리를 기다리고 있을까? 암, 당뇨, 고혈압, 비만, 변비, 연골연화증, 우울증, 감염병 등 현대인들이 시달리는 다양한 질병들에 대해 할 이야기는 한없이 많겠다. 누가, 어떻게 그 이야기를 담아낼까? 우리가 넋 놓고 앉아있으면 인공지능이 빅데이터를 분석하여 다 말해줄까? 플라톤은 훌륭한 스승의 모습을 생생하게 '소크라테스 변론Apologia Socrates'에 담아 후손들에 물려주었다. 아리스토텔레스는 수천 년이 지난 후, 이야기가 메말라가는 어느 세상에서, 자기가 그렇게 사랑했던 과학의 적으로 매도당하고 있는 걸 보면 뭐라고 할까? '철학자 그분'이 다시 태어날 수 없다면, 누군가 대신해서 '아리스토텔레스 변론Apologia Aristotle'을 써내야 하지 않을까?

4-1. 소크라테스 재판

소크라테스 재판은 민주적 절차에 따라 선임된 시민배심원들의 표결을 통해 평결되었습니다. 만일 지금 여기서 그 국민참여재판을 연다면 어찌 되었을까요? 피고에 대한 여론은 배심원들의 판단에 어떤 영향을 미칠까요? 만일 그렇다면, 그게 바람직한 걸까요?

4-2. 이데아 찾기

플라톤은 인간의 인식과 무관하게 보편적으로 존재하는 이데아를 소개했습니다. 혹시 주변에서 무심코 지나치던 이데아를 찾아낸 적 있으세요? 만일 남들은 그 이데아를 보지 못한다면, 그건 왜 그럴까요? 이데아는 내 삶에 무슨 의미가 있을까요?

4-3. 지식의 의미

우리는 지식의 숲 속에서 살아갑니다. 그중엔 결코 그 의미를 알 수 없는 것들도 있고, 그다지 어렵지 않게 깨달을 만한 것들도 있습니다. 예를 몇 가지씩 들어보십시다. 각각 어떤 특징들이 있을까요? 지식의 의미(지의)란 뭘까요? 어떤 지식의 의미는 하나로 귀결될까요, 아니면 여러 겹의 깨달음으로 드러날까요? 당장은 잘 모르지만 언젠가는 꼭 의미를 깨닫게 될 거라고 기대할만한 지식도 있을까요? 그렇게 생각하는 근거는 뭘까요? 그럴 경우, 어떻게 해야 그 지름길로 접어들까요?

4-4. 역사 이야기

역사는 과거를 통해 오늘을 되돌아보고 미래를 그려보는 힘이라고 합니다. 그러려면 단편적 사실보다 그걸 다 엮어서 그 흐름을 보는 게 중요할 텐데, 역사적 흐름은 어떻게 묶어낼 수 있을까요? 역사를 통한 통찰력은 어떻게 얻을까요?

4-5. 가설과 과학

뉴턴은 '나는 가설을 세우지 않는다.'라고 말했습니다. 선입견을 없애려고 과학적이고 수학적인 방법으로만 분석한다는 뜻이겠지요. 반면 포퍼는 '과학이란 가설을 세워 그게 옳다고 입증하기보다 틀렸다고 밝혀지면 지워나감으로써 진화적으로 발전해가는 것이다'고 했습니다. 여러분들은 어떻게 보시나요? 가설이란 무엇일까요? 이야기는 왜 필요할까요?

4-6. 제멜바이스의 적들

제멜바이스가 제안했던 손 씻기를 그토록 집요하게 거부하고 그를 적대시하던 사람들은 누구였을까요? 왜 그랬을까요? 그들이 원했던 건 열린 사회였을까요, 닫힌 사회였을까요? 제멜바이스는 지독히 운이 없어서 그런 사람들을 만난 걸까요?

4-7. 블랙홀 보기

블랙홀은 중력장이 워낙 강해서 빛마저 거기서 빠져나오지 못한다고 합니다. 그럼 애초에 보는 게 불가능할 텐데, 그게 존재한다는 걸 어떻게 알 수 있을까요? 그래도 이젠 그 존재를 의심하는 사람들은 별로 없는 듯한데, 어떻게 그리 되었을까요? 블랙홀이라는 '이야기' 없이 가능했을까요? 어떤 상황의 '과학적 근거'란 무엇일까요? '실제로 본 것만 다루는 게 과학'이라는 주장 자체의 과학적 근거는 무엇일까요?

4-8. 읽기와 쓰기

교육의 핵심은 읽기와 쓰기라는 주장이 있습니다. 어떻게 생각하시나요? 왜 그렇게 보시나요?

4-9. 인간과 인공지능의 글쓰기 대회

글은 기호의 연장일까요, 데이터의 축적일까요, 아니면 그 이상의 무엇일까요? 인간과 인공지능이 함께 참여하는 글쓰기 대회를 개최할 수 있을까요? 대회의 수상자는 누가, 어떻게 판정할까요? 인공지능이 쓴 글의 저작권은 누구에게 있을까요?

5

유전체, 미생물, 그리고 나

'나I'는 없고 '우리We'가 있다!

혼자면 질병Illness, 함께 하면 건강Wellness!

01 인간 유전체 프로젝트

인간 유전체 프로젝트Human genome project는 서기 2000년대의 시작을 알리는 획기적 업적이었다. 인간의 유전정보를 완전히 파악한다는 게 얼마나 대단한 일인가? 바로 생명의 청사진을 손에 쥐게 되는 것 아닌가? 지금은 분석기술의 발달로 누구나 헐값에 그 정보를 얻을 수 있지만, 당시만 해도 국제협력을 통해 가까스로 30억 개에 달하는 뉴클레오타이드nucleotides를 분석해낸 엄청난 작업이었다.

모든 게 새로운, 처음 가보는 길이었다. '유전체genome'란 용어부터 시대적 필요성에 따라 유전자와 염색체의 합성어Genes+Chromosomes로 급조해낸 말이다. 유전체에서 정작 단백을 코딩하는 유전자들은 얼마 안 되니 유전자들만 골라 분석하자는 의견도 있었지만, 그러느니 전체를 적당한 크기로 잘라서 한꺼번에 퍼즐 맞추기로 푸는 이른바 '산탄총 방식'이 더 효율적이라는 주장이 힘을 얻었다. 그게 다 컴퓨터 분석기술 덕분이었다. 과학철학자 쿤Thomas Samuel Kuhn, 1922-1996은 저서 '과학혁명의 구조'에서 원래 과학은 점진적으로 발전하는 게 아니라 한동안 어떤 패러다임 속에 갇혀 있다가 갑자기 전환되며 혁명적으로 발전한다고 했다(참고문헌 29). 유전체야말로 그 좋은 예다. 한마디로 융합과학의 개가였다.

일단 유전체분석이 가능해지고 관련 기술이 획기적으로 발전하자, 곧 이어 개인들의 유전체 다양성을 분석하기 위한 '천명 유전체 프로젝트'가 뒤따랐다. 유전체 다양성은 그 빈도에 따라 종종 보이는 다형성polymorphism과 희귀한 돌연변이mutation로 나눈다. 돌연변이는 진화적으로 더 새로운 것이라고 볼 수 있다. 대표적인 다형성은 유전체 약 1 kb당 하나씩 빈도로 있는 SNPsingle nucleotide polymorphism, 단일 뉴클레오타이드 다형성[16] 이다. SNP는 복합질병 유전자 발굴에 매우 유용하다. 이젠 수많은 SNP들을 심어놓은 칩chip 한 장으로 한꺼번에 검사할 수 있는데, 덕분에 검사군(환자)과 대조군(정상인)을 비교해보는 GWASgenome-wide association study, 전유전체 연관성검사 분석법으로 질병연관 유전자들을 비교적 손쉽게 발굴해낸다. 유전체는 인종적 차이가 있기 때문에 발굴된 SNP은 다양한 인종에서 유전체-의학 복합 검증이 필요하다. 대상을 많이 분석할수록 통계적 차이가 잘 드러나므로, 이제는 국가 간, 실험실 간 물량경쟁의 단계에 들어간 듯하다. 동시에 서로 데이터를 공유하는 협력체제도 속속 등장하고 있다.

질병에 연관된 SNP가 그 유전자의 단백을 전사하는 엑손exon[17]에 있으면 아미노산 서열이 바뀌기도 하고 그에 따른 기능변화를 예측하기도 한다. 그런데 실제 발굴된 복합질환 연관 SNP 대부분이 엑손이 아닌 인트론intron[18]에 존재한다. 즉, 그 유전자의 질병연관성은 충분히 보여줄 수 있지만, 그 SNP이 해당 유전자의 기능에 어떤 영향을 미치는지는 애매한 경

16 'snip'으로 발음한다.

17 유전자 중에서 단백합성을 위한 mRNA 전사를 이루는 부분.

18 유전자에서 실제 단백생성 코드로 반영되지 않는 부분.

우가 많다.

유전체는 인류학에도 근본적 변화를 가져왔다. 인류가 아프리카로부터 언제 어떻게 퍼져나갔는지 비교적 소상히 알게 되었고, 가계족보를 확인하는 데도 유용하게 쓰인다. 다양한 생물체들을 분석하여 진화를 더듬어 올라가 보기도 하고, 특정 유전자의 기능과 진화단계도 살펴볼 수 있게 되었다. 한마디로 놀라운 패러다임 전환이다.

02 유전체와 환원과학

DNA 염기서열이 그대로 mRNA 염기서열로 전사되고 그게 다시 단백질 아미노산 서열로 번역된다는 원칙은 '중심원리central dogma'라고 알려졌다. 주어진 명제가 정확히 연역되는 원칙을 알게 되었다는 것만으로도 과학사에 유례를 찾기 힘든 획기적 일이었던 건 분명하다. 더구나 생명을 이루는 중심원리 아닌가! 그러자 어느 유능한 분자생물학자가 '이제 생명과학에 더 이상 비밀은 없다.'라고 하며 연구실을 떠났다는 에피소드가 있다. 과연 그런 걸까? 생명은 이제 자신의 청사진을 완벽하게 드러낸 걸까?

유전체를 파악했으니, 이제 각 유전자의 기능을 알고 어떤 세포에서 어떻게 발현되는지 알기만 하면 그걸로 생명현상을 종합적으로 이해할 수 있겠다는 기대가 무르익어 갔다. 사람 유전자들이 실상 그리 많지도 않은데[19], 조만간 전체 유전자들을 망라한 완벽한 기능지도를 만들 수 있지 않

19 모두 3만 개 남짓.

을까? 하루가 다르게 발전하는 분석기술, 컴퓨터, 인터넷의 성장에 힘입어 꿈은 자라났다. 유전체학Genomics에 이어 전사체학Transcriptomics, 단백체학Proteomics, 후생유전체학Epigenomics, 대사체학Metabolomics, 지질체학Lipidomics, 탄수화물체학Glycomics 등 생명현상을 여러 면에서 총괄적으로 살펴보고자 하는 일명 '오믹스-omics' 시대가 열렸다. 모두 유전체학의 성공에서 비롯하고, 그 데이터에 기반한 접근법들이었다.

21세기 들어서며 한국에도 유전체연구사업단이 생기고 국가 차원의 유전체연구가 태동하기 시작했다. 필자의 아내 송규영 교수처럼 지난 세기 인간유전체 프로젝트에 직접 참여한 연구자들도 있었지만, 그건 어디까지나 개인적 차원의 협동연구였지 국가 차원의 연구는 아니었다. 국가 연구사업단은 한국인에 흔한 위암과 간암을 대상으로 출범하였고, 우리 실험실도 초기부터 참여했다. 기반이 부족한 후발주자였으니 선진국의 협력이 절실했다. 마침 미국 NIH 진혜민 박사의 적극적인 주선으로 cDNA library[20]를 분양받게 되어 사업단에서 그걸로 유전체발현 분석용 cDNA chip을 어렵사리 만들어내게 되었다. 우리가 발표한 한국인의 위암유전체 연구는 국내기술로 이룬 첫 유전체 연구성과였다(참고문헌 30). 그래서 위암 유전자들을 발굴하고, 임상적 연관분석도 해볼 수 있게 되었다. 나아가 조직을 미세해부하고 유전자발현 신호를 증폭하여 암세포와 그 전 단계 세포들을 선택적으로 분석하는 기반기술을 개발했다. 질병이 생기는 과정을 이해하려는 병리학자의 꿈에 한 걸음 다가갈 수 있으려나?

안타깝게도 체계적 지원은 거기까지였다. 한국이 우물쭈물하는 사

20 어떤 조직과 세포에서 발현되는 각 mRNA를 베낀 complementary DNA를 모두 모은 것이라서 library, 즉 도서관이라 불린다.

이, 아시아의 유전체연구 주도권은 GWAS 분석 같은 엄청난 연구투자를 마다치 않은 중국에게 돌아가고 말았다. 사업단 내부문제도 있었지만, 정부 차원의 중앙조절기능이 없어서 부처들 사이 경쟁으로 많지 않은 연구개발 예산을 이리저리 쪼개가서 적정규모의 연구를 수행하기 어려웠던 게 사실이다. 그러나 임상의학은 한국이 앞서 있으니까, 질병별로 임상과 연구의 긴밀한 협력을 통해 조금씩 돌파구를 마련하기도 했다. 송규영 교수 실험실은 일찌감치 염증성장질환에 집중하여 한국인 특이 질병유전자들을 발굴하는 등 적지 않은 성과를 내고 있다. 염증성장질환은 발병원인을 모르는, 드물지만 무서운 난치병이다. 환자에 따라 면역억제치료 도중 위험한 특이반응을 일으키는 유전자도 찾아냈는데, 여태까지 세계적으로 모든 유전체연구를 통틀어서 환자진료에 즉각 활용될 수 있는 거의 유일무이한 성과라고 손꼽히고 있다(참고문헌 31). 유전체의학은 예리한 임상의학과 우수한 유전체연구의 융합에서 비롯한다는 걸 여실히 보여준다.

유전체분석기술은 일취월장하여 요즘은 훨씬 더 정확하고 유용한 RNA sequencing 방법으로 심지어 세포 하나마다 발현양상을 분석해낸다. 개별 세포들의 '성격'을 파악하겠다는 야무진 꿈이 본격적으로 실현되고 있는 셈이다. 이제 유전체학은 유전학의 '분자화molecularization'[21]를 이루었다는 주장까지 나온다. 그러면 생명과학은 궁극적으로 환원과학으로 돌아가는가? 글쎄, 그게 그리 간단하진 않다. 사방에 모를 것투성이다. 우선 그

---

21 이제는 분자 수준에서 유전을 궁극적으로 이해하게 되었다는 환원주의적 사고를 반영한 말. 그런데 과연 분자 수준이라고 모든 생명현상을 다 이해할 수 있을지조차 의문이다. 이를테면, 화학반응은 적합한 분자들끼리 충돌할 때 일어난다고 설명하는데, 생체 내 효소반응이 어쩌면 그리 순식간에 벌어질 수 있는지는 분자 수준보다 더 작은 미립자 세계인 양자역학 없이는 이해하기 어렵다. 철새가 어떻게 미약한 지구 자기장을 따라 그 먼 거리를 이동하는지도 마찬가지다.

구성부터 아리송하다. 사람 유전체엔 비부호서열non-coding sequence이 왜 그렇게 많은 걸까? 그 의미는 뭘까? 그냥 오래된 화석 같은 진화의 퇴적물일까? 단세포생물들은 진핵세포eukaryotic cells[22]들에 비해 비부호서열 유전체 비율이 현격하게 낮다. 즉, 유전자들만 집중적으로 유지하는 셈이다.

염색체의 구조도 아리송하기는 마찬가지다. 유전체 염기서열은 2차원적인 개념인데, 염색체 안에서 입체적으로 어떤 복잡한 구조를 가지며 어떻게 조절될지는 아직 원론적 이해에 그치고 있을 따름이다. 분화된 체세포들에는 DNA가 단단하게 감겨 있어서 전사되지 않고 염색상 진하게 보이는 이질염색질heterochromatin이 상당히 있다. 영원히 혹은 상당 기간 사용하지 않을 데이터를 보관용 파일로 묶어두는 셈인데, 비부호서열은 거기에 중요한 역할을 하는 것으로 보인다. 체세포와는 기능과 역할이 다른 생식세포나 미분화세포에는 이질염색질이 별로 없다(7장 3. 다세포생물 세포들의 사회계층).

RNA는 상황을 더 복잡하게 만든다. 여러 개의 엑손으로 이루어진 유전자에서 전사된 mRNA는 종종 인트론을 잘라내고 재조합된다. 그래서 유전자 하나에서 여러 단백들이 만들어질 수 있는데, 각각의 기능적 차이는 오리무중인 경우가 허다하다. '오믹스' 학자들 중심으로 전략적으로 간단히 끝낼 수 있다고 생각했던 전쟁이 언제 끝날지 모르는 전면적 소모전의 수렁으로 빠져드는 것 같은 상황이다. 게다가 전사체transcriptome 연구를 통해 알려진 놀라운 사실은 단백생산과 무관한 전사 RNA들이 엄청나게 많다는 것이다. 유전체 부호서열coding sequence이라고 해서 모두 단백을 만

22 핵을 가진 세포들. 진화적으로 발전한 다세포생물 세포를 뜻함.

드는 유전자는 아니다. RNA가 단순히 DNA 서열을 옮겨주는 역할에 그친다는 생각은 큰 착각이었음이 명백해진다.

그러면 단백전사와 무관한 그 많은 RNA들은 무슨 기능을 할까? RNA는 서열만으로 복잡한 3, 4차 구조를 헤아리기 어렵다. '다양한 물질'이라는 뜻의 '단백protein'보다 훨씬 더 다양하다. RNA의 다양한 구조는 생체 내 복잡한 기능을 시사한다. 그중 길이가 짧은 마이크로 RNAmiRNA는 여러 단백들의 생산, 유지, 관리를 조절하는 게 밝혀졌지만, 그 복잡한 조절망은 이제 비로소 조금씩 밝혀지기 시작하는 단계이다. 그보다 긴 RNA들의 기능은 현재로선 제대로 가늠조차 어려운 상황이다. 갈 길이 멀다. 과연 생명을 유전체 서열만으로 예정되어 있는 환원적 존재라 할 수 있을까?

03 유전자와 삶

고대 그리스 비극에는 운명에 맞서 싸우는 인간의 이야기가 등장하곤 한다. 거기서 인간은 종종 거대한 그 힘에 굴복하고 만다. 운명이란 무엇일까? 그건 우연일까 아니면 필연일까(참고문헌 6)? 만일 삶이 운명으로 결정되어 있다면 인간의 자유의지란 대체 무슨 의미가 있을까? 삶이 그 거대한 힘과의 투쟁이라면, 대자연은 과연 누구의 손을 들어줄까?

유전체가 동일한 일란성쌍생아들은 유전연구에 소중한 공헌을 해왔다. 그들은 서로 구별하기 어려울 정도로 아주 흡사한 모습의 표현형

phenotype[23]뿐 아니라 실제 비슷한 삶을 사는 경우가 많다. 흥미나 취향까지 비슷해서 아예 일생 붙어사는 경우도 많다. 그런데 어려서부터 떨어져 큰 경우에는 비슷한 부분과 다른 부분이 섞여 나타난다. 유전자가 동일하므로 다른 부분은 환경의 영향이라고 할 수밖에 없다. 아이가 자기가 자랄 환경을 선택할 수는 없으니, 그것도 운명이라고 해야 할까? 그런데 주어진 환경 속에서도 유전자는 나름대로 역할을 한다. 인간은 자기가 속한 삶의 테두리 안에서 매일 수많은 작은 선택들을 하면서 살아간다. 어떤 음식을 못 먹거나 꺼릴 수도 있고, 반대로 아주 좋아할 수도 있다. 결국 유전자와 환경은 마냥 별개로 볼 게 아닌지 모른다. 지금 이 순간에도 서로 영향을 미치며 삶을 꾸려가고 있다.

동물은 사람보다 비교적 쉽게 환경적 영향을 분석해 볼 수 있다. 동물실험으로는 흔히 근친교배 마우스inbred mice들을 사용하는데, 오랫동안 그렇게 유지하면 유전체가 완벽하게 같아진다. 어떤 유전자의 생체 내 기능을 연구하려면 태아줄기세포주의 그 유전자를 조작해 유전자조작 마우스를 만든다. 우리 실험실에서는 한국인 위암에서 발굴된 신규유전자 *TCIM*[24]에 관심을 가지고 연구해왔는데, 암세포가 그걸 발현하면 환자 예후가 나빴다(참고문헌 32, 33). *TCIM*은 척추동물들만 가지고 있는 유전자인데, 연구결과 염증과 증식을 유발하는 걸 발견했다(참고문헌 34). 그 유전자가 손상된 마우스를 만들어보니 큰 탈 없이 자라났는데[25], 차츰 몇 가지

---

23 유전자로 주어진 유전형(genotype)에 더해 삶의 다른 요소들도 개재되어 드러난 총체적 현상.

24 주로 우리 실험실의 연구결과들을 바탕으로 2017년에 HUGO 유전자 명명위원회에서 도입한 이름이다. 유전자 이름은 이탤릭체로 쓴다.

25 그것만 해도 연구자로선 큰 다행이다. 애써 만들어낸 동물이 태내 사망하는 경우도 많다. 그러면 그 유전자의 상세한 생체 기능연구는 물 건너간다.

흥미로운 특성들이 드러났다. 그 마우스들은 대조군에 비하여 혈액 백혈구 수가 증가되어 있었고, 그걸 만드는 골수 줄기세포 활성도가 상당히 높았다(참고문헌 35). 또한 다소 통통했고, 지방조직과 지방세포도 많고, 지방줄기세포의 기능도 왕성한 반면, 혈중 포도당과 지방질은 낮았다(참고문헌 36). 줄기세포와 전신대사조절 기능을 가진 새로운 유전자임이 밝혀진 것이다. 그러면 세포의 증식본능과 활력을 높여주는 유전자들 중 하나인 걸까(7장 4. 암유전자와 증식본능)? 아직 연구할 게 많지만, 혹시 나중에 당뇨와 대사질환 같은 성인병 치료에 일조하게 된다면 큰 다행이겠다.

TCIM 유전자결손 마우스들에 고지방-고열량 식사를 먹여보면 대조군에 비하여 체중이 덜 증가했다. 혈중 포도당과 지방질의 증가 폭도 둔화되었는데, 다만 실험군과 대조군 안에서 개체들 간의 편차도 따라서 커지는 게 문제였다. 성별과 나이를 잘 맞춰 봐도 그랬고, 동시에 출산한 동기들만 봐도 그랬고, 사회적 스트레스 때문에 그럴까 하여 한 마리씩 격리해 봐도 마찬가지였다. 동물들 각자 스스로 먹이를 먹도록 한 건데, 유전자와 생활환경이 동일한 개체들 사이에 어떻게 상당한 편차가 생길까? 성격 탓일까? 그렇다면 성격은 유전자와 무관한 걸까? 유전자와 생명체는 워낙 차원이 달라서 그런 걸까? 생명이란 원래 우연의 연속일까? 다시 비트겐슈타인을 인용해야 할 것 같다. "말 할 수 없는 것에 대해선 그냥 침묵하라." 그러나 눈은 뜨고 있어야 한다.

04 인간 미생물체 프로젝트

인간 유전체가 소상하게 알려지자, 2008년부터 사람 몸에 서식하는 미생물군집microbiota을 분석하는 인간 미생물체 프로젝트Human Microbiome Project가 시작되었다. 인간유전체 프로젝트에 비해 큰 관심과 각광은 받지 못했지만, 실은 커다란 첫걸음을 내디딘 것이었다. 인간이 비로소 자기가 아닌 생명체에 대한 깊은 성찰을 하게 되었기 때문이다. 그런데 그들은 우리와 무관한 '남'이 아니라 함께 사는 '이웃'이다. 장내세균에 대한 분석이 먼저 진행되었다. 인간 유전체 프로젝트 경험을 바탕으로, 연구는 빠른 속도로 진행되었다. 미생물군집 라이보좀 16S rRNA를 분석하여 특징적 유전체서열이 나타나는 빈도로 미생물들의 종류와 농도를 추정할 수 있다. 미생물군집은 크게 5가지 문phyla으로 나뉘는데, 각각 다시 수많은 종으로 이루어지고 그런 식으로 분류를 계속해 나갈 수 있다.

결과는 대단히 흥미로웠다. 우선 미생물군집의 다양성에서 사람마다 큰 차이가 있었다. 다양성이 심하게 결여된 사람들이 의외로 많았는데, 알고 보니 대부분 틀에 박힌 생활을 하는 도시 사람들이었다. 반면 텃밭을 가꾸며 사는 사람들은 상당히 풍부한 미생물군집을 가지고 있었다. 놀라운 사실을 깨닫게 되었다. 인간도 주변 생태계의 일부분일 따름이다! 그렇다면 혹시 미생물군집과 질병의 연관성은? 당뇨, 비만, 염증성장질환 등 만성질환이 있는 사람들의 미생물군집은 종종 건강한 사람들과 상당히 다른 양상을 보였다. 개인별 차이가 있었지만, 분명한 점 하나는 모두 정상인들보다 미생물군집 다양성이 많이 떨어진다는 점이었다. 생명의 대원칙 다양성은 여기서도 어김없이 적용되고 있었다.

인간유전체는 체질의학의 가능성을 열어주었다. 여태까지 환자들의 체질은 거의 고려하지 않던 서양의학도 이제 뭔가 달라져야 하겠다고 자성하게 되었다. 약 처방도 누구나 '체중 1 kg당 얼마' 하던 식에서 벗어나 앞으론 사람마다 약물반응과 대사기능에 따라 많이 달라져야 할 것으로 보인다. 미생물체 프로젝트도 그 생각을 거들고 있다. 비슷한 환경 속에 사는 사람들인데도 미생물군집이 특이한 어떤 유형을 보이기도 한다. 그래서 '미생물 장유형microbial enterotype'이라는 개념이 도입되는데, 구체적 의미는 앞으로 미생물군집과 의학적 체질에 대한 빅데이터가 축적되어야 분명해질지 모르겠다. 어떻게 하면 다양한 좋은 미생물군집을 확보하고 유지할 수 있을까? 미래의학의 큰 숙제 중 하나다.

미생물군집은 한번 터줏대감으로 자리 잡으면 잘 바뀌지 않는다. 그러면 신생아 때부터 좋은 미생물들이 자리 잡는 게 중요한데, 그런 면에서 자연분만으로 어머니 산도의 미생물군집을 접하는 게 큰 선물이 될 수 있다. 태아가 처음 접하는 외부 생명체들이기 때문이다. 항생제는 미생물군집을 훼손하는 중요한 요소다. 항생제 남용은 내성균의 등장뿐 아니라 좋은 장내세균들이 대거 사라진다는 면에서도 큰 문제다. 그러면 미생물군집 다양성은 크게 줄어들게 되고, 그 자리를 몇몇 독한 균들이 차지하게 된다. 식용 육류에는 이미 항생제가 다량 포함된 경우가 많다. 동물들에 항생제를 주면 '생산성'이 올라간다는 건 축산업계엔 오래전부터 잘 알려진 비밀이다. 따라서 보건당국의 철저한 식자재 감독이 필요하다. 항생제를 사용하지 않는 유기농을 권장하는 게 가장 좋겠지만, 모든 게 돈으로 환산되는 세상에서 그게 쉬운 일은 아닐지 모른다.

그러면 콘크리트 도시 속에서 부대끼며 사는 '보통 사람들'은 어찌하면 좋을까? 그래도 길이 있다. '나'라는 아집을 벗어나, 미생물군집의 입장에서 '그분'들에게 필요한 것부터 먼저 챙기는 것이다. 내 입보다 그분들의 입맛에 맞는 것들을 우선적으로 먹으면 그게 결국 내 건강을 챙기는 길이다. 좋은 미생물군집은 복합탄수화물을 좋아한다. 탄수화물이되 분자량이 대단히 큰 복잡한 구조의 그 물질은 미생물군집의 도움 없이는 소화해

낼 수 없다. 그 도움이 없다면, 인간은 포도당, 과당, 설탕 등 단순당류들만 소화하여 흡수할 수 있다. 장내 미생물군집 입장에서 생각해 보자. 우리가 음식을 먹으면 위에서 장까지 신경신호가 전해온다. 그런데 그게 설탕이 가득 든 부드러운 음식이라 위나 십이지장에서 즉각 남김없이 흡수되고 만다면? 주린 배를 움켜쥐고 "야, 음식이다!"하고 환호하던 그분들은 엄청난 좌절감과 배신감이 들지 않을까? 그러면 "우리는 배고프다."라고 불만과 분노를 표출하고, 현지신경계가 그걸 그대로 대뇌에 전달하면 '나는 배고프다'라고 느끼고 음식을 계속 더 찾게 된다(8장 2. 풀뿌리 현지신경계). 그때 또 단순당류를 먹는다면, 아마 그렇기 십상이겠지만, 안타깝게도 사태는 더욱 악화되어만 간다. 먹어도 또 먹어도 배가 고픈 건 바로 이런 이유에서다. 우연인지 필연인지, 단순당류는 병원균들도 좋아하는 먹이다.

좋은 장내세균들을 위한 식품으로 '프리바이오틱스prebiotics'라고 불리는 게 있다. 주로 여러 복합당류를 포함하는 식품들인데, 예를 들자면, 쌀겨, 돼지감자, 뿌리채소, 민들레, 마늘, 양파, 파, 바나나 등에 많이 들어있다. 한마디로 '거친 음식이 건강식'이라는 평범하고도 오래된 상식을 일깨워준다. 소가 거친 풀들을 맛있게 먹는 것도 든든한 장내세균을 갖춘 덕분이다. 장내세균들이 그걸 먹으면 상당한 가스가 발생한다. 발효란 원래 그런 거다. 고약한 악취를 내는 부패와는 달리 그건 건강한 공생이다.

누구나 식구들끼리 오붓하게 함께 식사하는 '저녁이 있는 삶'을 원하는 건 당연하다. 옛날엔 어른들은 따로 식사를 차려드렸는데, 그게 어려운 형편이면 큰 상을 차려서 어른부터 드시고 차례로 물려주는 상물림이란 게 있었다. 어른을 공경하는 데서 비롯한 관습인데, 한꺼번에 이것저것 모든 반찬이 다 얹어 나오는 한식 상차림은 거기서 유래했다. 그러면 어른들도 눈치껏 적당히 드시고 빨리 상을 내려준다. 발효란 말하자면 음식을 미생물부터 드시는 상물림이다. 그분들이 남긴 상을 감사하게 물려받아 먹으면 건강에 좋다. 좋은 균들을 웃어른처럼 모셔야 한다는 이야기다.

05 함께 살기

미생물체에 대한 이해가 깊어지며, 건강이란 좋은 미생물군집과의 공생symbiosis이고, 그게 잘못되면, 즉 dysbiosis 상태면, 질병으로 이어진다는 개념이 자리잡게 되었다. 우리 삶과 생각의 폭이 넓어진 셈이다. 마치 히포크라테스의 체액조화론이 부활하는 것 같지 않은가? 건강한 사람들의 세균을 환자들에게 투여해서 좋은 효과를 보았다거나, 비만도 치유했다는 보고들도 심심찮게 나오고 있다. '프로바이오틱스'란 개념인데, 실상 새로운 게 아니다. 메치니코프Ilya Ilyich Mechnikov, 1845-1916는 불가리아 시골 사람들이 장수하는 건 요구르트를 많이 먹어서 좋은 장내세균을 가졌기 때문이라고 제시했다. 당시에는 그냥 그렇고 그런 '이야기'쯤으로 여겼던 모양이다. 아무튼 하늘 아래 새로운 건 없다. 듣느냐 마느냐의 차이뿐이다. 메치니코프와 에를리히Paul Ehrlich, 1854-1915는 1908년 노벨의학상을 공동 수상했는데, 이들은 각각 세포면역학과 화학요법의 창시자로 일컬어진다.

좋은 이웃을 선택해야 한다는 건 생명의 원칙 중 하나다(6장 6. 생명소통역학 3대 원칙). 거기엔 부단한 노력이 필요하다. 서로 엄청난 영향을 주고받는 관계이기 때문이다. 인간에 미치는 미생물군집의 손길도 한이 없고, 우리도 미생물군집에 영향을 미친다. ABO 혈액형은 적혈구 표면에 나타나는 특별한 패턴의 당화glycosylation로 이루어지는데, 실은 적혈구뿐 아니라 장상피세포를 위시한 모든 세포들에 다 나타나는 현상이다. 장내세균들은 장 상피세포들의 그걸 잘라내어 활용하며 '먹고 사는데', 그중에서 특히 O형의 당을 더 좋아하는 듯하다(참고문헌 36). 그래서 장내세균들이 '행복해지면' 병원균들의 번식의 억제하여 보답한다. 말하자면 인체가 좋은 장내세균들을 후원하며 함께 사는 것이다.

또한 장에서는 끈끈한 점액물질과 분비용 항체 IgA들을 내어 세균들을 조절한다. 소장점막 깊숙이 존재하는 파넷세포Paneth cell들은 여러 항균물질들을 분비한다. 해로운 균들을 억제하고 유익한 균들과 함께하는 장내생태계를 유지하려고 애쓰는 건데, 어떻게 그런 선택을 할 수 있는지 아직 거의 알려진 게 없다. 앞서 예로 든, *TCIM* 유전자가 제거된 쥐들은 다소 통통하면서도 대사조절을 더 잘했는데(참고문헌 37), 그 이유는 불분명하지만 장내세균이 정상 쥐들에 비해 더 다양하고 고지방식을 먹여도 다양성이 유지되었다는 점이 특이하다. 그렇다면 숙주 유전자가 미생물군집과의 공동생활에 영향을 미치는 걸까?

아주 근원적인 공생의 예를 우리 자신 안에서 찾을 수 있다. 인간뿐 아니라 모든 진핵세포에 존재하는 미토콘드리아mitochondria가 바로 그것이다. 미토콘드리아는 에너지생산 전문가다. 일련의 산화적 인산화oxidative phosphorylation 과정을 통해 효율적으로 에너지를 생산한다. 세포질에서 산소 없이 일어나는 당분해작용glycolysis과는 비교할 수 없게 높은 효율성을 자랑한다. 일종의 원자로 같다고 할까?

미토콘드리아는 나름의 작은 유전체를 가지고 스스로의 단백과 RNA도 만들어내서 함께 미토콘드리아를 이룬다. 그런데 미토콘드리아 유전체는 코딩방식이 핵 안의 유전체와 아주 다르다. 게다가 증식도 박테리아 분열과 동일한 방식이다. 여기서도 생명을 보듬어주는 진화의 손길이 엿보인다. 먼 옛날 어쩌다가 미생물이 진핵세포 안으로 들어와 살게 되었는데,

그게 실은 에너지생산 전문가였다. 빈집에 갑자기 소 들어왔다고 할까? 덕분에 세포의 삶 자체가 달라졌다. 먹고 살기 급급하던 처지에서 벗어나, 이젠 여유를 가지고 삶을 풍부하게 해줄 여러 방향의 분화를 꾀할 수 있게 되었다. 생명력을 획기적으로 향상시킨 혁명이었다. 미토콘드리아 없는 세포들은 진화과정에서 자연스레 도태되고 만다.

미토콘드리아는 숙주와 함께 진화를 거치며 공동운명체가 되어 하나의 생명체로 다시 태어난다. 세포의 궁극적 윤리행위라 할 수 있는 세포자멸사도 미토콘드리아에 달려있다(7장 7. 세포자멸사, 궁극적 세포윤리). 미토콘드리아의 고에너지 생산을 위한 산화작용은 원하지 않는 부작용을 낳기도 한다. 그 과정에서 부산물로 나오는 활동산소군ROS, reactive oxygen species은 결합능이 대단히 강하여 주변 분자들을 망가뜨리고 노화도 촉진시킬 수 있다. 그러나 생체에는 그에 대한 여러 중화기능도 마련되어 있다. 서로 받아들이고 균형을 이루며 힘을 합쳐 사는 게 생명이다.

미토콘드리아의 신비는 끝이 없다. 암세포들은 정상세포와 달리, 세포질에서 일어나는 당분해작용으로 에너지 수요를 충당한다. 그 과정에서 세포증식에 필요한 중간산물들을 얻을 수도 있지만, 미토콘드리아의 산화적 인산화에 비하면 엄청난 에너지 손해를 감수한다. '와아벅 효과Warburg effect'라고 불리는 현상이다. 독일 의학자 와아벅Otto Heinrich Warburg 1883-1970[26]은 그걸 포함한 에너지대사 업적들로 1931년 노벨 생리의학상을 받는다. 그런데 암세포는 왜, 어떻게 그런 특이한 현상을 일으킬까? 그 의미가

26 독일어 이름을 영어식으로 표기한 것인데 이미 통상으로 그렇게 불리고 있기도 하고, 어차피 현재 한글로는 'v' 발음 표기를 못해서 이상한 표기가 되고 만다. 한글표기대로 읽으면 그대로 통용되어 우리 학생들의 무거운 짐을 덜어줄 때가 언제나 올까?

뭘까? 혹시 그런 근본적 대사 차이를 암 치료에 활용할 수는 없을까? 당시에도 몰랐지만, 백 년 가까운 세월이 흐른 지금도 전혀 진전이 없다. 암세포 미토콘드리아는 이미 손상되어 있다거나 미처 충분한 공급이 따르지 못한다는 등 온갖 추측들만 난무하는데, 그런 무딘 말로 설명될 일이 아닌 듯하다. 현대 '첨단의학' 연구진들의 분발을 촉구해야 하겠다. 와아벅은 다재다능한 인물이었다[27]. 나중에 니코틴아마이드 대사연구로 노벨상을 하나 더 받게 내정되었는데, 나치가 노벨상 수상을 전면 금지해서 이루어지지 못했다고 한다.

06 사회와 나

미생물군집은 인간 세포보다 훨씬 숫자가 많다. 이미 우리 자신의 일부인 미토콘드리아는 말할 것도 없다. 지금도 옛적 미토콘드리아의 조상이 그랬던 것처럼 미생물군집은 자유롭게 우리 세포 안으로 들락날락하고 서로 유전체도 주고받고 있겠지. 그러면 이제 근원적 질문에 도달하게 된다. 내 삶이 공생집합체라면 '나'의 주인은 누구인가? 나는 그 엄청난 공생집합체의 대표이사일 뿐인가? 아니면 그나마도 근거 없는 자기도취일까? 민주적 선거라면 숫자가 훨씬 많은 미생물군집에서 대표이사가 나오지 않을까? 그렇다면 선거권은 지금 당장 내 몸 안에 있는 생명만 가질까, 아니

27 와아벅은 제1차대전 때 유명한 기병연대에 장교로 참전하여 최고명예인 철십자훈장을 받은 전쟁영웅이었다. 당시 전세가 기울자 아인슈타인이 친구 아들인 그에게 편지해서, '자네 같은 인물이 희생되면 안 되니, 즉시 전선을 떠나 연구로 돌아가라'고 간곡하게 권했다고 한다. 소중한 건 사람이다.

면 언제든 들어와서 합류할 수 있는 생태계 모든 생명들이 해당될까? 대체 '나'는 누구인가? 미생물체 프로젝트는 우리 자신에 대한 새로운 시각을 선사해주었다. 망원경 덕분에 우리 시선이 지구에서 태양계로, 은하로, 전 우주로 펼쳐져 온 것과 유사하다고 할까? 누군가 말했다. '나I'는 없고 '우리We'가 있다! 혼자면 질병Illness, 함께 하면 건강Wellness!

그러면 '우리'는 누구인가? 만일 몸 안의 간, 신경, 심장세포들이 그들만의 조합을 만든다면 그걸 우리라고 부를 수 있을까? 체세포들이 잘 협조한다는 건 좋겠지만, 만일 그 모임이 다른 세포들을 배척하는 성격이라면 그게 과연 건강에 좋은 건지, 나아가서 그걸 '우리'라고 부를 수 있을지 의문이다. 인간사회에서도 마찬가지다. 유전체가 같거나 아주 가까운 멤버들만 모인다면 더욱 문제가 있다. 그런 배타적 모임을 만들 바에는 차라리 각자 생긴 대로 사는 편이 나을지도 모른다. 진정한 '우리'는 다양한 열린 사회를 이룬다. 사회란 혈연이나 지연만으로 이루어지는 원시적 관계가 아니라, 구성원들이 서로 할 바를 하는 성숙한 관계다. 전자는 '주어진' 관계이고 후자는 '만들어가는' 관계다.

민족이란 개념도 지나치게 내세우면 별로 좋을 게 없다. 인류, 호모사피엔스는 오랜 역사 동안 많은 교류를 거쳐 살아온 잡종들이고, 네안데르탈인 유전체도 일부 가지고 있다. 그분들은 멸종된 게 아니라 우리 안에 살아 있다! 유전체적으로 조금 더 가까운 사람들은 있을지 몰라도 '단일민족'이란 건 없다. 그런 건 허구에 지나지 않고, 배타적 선동을 위한 위험한 주문일지 모른다. 그걸 조장하는 정치인들은 열혈 애국자로 포장되어 계속 선출된다. 나치가 했던 게 바로 그것 아닌가? 요즘이라고 뭐가 그리 다를까? 아, 로미오와 줄리엣의 비극은 언제나 막을 내릴까? 사회는 유전체가 아니라 언어, 문화, 윤리, 생활양식 등의 가치를 함께 만들고 나누는 사람들의 모임이다. 그래서 서로를 존중하는 사람들이라면 다 받아들여야 마땅하다.

미생물군집은 존중해야 하지만, 아무 균이나 함께 살 수는 없다. 인간을 공격하는 무서운 병원균들도 있다. 선택은 필요하다. 그건 생명소통원칙이기도 하다. 그러나 단정적으로 마음의 문을 닫는 것과는 전혀 다르다. 실상 어떤 균이 병원균인지 아닌지조차 상황에 따라 모호할 때가 많다. 헬리코박터는 분명 병원균이다. 아주 거칠게 한국인의 위점막을 공격한다. 그럼에도 오랫동안 함께 살아온 우리 미생물군집이다. 글쎄, 뭔가 앞뒤가 잘 안 맞는 것 같은데, 감염률이 한국보다 더 높은 아프리카와 중동지역에서는 위장장애가 그다지 많지 않다고 하는 게 특이하다. 그러면 거기서는 병원균이 아니라는 건가? 그건 무슨 조화일까? 위염과 위암이 흔한 우리에겐 아주 중요한 연구주제일 수 있다. 내 가설은 이렇다. 호모 사피엔스가 아프리카를 벗어나며 자연스레 유라시아 대륙에 널리 퍼져 살던 네안데르탈인들과 접촉한다. 한국인의 발상지라고 믿는 알타이지역엔 또 다른 분파인 데니소바인Denisovans들이 살았는데, 호모 사피엔스가 그들과 접촉하는 과정에서 전혀 새로운 헬리코박터균을 얻게 된 건 아닐까? 그런데 그 균과 궁합이 안 맞아서 아직까지도 치열하게 다투고 있는 거라면? 사실 세계 곳곳의 헬리코박터는 아주 다양하다. 인류의 이동과정은 진화의 눈으로 보기엔 그리 오래전 일이 아니다.

07 식물의 삶

'백미보다 현미가 건강에 좋다.'라는 얘기는 여기저기서 듣는다. 주로 개인적 경험 위주의 일화들이다. 쌀겨는 외벽과 내벽으로 이루어지는데, 백미는 외벽과 내벽을 모두 벗겨내고 현미는 외벽만 벗겨낸다. 원래부터 다른 쌀이 아니라 도정을 얼마나 했느냐 차이라서 그런지, 현미가 좋다는 주장은 시중한담으로 치부되어 온 편이다. 과연 그럴까?

내친김에 남의 입장에서, 벼의 삶을 한번 살펴보자. 벼는 왜 여름 내내 뜨거운 땡볕 속에 고되게 일하여 낟알을 만들어낼까? 인간을 위해서? 그럴 린 없겠고, 그건 낟알 하나하나가 씨앗이기 때문이다. 동물이건 식물이건 생명은 이어져서 증식해야 한다. 그런데 뿌리를 가진 식물들은 거기에 결정적 문제가 있다. 씨앗이 자기 근처에 떨어지면 그 밑에서 햇빛을 못 보니 번성할 수 없다는 것이다. 자기 때문에 자식들이 못 자란다면 부모는 얼마나 상심이 클까? 그러면 씨앗을 멀리 보내야 한다. 가장 쉬운 방법이 동물을 이용하는 것이다. 그래서 서로 상생할 수 있다. 동물이 그걸 먹고 멀리 가서 배설하면 그 안에 살아남은 낟알은 훌륭한 거름 속 좋은 환경에서 잘 자랄 수 있다. 그래서 벼는 그 좋은 일을 해줄 동물들을 먹여 살리는 한편, 자기 후손의 생존확률을 높이기 위해 한 알이라도 더 만들어 내려고 땡볕을 마다치 않고 혼신의 힘을 다해 광합성을 하여 영양분을 만들어낸다.

실상 동물들은 그 덕에 거저 얻어먹고 산다. 벼는 그 깊은 뜻을 이해하고 협조하는 동물들에겐 아낌없이 내어준다. 쌀겨에도 동물들의 건강한 장내세균 육성에 필요한 영양소를 듬뿍 넣어주며 보답한다. 그런데 어떤 지각없는 동물이 자신의 소중한 후손인 낟알들을 모두 홀랑 벗겨서 살만 발라 먹는다면? 입장을 바꿔 우리라면 어떤 생각이 들까? 그 끔찍한 욕심을 응징하고 싶은 생각이 들지 않을까? 남의 생명의 씨앗을 모두 까먹는 작자들이라면 철저히 보복당해야 마땅할지 모른다. 혹시 전 세계적 유행병처럼 번져가는 당뇨는 바로 거기서 비롯하는 건 아닐까? 소리 없이 서서히 다가오는 당뇨가 얼마나 무서운 벌인지 아직도 깨닫지 못하고 뽀얀 백반을 마음껏 먹고 있는 건 아닐까?

이건 창작의 세계에만 그치는 이야기가 아니다. 실제로 과일 씨앗이나 견과류의 속껍질에는 종종 맹독성 시안화합물이 들어 있어서, 그걸 모아 달여서 사약의 원료로도 사용했다고 한다. 달콤한 과육을 그렇게 듬뿍 주었는데, 그걸 다 먹고도 그 안의 씨앗까지 홀랑 까먹겠다는 자들을, 어쩌다가 한두 개라면 몰라도, 마냥 용서해줄 수 있을까? 동물들이여, 각성하라! 만일 육상식물들이 뿌리 없이 마음껏 움직일 수 있다면, 동물들은 필요가 없어져서 머잖아 다 멸종할지 모른다. 그렇게 보면 동물들이 스스로 광합성을 못하는 게 무척 희한하다. 식물들이 너무 잘 대해 준 덕분에 굳이 그럴 필요가 없었을지 모른다. 흔히 하는 말로, 믿는 구석이 있었다는 거다. 아니면 종일 땡볕에 서서 불평 없이 묵묵히 일할 끈기와 자신이 전혀 없든가. 동물들이여, 뿌리에 감사하라!

08 인권과 생명권

인간의 인권처럼 다른 생물들도 생명권을 가질까? 이 문제를 거론하기 전에 용어부터 돌이켜볼 필요가 있다. 인간人間, human being은 스스로 특수한 존재라고 인정해서 그리 부른다 치고, 동물動物과 식물植物은 그 용어에 이미 물건物件임을 인정하고 있다. 그들을 돌멩이 같은 걸로 여긴다는 걸까?[28] 그들이 생명체로서 당당하게 살아갈 권리를 부정할 수 있을까? 모든 생명체 중에 오직 인간만 그리 대우받아야 할 근거가 어디 있나? 이미 깊이 뿌리내린 단어들이지만, 이제부터라도, 최소 이 책 안에서라도, 동물과 식물 대신 '동생動生'과 '식생植生'이라고 불렀으면 한다. 동생이란 말은 아우라는 말 같기도 한데, 아무튼 그리 나쁘지는 않을 듯하다. 생명은 물건이 아니다.

동생들의 권리에 관심을 가졌던 사상가들 중에서 벤담Jeremy Bentham, 1748–1832의 시각이 잘 알려져 있다(8장 6. 벤담의 공리주의). 사회적 약자들을 옹호하려는 그의 시각은 자연스레 인간보다 훨씬 더 고통 받는 동생들의 권리로 이어졌다. 존중받아야 할 권리는 '논리적으로 생각하는 존재인가?'가 아니라 '고통을 느낄 수 있는 존재인가?'라는 전제로 결정해야 하며, 따라서 동생도 인간처럼 보호해야 한다고 주장했다. 당시로선, 지금이라고 그 수준에서 별로 벗어난 건 없지만, 획기적인 사상적 전환이었다. 그런데 그건 동생들에게 고통을 주며 부당하게 대하지 말라는 뜻이지, 그들도 인간처럼 쾌락한 삶을 누려야 한다는 건 아니었다. 동생과 인간은 역시 분명한 차이가 있었다.

조선후기에도 동생을 어떻게 봐야 할 건지 논쟁이 있었다. 역시 성리학의 최대 논란거리인 성性의 정의에 관한 것으로서, 인간의 성과 만물, 특히 동생들의 성이 같은가 다른가에 대한 논란이었다. 노론 중에서 한양에 자리 잡은 '낙파洛派'는 인성人性과 물성物性이 근본적으로 동일하다는 '인물성동론人物性同論'을 폈고, 지방에 살았던 '호파湖派'는 '인물성이론人物性異論'

28 물론 돌멩이라고 다 하찮은 물건으로 본다는 건 아니다. 어떤 반짝이는 돌멩이들에는 심지어 자기 스스로보다 더 높은 비교가치를 매기기도 하지 않는가?

을 주장했다. 그래서 '호락논쟁' 혹은 '인물성동이론쟁'이라고 불리는 이 논쟁은 다시 인간의 성을 본연지성本然之性과 기질지성氣質之性으로 나누어 보는 등 나름 심도 있게 진행된다. 논쟁은 결과적으로 노론의 분파로 이어져서, 거기서 힘을 얻은 한양의 안동 김문이 마음 놓고 세도정치를 펼치게 되는 계기가 된다. 그러나 정작 그걸 통해 동생들의 처지를 얼마나 잘 이해하게 되었는지, 또한 그 처우에 대한 깊은 성찰이 따르게 되었는지는 의문이다. 그들의 관심은 동생이 아니라 '이런 엄청난 철학적 과제를 척척 다루는 자랑스러운 나'에게 묶여있던 건 아니었을까?

인간은 원래 동생과 식생에 관한 관심이 별로 없었나? 그건 아니다. 잘 달리는 말, 우유 많이 나오는 소, 알 많이 나는 닭, 잘 따르는 개를 만들어내려고 나름대로 부단히 노력해왔다. 그러나 그건 모두 인간의 관점에서, 자기들에게 좋을 것만 챙기는 행위다. 한 번쯤 입장을 바꿔 생각해 본 적이 있을까? 여기서 근원적 문제는 인간이 다른 생명체를 먹이로 삼고 있다는 건지 모른다. 그러면서 잡아먹히는 존재의 권리를 언급한다는 것 자체가 가소롭고 위선적일 수 있다. 먹고 먹히는 먹이 사슬은 생태계의 살아가는 방식이다. 그래서 소중한 영양분이 낭비되지 않고 다른 형태의 생명으로 이어져 간다는 측면도 있다. 그러나 그들의 생명권에 대한 철학적 성찰은 필요하다. 누구나 유한한 삶을 살아가는데, 그들도 살아 있는 동안 행복을 추구하고 사는 맛을 음미할 기회를 가져야 할 것 아닌가?

우리는 가축을 어떻게 대하는가(1장 1. 철학이란?)? 광우병Bovine spongiform encephalopathy 사태는 우리 자신을 되돌아보게 한다. 그게 발생한 나라의 소고기를 수입한다고 앞뒤 안 가리고 거리로 뛰쳐나오면서, 정작 그 수난을 겪는 소의 입장을 생각해 보았던가? 그게 어찌 생긴 병인가? 가련한 그들을 빨리 키워 조금이라도 더 많은 수익을 올리려고, 원래 초식동생들은 먹지 않던 뼈를 무작정 갈아 먹인 것에 대한 자연의 응징 아닌가? 그 안에 프리온prion이라는 무서운 병원성 단백질이 숨어 있을지는 몰랐으니까. 그런 상황이라면 그들이 어떤 환경에서 살았는지 더 볼 필요가 있을까? 살충제 계란도 마찬가지다. 그건 돌아서기도 어려운 비좁은 공간에서 비벼가며 평생을 지내는 닭들이 겪는 고통의 눈물 아닐까? 그런데 인간은 살충제가 자기 몸에 들어오는 것만 두려워하며 법석을 떤다. 정말 가난했던 시절, 농촌의 닭들은 앞마당을 파헤치며 스스로 모이를 찾아 먹고 건강하게 크지 않았던가? 우리가 부유해진 만큼 그들의 삶은 좋아졌나, 아니면 오히려 거기 비례하여 비참해졌나?

누구나 많이 먹어서 비만으로 골머리를 앓는 요즘(9장 1. 비만, 풍요라는 이름의 질병), 그들을 조금만 더 챙겨줄 수는 없을까? 우리들의 육체뿐 아니라 영혼을 위해서라도? 생명은 물건이 아니다. 고귀한 것이다. 인간의 권리가 '인권人權'이라면, 움직이는 생명들은 '동생권動生權', 광합성하는 생명들은 '식생권植生權'을 가진다. 다 같은 생명권이고, 다 같이 존중받아야 마땅하다. 생태계란 인간의 착취를 위해 존재하는 게 아니다. 생명보다 더 존중받아야 할 존재가 어디 있을까?

산뜻퀴즈/

5-1. 모유의 복합탄수화물

모유에는 아기가 소화할 수 없는 복합탄수화물도 포함되어 있습니다. 참 신기한데, 어째서 그럴까요? 우연히 그리된 걸까요?

5-2. 원자력발전과 미토콘드리아

오염 가능성 때문에 원자력발전을 포기하겠다는 정부시책으로 큰 논란이 일고 있습니다. 현재 그만큼 효율적인 방안은 어디에도 없기 때문입니다. 화력발전은 더 많은 오염물질들을 발생시키고 비용도 훨씬 더 들며, 태양열, 풍력, 조력 등 대체에너지는 생산능력이 매우 제한적인데 반해, 설치비용이 많이 들고 기술적으로도 시기상조라서 결국 전기료만 천정부지로 올라갈 것이라는 지적이 줄을 잇고 있습니다. 우리 원자력발전 설비, 기술, 운영 노하우는 세계적 수준을 자랑합니다. 그런데 스스로는 원자력발전을 포기하자면서, 외국에 그걸 수출하고자 하는 게 표리부동하고 자연스레 윤리적인 문제도 제기됩니다. 대체 이런 정책은 어디서 불쑥 나온 걸까요? 왜 이런 식의 후진적 문제가 계속될까요? 이게 대통령 마음대로 정해도 되는 일일까요? 세포는 에너지 문제를 어떻게 해결했나요? 거기서 배울 건 없을까요?

5-3. 항생제 내성과 차세대 윤리

항생제 남용에 따라 내성균들이 속출하여 큰 문제입니다. 심지어 어떤 항생제에도 반응하지 않는 이른바 '슈퍼박테리아'들까지 등장하고 있는데, 새로운 항생제를 개발하기는 갈수록 어려워진다고 합니다. 분별없이 항생제를 사용한 결과를 다음 세대가 짊어지게 되는 건데, 그러면 후손들은 어떻게 될까요? 더 나아가 인류의 장래는? 이 문제를 어떻게 다뤄야 할까요?

5-4. 지역 고급화와 다양성 유지하기

도시의 어떤 구역에 흥미로운 가게들이 모여들어 사람들의 관심을 끌면 곧 임대료가 오르며 자금의 여유가 있는 대기업만 들어와서 다시 천편일률적인 곳이 되고 만다는 게 이른바 '지역 고급화gentrification' 현상입니다. 그러면 다양성이 훼손되어 도시의 생명력이 떨어지는 거지요. 어떻게 하면 좋을까요?

5-5. 인류와 지구의 종말

수억 년 후 태양이 생을 마치는 단계에 접어들면 크게 팽창하여 지구도 그 안에 흡수되어 사라질 거라고 합니다. 언젠가 닥쳐올 지구의 종말을 걱정하고 인류의 지구탈출 이야기도 거론됩니다. 지구와 인류는 누가 더 먼저 종말을 맞을까요? 지구를 호령하던 공룡이 멸종한지 얼마나 되었나요? 우리는 지구의 종말을 걱정해야 할까요, 아니면 우리가 훼손하고 오염시키는 지구의 생태계를 걱정해야 할까요?

5-6. 인간의 운명은 유전자로 다 결정되는가?

어떻게 생각하세요?

6

혈류와 소통: 열린 세계와 닫힌 세계

대화는
마주 서서 하는 독백이 아니다.
먼저 듣고 말해야 한다.

01 생명의 테두리

생명은 참 특이한 존재다. 희귀한 존재라서 더욱 소중하다. 생명체는 우주의 아주 작은 공간, 스스로의 테두리 안에 들어있다. 생명의 단위인 세포의 테두리는 세포막cell membrane이다. 그 경계가 있어서, 생명은 그 안에 하나의 체계로 성립될 수 있다. 생명은 그걸 통해 외부환경과 긴밀하게 작용하며, 혹은 착취하며, 내부를 풍요하게 하는 놀라운 마법을 부릴 수 있다. 에어컨은 실내의 열을 외부로 발산시켜 내부온도를 낮춰주어 그 안에서 쾌적하게 지내게 해준다. 실내외 열기의 총합이 줄어든 건 아니지만, 아무튼 벽이 있어서 부분적으로 벌어지는 일이다. 원래 우주의 무질서를 뜻하는 '엔트로피entropy'는 총체적으로 계속 증가한다는 게 열역학법칙인데, 생명은 자신의 경계를 활용하여 마치 그걸 거스르는듯하게 마법을 이어간다. 열역학법칙에는 시간은 앞으로만 흘러가고 뒤로 돌아가진 못한다는 방향성도 함축되어 있다. 그렇다면 생명은 잠시 자신의 테두리 안에서 외부를 활용하여 벌이는 불꽃놀이인 셈이다. 그 불꽃은 영원히 지속될 수는 없으며, 그래서 더욱 소중하다.

생명이란 테두리가 있어야만 존재한다. 테두리는 생명 그 자체뿐만 아니라, 생명체의 모든 활동에 고려해야 할 중요한 개념이다. 철학이나 과학에서도 마찬가지다. 어떤 생각이나 이론이 있다면, 그게 적용되는 범위가 어디까지인지부터 잘 살펴볼 필요가 있다. 뉴턴의 운동법칙은 태양계 안에서는 훌륭하게 작용하지만, 그걸 벗어나는 우주에서는 거의 무용지물이다. 시공을 묶어보는 상대성이론으로 풀 수밖에 없다. 반면 미세입자의 세계에서는 상대성이론도 전혀 작동하지 않고, 확률론과 불확정성이론을 바탕으로 하는 양자역학으로 풀 수밖에 없다.

원자보다 작은 양자quantum의 세계에서는 종종 상상하기 어려운 이상한 일들이 벌어진다. 양자의 본질에 관해 덴마크 물리학자 닐스 보어Niels Bohr, 1885-1962와 아인슈타인 사이에 한동안 유명한 논쟁이 벌어진 적이 있는데, 그건 자연스레 물리학의 철학적 바탕에 대한 토론으로 이어졌다. 양자역학의 중심에는 어느 미립자의 성격과 장소를 동시에 알 길이 없다는 불확정성이론이 있다. 아주 미미한 존재인 광자photon를 동원해 측정해보려 해도 마찬가지로 미미한 측정대상에 영향을 미치게 되므로 어느 한순간에 그 둘을 다 알 수는 없다. 그런데 그건 측정방법의 문제라기보다 양자의 성격이 원래 그렇다는 것이다. 아리송하기 짝이 없지만, 그러면 양자의 세계는 미립자와 관찰자가 함께 만들어가는 '현상phenomena'인 셈이다 (2장 2. 감각과 인식론). 반면 아인슈타인은 미립자들의 미세세계에도 관찰자와 무관한 '본체noumena'가 있다고 믿었는데, 물리학의 그런 사조를 사실주의realism라고 한다. 아인슈타인은 "신은 주사위 놀이를 하지 않는다."라는 말로 양자역학의 불확정성이론을 전면 거부했다. 그리곤 거대세계와 미세세계 모든 범주의 힘들을 하나로 아우르는 통일장의 이론을 찾아보려 애쓰며 만년을 보낸다.

환원과학에서는 보통 분자를 생명의 기본물질로 여긴다. 그런데 분자를 이루는 화학결합은 흔히 보는 공과 막대기로 만든 단단한 분자모형 같은 게 아니라, 매우 역동적으로 움직이고 공명한다. 그 안에서 그보다 작은 미립자들도 끊임없이 움직이며, 둔갑하는 덕분에 생명은 역동적으로 이루어지고 이어져 나간다. 우리가 보는 많은 생명현상의 근저에 양자의 활동이 깔려 있고, 잘 이해하기 어려운 여러 신비로운 생물학적 현상들도 언젠가는 양자역학으로 더 잘 설명할 때가 오리라 믿는다. 아직 상세하지 이해하지 못할 따름이다. 그 넓은 차원의 존재, 생명의 테두리는 어디까지일까?

살아가며 삶의 테두리를 깨닫는 건 중요하다. 바람직한 인간관계 설정에도 필수적이다. 대부분 갈등은 자기 테두리를 모르거나 오해하는 데서 비롯한다. 즉, 삶의 경계부위에서 발생한다. 남들도 자기와 같은 생각을 한다고, 혹은 해야 한다고, 은연중에 믿어버리는 것이다. 부부나 부모 자식, 절친같이 가까운 관계일수록 그런 경향은 더 두드러진다. 그럴수록 자칫 상대방의 테두리를 존중해주지 않거나 무시하게 된다. 전형적인 자기중심 '일반화의 오류'다. 그러면 갈수록 고집을 부리고, 삶은 경직되고 다양성을 잃는다. 안타깝게도 그의 눈에는 더 이상 아름다운 이 세상이 있는 그대로 보이지 않게 된다.

삶을 내 손으로 모두 다 메우려 하지 않고 여백을 남겨두는 것도 좋은 길일 듯하다. 화폭의 여백은 동양미술에서 종종 보이는 특징이다. 겸재의 예술은 해를 더해갈수록 원숙해가서 만년에는 여백이 오히려 주가 되는 듯한 멋진 작품들이 등장한다. '금강대金剛臺'는 우리에게 완숙한 화폭이란 무엇인지 되묻고 있는 듯하다(그림 6). 대화에도 할 얘기를 다 해버리지 않고 조금씩 남겨두는 마음의 여백이 필요할지 모르겠다. 무엇이 맞다 틀리다, 옳다 그르다 싸잡아 말하는 대신, '이런 범위 안에서 이렇다.'라고 하는 편이 좋다. 쉬운 일은 아니다. 끊임없는 노력과 훈련이 필요하다. 소크

그림 6 **금강대金剛臺, 겸재 정선**

금강대의 균형 잡힌 사실적 묘사에 더하여 너른 여백에 녹아드는 듯한 멋진 배경 처리가 감탄스럽다. 서양미술의 구상이나 추상같은 인위적 범주로는 도저히 감당해낼 수 없는 작품이다. 마치 삶을 관조하는 눈을 보는 듯하다.

라테스가 '난 모르겠다.'라고 고백한 건 철학의 출발점이 어딘지 보여주는 훌륭한 가르침이다. 그게 오히려 내 사고의 범위를 넓혀주는 지름길이다. 테두리가 없는 모든 건 생명활동의 특성에 어긋난다. 생명은 자기에게 주어진 테두리를 어떻게 여길까? 시시포스Sisyphus[29]의 굴레로 받아들일까 아니면 그걸 오히려 새로운 도약을 위한 발판으로 활용할까?

02 물, 생명과 소통의 기반

물은 생명의 근원이다. 지표면 대부분을 차지하고 생명을 듬뿍 축복해주고 있다. 탈레스가 말했던 것처럼 세상을 이루고 나아가서 생명까지 이루는 근본이 물인 셈이다. 물은 뭉쳐있으면서도 다른 물질을 적실 수 있다. 그런데 물은 보면 볼수록 정말 특이한 물질이다. 물의 분자식은 H_2O, 산소 원자 하나와 수소 원자 둘이 공유결합covalent bond으로 만들어진 간단한 화합물이다. 그러나 그 구조에는 커다란 비밀이 숨어 있다(그림 7).

물 분자의 산소원자는 쉽게 다른 물 분자나 용질들의 수소원자와 수소결합을 이룰 수 있다. 물 분자는 양성자 10개, 전자 10개를 가져서 전기적으로 중성이다. 그런데 산소원자는 수소원자보다 전자음성도가 높아서, 즉 전자를 끌어당기는 힘이 강해서, 산소는 음성을 띄고 수소는 양성을 띄는 극성공유결합을 한다. 산소원자에는 공유결합에 참여하지 않은 궤도전자들이 더 있기 때문에 수소원자들을 한쪽으로 밀어내어 비대칭으로 균형

29 그리스 신화의 시시포스는 저승의 신 하데스를 속이고 장수를 누린다. 하지만 그 벌로 나중에 저승에서 무거운 바위를 산 정상으로 밀어 올리는 영원한 형벌에 처해진다.

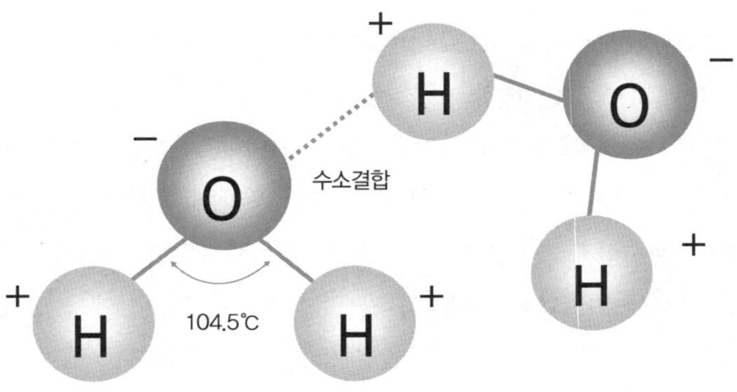

그림 7 **물 분자 모식도**

물 분자는 수소원자 2개와 산소원자 1개로 이루어지는데, 산소원자의 전자음성도가 수소원자보다 높아서 극성공유결합이 된다. 또한 산소원자의 비결합 전자쌍으로 인해 결합각도가 기울어진 형태가 되어, 음성인 산소원자는 쉽게 다른 물 분자, 혹은 용질들의 수소원자와 수소결합을 이룰 수 있다.

을 잡는다. 그러면 산소원자는 다른 물 분자나 극성물질들의 수소원자와 쉽게 수소결합hydrogen bond을 할 수 있다.

수소결합은 공유결합에 비해 대단히 약한 결합이라 매우 가변적이라서, 물은 여러 다양하고 재미있는 특성을 가지게 된다. 온도에 따라 고체, 액체, 기체 상태로 변화하고, 여러 물질들을 녹이는 용매로 작용한다. 단순한 용매의 기능에 그치는 게 아니라, 녹아든 용질을 어루만져 그 특성을 이루도록 해준다. 생체막을 위시한 세포의 모든 조성이 물이 있기에 가능한 것이다. 생명은 물의 이런 특이한 성격들 덕분에 다양하고 변화무쌍하게 전개된다.

물은 세포의 차원뿐 아니라 개체와 사회의 삶에도 지대한 영향을 미친다. 물 분자들이 적극적으로 상호반응하면서도 결합력이 약하기 때문에, 큰 저항 없이 그걸 헤집고 물살을 헤치며 항해할 수 있다. 그래서 인류의 역사도 훨씬 개방적이고 역동적으로 되었다. 바다를 장악한 사람들이 세계를 지배해온 건 우연이 아니다. 닫힌 세계에 살지 말고 열린 세계에 살라는 계시인지도 모른다. 덕분에 생명체는 다양한 차원에서 소통하는 삶을 누리게 되었다. 생명을 이루는 유기물질이 지구상에 등장하기 전부터 물은 이미 생명이 갖출 원형을 제시한 건지도 모른다. 만일 다른 행성이나 외계에서 물과 유기물질과 충분한 에너지원을 발견한다면, 생명이 존재할 가능성이 높아진다.

03 윌리엄 하비와 순환기

혈액순환은 바로 우리 생명이고 건강이다. 혈액은 심장에서 비롯하여 전신을 순환하고 다시 심장으로 돌아온다. 그렇게 윤회를 계속하는 순환과정은 어떻게 알려졌을까? 워낙 생명현상의 기본이라 오래전부터 잘 알려져 있었을 것 같지만, 놀랍게도 그 전모는 17세기가 되어서야 비로소 밝혀진다. 영국 윌리엄 하비William Harvey, 1578-1657의 빼어난 공헌이었다. 그 업적은 당시 의학뿐 아니라 과학 전반에 지대한 영향을 미쳐서, 갈릴레오와 어깨를 나란히 과학혁명의 중심이 된다.

하비는 파두아 대학과 캠브리지 대학에서 학위를 받고, 런던의 바톨로뮤 병원에서 의술을 펼친다. 유능하고 성실한 의사로 유명해진 그는 30대 중반에 룸리강연 강사로 초빙받는다. 룸리 경과 컬드웰 박사가 창시한 권위 있는 그 강연시리즈는 '해부학적 지식을 전국에 널리 펼치는 등불'이 되는 걸 목표로 우수한 강사들을 모셔 7년간 후원했다. 이런 강연이 있었다는 게, 가진 사람이 이렇게 멋지게 사회 환원을 했다는 게, 부러울 따름이다. 하비의 강연은 활력이 넘치면서도 지나칠 정도로 겸손했다고 한다. 활력과 겸손, 쉽지 않은 조합이다. 강연을 통해 자기의 무지를 새삼 깨닫고 평생 분발하겠다고 다짐했던 걸까? 명사가 된 그는 국왕의 주치의로 임명되었고, 그 후에도 진료와 연구에 매진하여, 1628년 '동물 심장과 혈액 활동의 해부학적 연구Exercitatio anatomica de motu cordis et sanguinis in animalibus'를 발표한다. 처음으로 혈류가 '좌심장 – 동맥 – 정맥 – 우심장 – 폐순환 – 좌심장'으로 흘러가는 순환과정이 밝혀진 것이다.

그는 순환과정을 밝히려고 부단히 노력하고 고심했다. 실상 손에 쥔 거라곤 작은 돋보기 하나와 간단한 실험도구들 뿐이었지만, 그걸로 세밀히 관찰하고, 간단한 실험을 하고, 모든 지식들을 종합해보았다. 먼저 투명하게 안을 볼 수 있는 달팽이, 새우, 달걀 속 병아리 태아의 심장활동을 유심히 관찰했다. 몸집에 비해 작지 않은 심장은 끊임없이 빠르게 박동했다. 뭐가 어떻게 돌아가는 건지 미처 알아차릴 겨를도 없을 정도였다. 무얼 위해 저렇게 열심히 일하는지 과연 밝혀낼 수 있을까? 볼수록 회의가 들고 때로는 낙담하면서도, 그는 쉬지 않고 뛰는 심장처럼 연구에 매진한다. 그리하여 심장이란 바로 혈액순환을 위한 펌프이며, 한번 박동할 때마다 상당한 양의 혈액을 핏줄로, 아마 동맥으로, 내보낸다는 사실을 확인한다.

그런데 그건 문젯거리였다. 당시 갈렌의학은 동맥과 정맥을 완전히 분리된 독립시스템으로 이해하고 있었다. 그러면 대체 끊임없이 흘러나가는 저 많은 혈액은 어디로 가며, 심장에는 어떻게 그만큼의 혈액이 보충될까? 나가고 들어오는 혈액량이 균형을 이뤄야 삶이 유지될 것 아닌가? 거기서 동맥과 정맥의 역할은? 그는 뱀과 물고기의 동맥과 정맥을 따로 묶어서 변화를 관찰했다. 동맥을 묶으면 심장은 혈액으로 가득 차고, 정맥을 묶으면 텅 비었다. 동맥은 심장에서 혈액을 내보내고 정맥은 도로 받아들이는 시스템이라는 것 말고는 달리 설명할 길이 없었다.

사람도 그럴까? 이번에는 사람들의 팔뚝을 묶어보았다(그림 8). 팔뚝을 강하게 묶으면 그 아랫부분은 차갑고 창백하게 되었고, 윗부분은 벌겋게 부어올랐다. 묶은 걸 조금 느슨하게 하면, 즉 더 깊은 곳에 있는 동맥을 풀어주면, 반대로 팔의 아랫부분이 따뜻하게 붓고 정맥이 부풀었다. 동물해부를 통하여 그는 부풀어 오른 정맥 곳곳에 튀어나온 부분에는 밸브가 있다는 걸 알고 있었다. 이번엔 손으로 정맥혈액을 밀어내 보았다. 위쪽으로 혈액을 밀어내면 그 아래쪽 정맥이 납작해졌지만, 아래쪽으로는 아무리 애써도 밀어낼 수 없었다. 단 하나 예외는 목의 정맥이었는데, 그 경우는 아래쪽이 심장 방향이었다.

종합하면 동물실험과 정확히 맞아 떨어지는 개념, 즉 동맥혈은 심장에서 전신으로, 정맥혈은 전신에서 심장으로 흐른다는 사실이 분명히 드

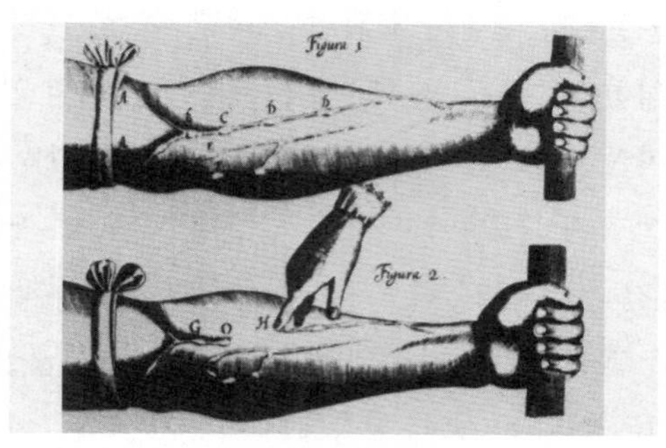

그림 8 사람 팔뚝 혈류실험, 윌리엄 하비. De Motu Cordis

러났다. 우심장과 좌심장을 연결하는 폐순환의 개념은 이븐 알 나휘스Iba al-Nafis가 제시했고, 베살리우스가 그 연결을 실제 확인한 바 있었다. 이상을 모두 감안하면 하나의 원circle을 그리는 혈액의 움직임 전모가 밝혀진다. 드디어 혈액이 전신을 '순환circulation'하기 시작한 것이다! 그리고 인간의 사고도 막힘없이 순환하기 시작한다.

이미 베살리우스에 의해 심각한 타격을 입었던 갈렌의학의 권위는 하비의 업적으로 결정타를 맞는다. 의학도 드디어 적폐에서 해방되었다! 의학은 과학이다! 그 시대는 때마침 과학혁명기였다. 그의 업적은 '진실에 근거한 과학의 승리'를 상징했고, 그의 과학적 접근방식은 다른 분야로 요원의 불길처럼 번져나갔다. 하비는 동맥과 정맥을 이어주는 모세혈관은 직접 보지 못했다. 현미경은 그의 생애 말기에나 등장한다. 그러나 그는 그걸 '보았다!' 끊임없이 동맥을 통해 흘러나가는 엄청난 혈류는 어떤 식으로든 정맥으로 연결되는 미세하지만 왕성한 통로가 있어야 한다는 걸 뜻했다. 바로 아리스토텔레스의 접근방식 아닌가? 일단 '본' 것은 기술적 발전을 이룬 후 얼마든지 더 잘 볼 수 있다. 아인슈타인이 '봤던' 중력파도 얼마 전 기어이 확인하지 않았나? 하비는 아리스토텔레스의 가르침대로 열심히 관찰하고, 이성적으로 분석하고, 결과를 이론으로 엮어내었다. 그건 큰 이야기였다.

순환기는 언제나 묵묵히 일하는 듬직하고 고마운 친구다. 평생 심장은 얼마나 뛸까? 그걸 계산해볼 필요가 있을까? 인간은 그 효율적인 심장을 믿고 마음껏 기능 위주로 진화하였다. 그 결과 불과 몇 분만 순환이 멈춰도 신경세포와 심장 자체에 돌이킬 수 없는 손상을 입는다. 우리는 평소 순환기에 고마움을 느끼지 못한다. 고혈압을 유발하는 '빨리빨리' 사회에 살며, 흡연, 짠 음식, 비만, 운동부족 등 순환기에 턱없이 부담을 지우는 생활을 지속한다. 그러면 가장 먼저 손상을 입는 게 순환기 건강과 기능을 총괄하는 혈관내피세포들이다. 그리곤 자기도 모르게 전체 순환기가 내리막길을 걷는다. 이제라도 이 고마운 순환기에 보답하는 길을 잘 성찰해봐야 하겠다. 우린 어딜 그리 허겁지겁 가고 있나?

04 생체막 너머의 소통

혈류는 바로 생명의 흐름이다. 순환계는 인체에서 소통의 중요성을 단적으로 보여준다. 물은 소통의 기반이다. 그러나 소통은 혈류로만 이루어지는 건 아니다. 혈액은 인체에 존재하는 물의 일부에 불과하다. 물은 사람 체중의 약 60%를 차지하는데, 그중 약 2/3는 세포 안에서 생명을 꾸려간다. 세포 밖에 존재하는 물의 4/5는 간질[30]에 있고 그 나머지만, 즉 체중의 4% 정도만 혈액으로서 전신을 순환한다. 신생아는 체중 당 물의 비율이 더 높은 반면, 노인들은 그 비율이 줄어든다. 몹시 비만한 사람들은 물이 심지어 체중의 절반 이하일 수도 있다. '생명력'은 물에서 기원하여 소통을 통해 이루어진다는 반증인지도 모르겠다. 그렇다면 생명의 단위인 세포에서 소통은 어떻게 이루어질까?

세포의 경계는 세포막이다. 그 주성분은 지질인데, 대표적인 게 중성지방 트리글리세라이드triglyceride이다. 글리세린 분자에 지방산 세 개가 결합해서 그렇게 부른다. 글리세린 분자는 극성이라 수용성인 반면에 지방

30 세포들 사이의 조직.

산은 비극성이라 물에 잘 녹지 않는다. 그래서 지방분자들이 물과 반응하면, 수용성 부분은 바깥으로 지용성 부분은 안쪽으로 모여들어 자연스레 이중막을 이루게 된다(그림 9). 수용액 안에서는 그게 가장 '편한' 형태기 때문이다. 실제 세포막은 여기에 다양한 인지질phospholipid, 당지질, 콜레스테롤, 막 단백, 탄수화물들이 합류하여 이루어진다. 생명의 경계는 단단한 철벽이 아니라, 상황에 따라 얼마든지 재구성될 수 있는 유동적인 구조다. 물리적으로는 쉽게 터질 수 있는 약한 구조지만, 언제든지 복원될 수 있는 강인하고 역동적인 구조기도 하다. '무위'의 구조란 바로 이런 것 아닐까(3장 3. 비트겐슈타인과 노자의 언어철학)? 물은 생명의 근거와 소통을 모두 제공한다.

세포막은 반투과성semipermeable이다. 모든 물질이 자유롭게 통과하는 게 아니다. 세포막을 통한 이동은 해당 물질에 따라 다르다. 크기가 아주 작은 물질들은 농도가 높은 곳에서 낮은 곳으로 세포막을 뚫고 통과할 수 있다. 확산이라 불리는 현상이다. 확산만으로 불충분하거나 개별물질에 대한 조절이 필요하다면 펌프를 동원해 빼내거나 길어올 수 있다. 칼슘은 여러 단백들과 결합하여 기능을 조절하기 때문에, 세포기능조절에 대단히 중요하다. 세포는 끊임없이 칼슘이온을 바깥으로 퍼내며 농도를 유지한다. 만일 세포막에 구멍이 뚫리면 칼슘이온이 쏟아져 들어와 세포기능은 마비되고 곧이어 죽게 된다.[31] 나트륨과 칼륨이온 농도도 적극적으로 조절하는데, 신경세포에서는 그 비율이 중요한 활동조절신호로 작용한

31 생체는 불필요하거나 위험한 세포들을 제거하는 방편으로 그 방법을 사용하곤 하는데, 미생물들도 이를 배워서 자기를 공격하는 면역세포들에 반격하기도 한다. 건강한 세포막 없는 생명은 없다.

다. 확산이 불가능한 큰 물질들은 세포막이 움푹 함몰되며 그 안에 한꺼번에 포획해서 실어 나르기도 하고, 특정 물질에 대한 선별이 중요한 경우에는 각각에 대한 특이수용체를 두어 하나씩 끌고 들어간다.

부드럽게 흔들리는 물결 같은 구조인 세포막에는 막 구조물들과 수용체들이 유유히 떠다니다가 다양한 필요성과 신호에 따라 모이기도 하고 흩어지기도 하며 내부와 의사소통을 통해 원활하게 대처한다. 세포막의 유동성은 그런 활동에 큰 영향을 미친다. 일반적으로 포화지방산 지질은 쉽사리 고체 상태로 되는 경향이 있다. 포화지방산으로 이루어진 세포막은 경직된 반면, 불포화지방산이 많이 포함된 세포막은 그만큼 유동성이 커진다(그림 9). 불포화지방산 중에서도 오메가-3 지방산이 많이 포함되면 세포막의 유동성이 더 커지며 물질이동이 쉬워지는 반면에 오메가-6 지방산은 그 반대다. 두 종류 불포화지방산의 비율은 건강한 세포막을 유지하는 데 중요하며, 그건 바로 세포와 인체의 건강과 직결된다. 현대인들은 종종 오메가-3 비율이 너무 낮아서 쉬 늙고 여러 성인병이 촉발된다.

세포막은 세포외기질extracellular matrix과 결합하여 조직 안에서 세포의 자리를 잡고 신호를 주고받는다. 식물세포, 박테리아, 곰팡이 등에서는 세포막 밖으로 별도의 세포벽cell wall이 존재한다. 세포벽은 구멍이 숭숭 난 두꺼운 층으로 이루어져서 거의 모든 물질을 통과시킨다. 주로 셀룰로스나 펙틴 같은 다당류 거대분자들로 이루어져서 외부충격에 대한 내구성과 견고성을 제공하는 반면, 스스로의 움직임을 제한하여 식물로서의 기본성격을 결정해준다. 세포벽은 장내세균들을 육성하여 인간의 건강을 지켜주는 소중한 선물이기도 하다(5장 4. 인간 미생물체 프로젝트).

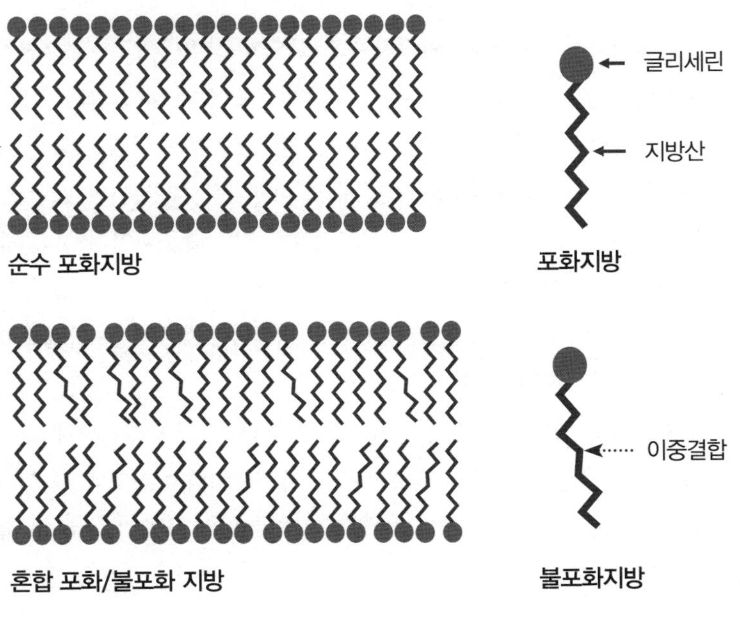

그림 9 생체이중막의 기본구조

중성지방 트리글리세라이드는 극성인 글리세린분자에 비극성인 지방산이 셋씩 결합하여 구성된다(여기서는 편의상 하나만 그림). 수용액 안에서 극성 글리세린은 물 분자와 반응하도록 밖에 도열하고, 비극성 지방산들은 안쪽으로 몰리게 되어, 자연스레 이중막이 형성되면서 모든 생체막의 원형을 이룬다. 포화지방산은 모든 탄소원자에 수소원자들이 포화상태로 결합된 반면, 불포화지방산은 일부 탄소원자들이 자기들끼리 이중결합을 하여 구조가 변한다. 불포화지방산의 종류와 분포에 따라 생체막 유동성이 달라진다.

05 세포 내부소통

세포막 수용체들은 세포막 안팎으로 걸쳐서 신호전달에 참여하기도 하는데, 그럴 경우 외부에서 결합한 신호물질이 수용체와 함께 들어가기도 하고, 활성화된 수용체가 연쇄반응을 일으켜 신호를 안으로 전달하기도 한다. 신호전달단백들을 만드는 암유전자들도 많다(7장 4. 암유전자와 증식본능). 거기에 변이가 생기면 잘못된 신호를 안으로 계속 전해서 결국 스스로를 주체하지 못하고 암세포로 변할 수 있다. 더욱 놀라운 건 단백뿐 아니라 세포막의 인지질성분 자체가 신호전달물질로 활용되어 세포의 증식이나 염증 같은 다양한 기능을 조절한다는 사실이다. 세포막은 생명을 이룰 뿐 아니라 생명을 조절하는 마법인 셈이다. 덕분에 생명은 물질소통뿐 아니라 의사소통까지 이룬다.

세포 내부소통에도 유연한 생체막은 중요하다. 세포질망상체세망, ER, endoplasmic reticulum와 골기체는 세포막처럼 이중생체막으로 이루어지는데, 총면적이 세포막보다 훨씬 더 넓다. 드넓은 생체막은 매우 왕성하게 돌출하고 함몰하며, 작은 소포체들을 끊임없이 만들어 주고받으면서 물질이동을 주도한다. 화물차들이 꼬리를 이어 화물을 실어 나르는 모습이다. 단백을 만드는 공장인 라이보좀은 대부분 세망에 붙어 있는데, 생산된 단백은 종종 세망 안에서 숙성과정을 거친다. 거기서 단백을 적시에 잘 처리하지 못하고 적체되면 이른바 '세망 스트레스ER stress'라는 병적 상황이 발생한다. 세망은 안에 칼슘이온을 저장하였다가 필요에 따라 세포질로 방출하여 세포기능을 조절하기도 한다. 골기체는 단백질들을 받아 세포막 쪽으로 이동시켜 밖으로 분비하는 기능을 수행한다. 말하자면 수출용 화물처리 부두인 셈이다. 모두 지극히 유연한 생체막의 특성 덕분에 가능한 일이다.

섬유상 단백들로 이루어진 세포골격cytoskeleton은 세포의 모양을 유지하면서 동시에 소통기능까지 담당한다. 그중 가장 가는 미세섬유 microfilament는 여러 가닥이 결합하여 세포의 이동이나 수축을 담당한다. 세포골격은 여러 단백이나 소포체들의 분포와 소통을 조절하고, 신호전달물질들의 이동과 활성화에도 중요한 역할을 수행한다. 세포골격 중 가장 굵은 미세관microtubule은 특히 신경세포에 잘 발달되어서 일종의 고속철도 역할을 하는데, 기관차들이 그 위를 빠른 속도로 움직이며 소포체 화물들을 세포막까지 실어 나른다. 덕분에 신경세포들은 신호를 계속 주고받을 수 있다.

세포의 교류와 신호전달은 대단히 복잡하며, 축적된 진화의 내공이 엿보인다. 먼 훗날 생명의 세포소통은 어떻게 달라져 있을까? 모르긴 몰라도, 더욱 원활한 소통을 위해 지속적으로 엄청난 노력이 들어갈 것만은 분명하다. 진화의 도도한 흐름 속에 소통이 원활하지 않은 생명체는 자멸할 수밖에 없기 때문이다.

06 생명소통역학 3대 원칙

세포막을 통한 물질교류에는 어떤 역학적 원칙들이 있을까? 소통의 절대적 중요성을 감안하면, 그건 바로 생명의 원칙에 직결된다고 할 수 있다. 세포막을 통한 생명의 소통역학에는 3가지 원칙이 있다.

첫째, 세포막 소통은 상호적이다. 일방적이 아니라 주고받는 것이다. 이를테면, 세포의 전체 전해질의 농도는 외부와 균일하게 유지되어야 한다. 받아들인 게 있으면 그만큼 내보내야 한다. 그렇지 않으면 안팎으로 삼투압이 달라져서 부풀어 오르거나 쪼그라든다. 그렇게는 견뎌낼 수 없다. 세포들끼리 교류라면 서로 필요한 걸 호혜적으로 주고받을 수 있는 상황이 이상적이다.

둘째, 세포막 소통은 선택적이다. 상호적이라고 해서 외부와 모든 물질을 균일하게 주고받는 건 아니다. 그렇다면 더 이상 생명이라 할 수도 없다. 전해질 전체농도는 균일하게 유지하더라도, 그중 일부는 조절할 수 있다. 아니, 반드시 그래야 한다. 지금 이 순간에도 세포들은 열심히 펌프를 돌리며 칼슘, 나트륨, 칼륨 같은 이온들을 퍼내고 있다. 영양분, 생산물, 노폐물의 흐름도 균등한 교류가 아니다. 외부소통은 전반적으로 상호성의 원칙 아래 상황에 따라 선택적일 수밖에 없다. 생명은 그 선택을 위해 많은 투자를 했다. 특정 물질 수용체들이 대표적인 예다. 세포막에는 수많은 수용체들이 퍼져 있다. 결합대상이 알려진 것들도 있고, 아직 모르는 것들도 많다.[32] 어떤 물질을 어떻게 선택하느냐가 바로 삶의 기술이자 전략일지 모른다.

셋째, 세포막 소통은 에너지를 소모한다. 세포막을 통한 선택적 소통에는 적잖은 에너지가 든다. 매우 힘든 작업이란 뜻이다. 작은 분자량 물질들은 에너지 소모 없이 확산할 수 있지만, 그건 농도가 높은 곳에서 낮은 쪽으로 가는 경우에만 해당되고, 그나마 신속한 소통에는 적합하지 않다. 의도적으로 많은 물질들의 농도를 조절해야 하는데, 농도경사에 거슬러 계속 이동하자면 많은 에너지가 든다. 수용체를 위시한 2, 3차 연결고리 등 방대한 소통장치를 준비해 두는 데도 많은 투자를 해야 한다. 그런

32 이런 것들을 '고아 수용체(orphan receptor)'라고 부른다. 언제쯤 모두 다 고아 신세를 벗어나게 될까?

장치는 소통의 필요가 발생하면 만들어 사용하는 게 아니라, 미리 갖추고 있어야 언제든 즉각 원활하게 소통할 수 있다. 자연히 생산, 유지, 보수에 많은 투자와 노력이 들어간다. 어느 사회나 도로망과 사회간접시설들을 만들어 유지하는 건 여간 힘든 일이 아니다. 소홀해서도 무리해서도 안 된다. 소통은 원래 힘든 것이다. 거저 되는 게 아니다.

07 사회와 소통: 로마와 진나라

소통은 인간사회에서도 필수적이다. 활발히 소통하는 사회는 번영하고, 그렇지 못한 나라는 쇠망한다. 소통이 원활한 사회는 열린 세계고 불통인 사회는 닫힌 세계다. 열린 사회는 다양성을 유지하지만, 닫힌 사회는 필연적으로 획일화의 길로 접어들며 퇴화하고 멸망한다. 세포건, 인체건, 사회건, 국가건 모두 적용되는 생명의 원칙이다. 완벽한 소통을 하겠다며 무작정 경계부터 없앨 일은 아니다. 테두리 없는 삶은 애초에 있을 수 없기 때문이다. 소중한 테두리를 잘 유지하려는 철저한 노력이 필요하다. 그러면 사회소통은 어떻게 해야 할까? 우리는 생명의 소통에서 무엇을 배울 수 있을까?

고대 로마와 중국은 주변을 침략하며 제국을 확장해나갔다. 그런데 그 방법에는 큰 차이가 있었다. 로마는 건국초기 지중해의 패권국이었던 카르타고와 전쟁을 치르며 해군력을 대폭 강화하여 육해군이 균형을 이룬 군사적 패권세력이 되어 지중해를 장악하고 대륙 안쪽으로 뻗어 들어갔다. 그래서 어디든 점령하면 우선 도로를 깔고 이어 수도를 건설한다. 그 결과 지금의 기준으로 봐도 엄청난 규모의 호화로운 고속도로망을 건설한다. '모든 길은 로마로 통한다.'는 말이 뜻하듯이 도로는 내부소통의 핵심이다. 물도 마찬가지다. 엄청난 수도를 따라 흘러들어오는 물은 시민들의 갈증을 해결해 준다. 누구든 그 시원한 물을 마시다 보면 옆 사람과 격의 없는 대화도 나누게 되지 않았을까? 반면 국경방어에는 큰 투자를 하지 않았다. 정복작전이 마무리되면 국경이 여기까지라고 선언하고 약간의 상징물만 남겨두고 그 길목만 지킨다. 동물들이 냄새로 영역표시를 해두는 것 비슷하다고 할까? 카르타고를 정복한 후, 더 이상 적수다운 적은 없다는 자신감의 발로였을 수도 있다.

반면 중국 진나라는 통일전쟁이 끝나자마자 서둘러 만리장성부터 쌓아 국경을 봉쇄한다. 막강한 북방 유목민 부족들을 철저히 막아내고자 한 것인데, 한편으론 그 안에서 풍족히 먹고 살 수 있는 넓은 국토가 있기 때문이기도 했다. 그런데 우연인지 필연인지, 장성 안에는 소통 부재와 아울러 황당한 독재가 나타난다. 원래 무력을 앞세운 나라인 데다가, 그 방편으로 이른바 '법치'라는 이름으로 무자비한 철권통치를 하며 반대하는 학자들을 모두 끔찍하게 생매장하는 등 모든 게 일방통행뿐이었다. 진나라가 불과 수십 년 만에 멸망한 건 장성과 함께 하늘 높이 쌓인 국민들의 불만, 원한, 분노 때문이었다.

그 후로 두고두고 '법치'는 일종의 금기어처럼 되어, 수천 년이 지난 지금껏 '누구에게나 해당되는 법치'의 전통은 확립되지 못하고 있다. 진정한 사회규칙으로서의 법치가 없는 빈 공간에는 독재가 들어서기 마련이다. 독재는 온갖 형태와 색채로 사람들을 현혹시킬 수 있다. 그 후 중국에 통일국가가 설 때마다 장성의 보수와 확장은 일종의 필수조치처럼 되었는데, 그게 실제로 방어목적이었는지 아니면 국경봉쇄가 그들 안에 일종의 유전자처럼 자리 잡은 건지는 불분명하다. 우스갯소리인지 몰라도, 만리장성은 우주에서 보이는 유일한 인공물이라고 한다. 미국 트럼프 대통령이 멕시코 국경에 장벽을 설치하겠다는데, 불법이민 문제가 얼마나 심각하면 그런 생각까지 하는지는 모르겠지만, 정말로 그리된다면 그것도 아마 두고두고 만만치 않은 '업적'으로 남을 것 같다.

장벽은 원래 소통을 차단하기 위한 것이다. 그걸 통해 약간의 교류가 이루어졌더라도, 상호성의 원칙에 어긋나는 건 진정한 소통이라 부를 수 없다. 장벽은 외부와의 차단에 그치는 게 아니라 내부적으로도 큰 영향을 초래한다. 차단이 강해질수록 자연스레 안팎의 구별을 명확히 하려는 생각이 앞서서, 필연적으로 내부적 획일성을 초래한다. 그래야 외부와의 차이가 더 분명해 보이기 때문이다. 획일성은 생명과 진화와 함께할 수 없다(1장 4. 생명의 규칙성과 다양성). 로마 하드리아누스 황제Publius Aelius Hadrianus, 76-138는 더 이상 제국의 팽창이 불가능하다는 걸 깨닫고 지금의 잉글랜드와 스코트랜드 사이의 경계선 이른바 하드리안 장벽을 쌓는다.[33] 처음으로 로마 스스로 한계를 지은 것이다. 단단한 장벽이 쌓인 후 머잖아 제국은 쇠퇴기에 접어든다.

---

33 어느 제국이나 확장에는 한계가 있다. 계속 커지다 보면 스스로를 유지하기 위한 내부소모가 기하급수적으로 늘어난다. 생물체도 크기에 한계가 있다. 진화의 입장에서 보면 크다고 무조건 유리한 건 아니다.

08 사회소통과 법치

생명체들이 모여 사는 사회의 소통에도 세포소통역학 원칙들이 적용될까? 사회소통의 기본은 대화다. 대화dialogue는 서로 주고받는 상호적인 것이다. 대화가 풍족한 가정이나 사회일수록 소통도 원활하고 그 안에서 삶이 행복하다. 그런데 대화는 여러 소통방법 중에서 가장 어려운 것이라서, 누구나 그냥 잘 할 수 있는 게 아니다. 소크라테스가 보여준 것처럼 끊임없는 노력과 공부가 필요하고, 그러자면 많은 에너지를 투자해야 한다. 대화는 마주 서서 하는 독백monologue이 아니다. 순번대로 돌아가며 말한다고 독백이 대화가 되지는 않는다. 제대로 대화하려면, 조금 답답하더라도 먼저 듣고 말해야 한다. 그러면 서로 반응을 주고받으며 대화가 이어진다. 그런 뜻에서 대화는 살아 있는 존재다. 결론을 가지고 말하는 건 대화가 아니다. 그럴 거라면 안 하는 게 오히려 낫다. 대화를 한답시고 혼자 계속 떠드는 건 사실상 폭력이다. 그리고 매우 위험하다. 국가적 차원의 독백은 바로 독재다. 그런 면에서 불완전한 개인들이 중구난방 떠드는 민주주의보다 완벽한 철학자에 의한 일방적 국가경영을 이상으로 여기는 플라톤의 국가관을 비판하는 시각도 많은 게 사실이다. 포퍼는 플라톤의 왜곡된 국가관이 전체주의와 나치즘의 온상이 되었다고 주장하기도 했다.

요즘은 소통방식에도 많은 변화가 생겼다. 현대인의 생활패턴을 근본적으로 바꾸어 놓고 있는 스마트폰은 대화를 위한 전화보다 정보교환기능이 훨씬 더 큰 비중을 차지하게 되었다. 사람들은 그걸 가지고 '혼자 논다.' 소통방식도 서로 직접 주고받는 대화보다는 '사회망서비스SNS'를 선호한다. 대체로 짧은 메시지로 상당히 일방적인 성격이다. 그런 '쪼가리소통' 속에 언어는 무참히 일그러지기 십상이다. 짧은 언어의 즉시소통이 대세라면 무조건적인 거부감을 가질 필요는 없겠지만, 이 변형소통엔 여러 문제점이 있을 수 있다.

이른바 '소통의 자유'를 위한 무기명 방식이라면, 일단 떠들어 놓고 '아니면 말고' 하는 식의 엉터리 소통이 늘 수밖에 없다. 조작 가능성도 문제다. 댓글의 숫자로 인기도나 호감도를 측정한다면, 그것처럼 무책임한 게 어디 있을까? 이미 드러났듯이, 그런 건 얼마든지 손바닥 뒤집듯이 조작해낼 수 있다. 소통의 강제성도 문제다. 이를테면, 거대한 신호음과 함께 수시로 달려드는 카톡은 수신자가 그걸 빗겨갈 방법이 없고, 일단 시작되면 송신자 모르게 조용히 빠져나갈 길도 없다. 특히 단체톡이 시작되면 당해낼 재간이 없다. 유일하게 가능한 방법은 무음으로 해두는 건데, 그러면 필요한 정보도 주고받을 수 없으니 구태여 그걸 유지할 이유도 없어진다. 한마디로 편의성은 있지만 선택성이 없다. 그래서 품격도 없다.

선택성, 그건 세포소통의 원칙이다. 사회소통에도 선택적 제한이 필요할까? 아니면 소통과 교류라면 다 좋은 걸까? 진화가 적자생존의 선택이라는 걸 감안한다면, 사회적 선택 그 자체에 대해 지나치게 민감할 필요는 없을지 모른다. 다만 그건 열린 사회 안에서 상호성을 전제로 공정한 선택을 할 수 있을 때 이야기다. 사회소통 중에서도 인적교류는 어느 사회건 매우 중요한 사안이다. 여러 문제들이 얽혀 있을 수 있다. 전 세계가 갈등과 테러리즘에 시달리고 있는 요즈음, 테러리스트들을 어떻게 다루어야 할지, 잠재적인 테러리스트들이 섞여 있을지도 모르는 난민은 어떻게 받아들여야 할지는 매우 민감한 사안이다. 전통적으로 관용의 정신을 앞세워 왔던 서구국가들도 난민들과 연관된 무차별 테러를 감당해내기 버거운 상황이다.

이에 대해 포퍼의 생각이 관심을 끈다. 그는 저서 '열린 사회와 그 적들'에서 사회적 관용tolerance의 역설에 대해 언급한다(참고문헌 38). 무관용의 사람들에게 무제한 관용을 베풀면 필연적으로 관용이 사라지는 길로 들어서기 때문에, 필요한 경우에는 무력을 사용해서라도 무관용 선동자들을 가차 없이 제압해야 관용의 사회가 유지될 수 있다고 경고했다. 격동하는 정세 속에서 전체주의에 반대하며 자유민주주의를 적극 옹호해 온 그의 견해치고는 다소 의외로 보일 수도 있지만, 어려서 직접 공산주의에 가담하여 그들의 무력선동을 겪어본 입장이라면 잘 이해할 수 있을 것 같다. 역사란 역사주의historicism의 주장처럼 어떤 일반적 법칙을 따라 정해진 방향으로 필연적으로 '발전'해가는 게 아니고, 내일은 오늘을 살아가는 사람들의 책임과 역할에 달렸다. 역사주의적 사고는 권위주의와 전체주의의 산실이 된다는 게 난세를 겪은 포퍼의 분명한 지적이다. 민주주의는 일단 시작되면 그냥 그대로 자리 잡고 뿌리내려 성장하는 게 아니라, 구성원 개개인의 주인의식과 책임감 속에 끝없이 물주고 손보며 챙겨야 유지되는 엄청 까다로운 것이다. 생명과 다를 바 없다.

개인차원의 교류도 대단히 까다롭고 어려운 문제다. 교우관계에 대해 공자는 여러 명언들을 남겼다. 공자는 인간이 도달할 수 있는 이상향을 군자라 불렀다. 다른 말로 하면, 군자라야 깊은 교류를 할 수 있다는 뜻이기도 하다. 공자는 '군자화이부동 소인동이불화君子和而不同 小人同而不和'라고 했다. 군자는 어울리되 패거리지지 않고, 소인은 패거리 속에서 정작 화합하지는 않는다는 의미다. 즉, 교류는 누구하고나 하되, 패거리는 짓지 말라는 얘기다. 패거리는 내부소통마저 가로막는 장벽이다. 특히 우리 정치를 보면 가슴에 와 닿는 말이다. 원래 친구를 만들고 유지하기란 어려운 것이다. 논어의 첫머리에는 '유붕자원방래 불역락호有朋自願放來 不易樂乎'라는 구절이 있다. 얼마나 반가웠으면 이런 말을 할까? 살아가며 뜻을 함께 할 진정한 친구가 과연 몇이나 될까? 그런 절친이 불쑥 찾아오니 어찌 즐겁지 않으랴? 평생 매진해온 노학자의 깊은 감회가 가슴에 와 닿는다.

사회소통은 개인교류보다 더 에너지가 많이 드는 아주 힘든 일이다. 그러면 어떻게 원활한 소통이 가능한 열린 사회를 유지할까? 어떻게 하면 낭비와 혼란을 막고 구성원들이 원활하게 소통하는 바람직한 사회를 만들까? 사회와 나라가 커갈수록 소통비용은 기하급수적으로 늘어나기 십상이다. 이럴 때 인간이 찾아낸 가장 이상적인 해결책이 바로 법이다. 법에 의한 진정한 법치를 이루는 것이다. 법이라면 종종 좋지 못한 느낌과 거부감이 떠오르곤 하는 건 동양만의 문제는 아니다. 셰익스피어 희곡 헨리 6세에는 "가장 먼저 할 일은 변호사들부터 다 죽이는 거다."라는 대사까지 나온다. 물론 그건 연극이고 현실에 대한 카타르시스기도 하지만, 법에 대한 사람들의 감성이 잘 드러난 유명한 대사다. 그래도 변호사를 죽이라고 했지, 법을 죽이라고 한 건 아니다.

성문법은 결국 시민들의 편이었다. 그 첫걸음은 1215년 국왕 존의 폭정에 참다못한 귀족들이 궐기하여 강제로 서명하게 한 '마그나 카르타 Magna Carta Libertatum, 자유 대헌장'였다. 왕과 귀족들 사이의 계약이었지만, 그 안에는 의회 승인 없는 과세와 법적 근거 없는 체포를 금지하는 조항이 들어 있어서 모든 영국인들이 자랑스러워하는 법치의 효시가 된다. 물론 세상이 종잇장 하나로 즉시 바뀌진 않기에 그 이후로도 피비린내 나는 투쟁이 계속 이어진다.

내전 중 홉스Thomas Hobbes, 1588-1679는 저서 '리바이어던Leviathan'[34]에서 국가권력은 바로 사회계약으로서 만약 그게 없는 '자연상태'라면 '만인의

34 구약 욥기에 나오는 지상 최강의 괴물로서 국가를 비유한다.

만인에 대한 투쟁bellum omnium contra omnes'을 피할 수 없으며, 그러면 그 안에서 누구나 비참한 외톨이로 전락할 뿐이라고 설파했다. 법적 안전장치가 완비되면 사람들은 그 안에서 안락하고 자연스럽게 소통하며 사회전체가 놀랍도록 발전한다. 법치란 그걸 초월하는 어떤 인간들의 끝없는 욕심과 변덕이 내 삶을 송두리째 흔들고 짓밟지 못하도록 하는 고마운 장치다. 내일을 예상할 수 있으면 누구나 자기 계획을 세워 살아갈 수 있고, 그러면 사회 전체가 발전한다. 그걸 손바닥 뒤집듯 할 수 있는 소급입법은 허용하면 안 된다. 법은 앞으로만 가는 것이다.

소크라테스는 왜 아테네를 떠나라는 충고와 호소를 무시하고 그대로 독배를 들었을까? 어찌 되었건 시민들이 뽑은 대표자들이 법을 제정하고 운영하는 민주체제를 존중했기 때문이다. 그런데 우리 현실은 어떤가? 법적으로 분명히 시효가 지난 전직 대통령 부인의 경호를 그대로 계속하라고 현직 대통령이 공개적으로 지시한다면, 법을 두려워하지 않는 그런 이들이 과연 대중의 삶을 떠맡을 자격이 있는 걸까? 그러니까 힘 있는 자들은 빗겨가고 힘없는 사람들에만 군림하는 '법치'라는 말 자체를 혐오하게 되는 것 아닌가? 더구나 법을 수호하는 게 천직인 법조인 출신이라는 분의 입에서 당당하게 그런 말이 나온다면 더 할 말이 없다. 법조계 수장을 위시한 누구도 그 문제점을 지적하지 않은 모양이다. 우리 사회가 어느 수준에 머물고 있는지 여실히 보여준다. 경호연장이 필요하면 이제라도 그렇게 법을 만들면 된다. 그게 정치다. 그러나 그때까지 경호는 하면 안 된다. 그게 법치다.

법(규정)이 있어도 시행되지 않는 경우는 우리 사회에 만연해 있다. 어느 회사 대주주 가족들이 모두 경영에 참여한답시고 안하무인으로 직원과 거래선에 폭언과 심지어 폭행까지 서슴지 않는다면, 한마디로 경영에

나서선 안 될 사람들이다. 그러면 이사회에서 해임하면 그만이다. 다만 이사들이 모두 그들이 선임한 '자기사람들'이니 그게 안 되는 것이다. 시스템이 작동하지 않으면 문제는 계속 반복된다. 해결책은 의외로 간단하다. 이사들에게 법적 책임을 묻는 것이다. 그런 행태를 방치하거나 조장한 이사들 때문에 회사의 실소유주인 주주들이 손해를 보면, 당연히 손해배상을 해내야 한다. 한 번만 그런 선례가 생기면 이사회들이 싹 달라지고, 한국경제는 한걸음 앞으로 나아간다. 이게 법치의 힘이다. 개인들이 소송하기 어렵다면, 그 많은 시민단체들은 뭘 하고 있을까? 정치권 언저리에서 기웃거릴 게 아니라 바로 그런 일부터 해야 하지 않을까? 올바른 언론이 할 일은 그런 사태에 대한 자극적이고 선정적인 문구보다는 그냥 담담하게 그 이사들 명단을 큰 글자로 보여주는 것 아닐까?

09 불통유전자

소통은 결코 쉬운 일이 아니다. 반면 불통은 일단 시작되면 여러 증상들과 함께 빠르게 번져나가 고착된다. 획일적 이념, 편견, 선입견, 고정관념, 권위주의, 신분주의, 족벌주의, 인종차별, 과도한 민족주의, 과격한 종교신념 등 다양한 형태로 나타나 옹고집, 패거리로 번져나간다. 개인이건 사회건 한번 그 길에 들어서면 빠져 나오기 힘들다. 이런 현상은 사회 어디에나 생기며, 스스로 '과학적'이라고 굳게 믿는 과학도 예외가 아니다. 과학의 진화론적 발전에 관한 포퍼의 언급에도 불구하고, 실제로 누가 쫓아다니며 자기 생각이나 이론의 오류를 지적한다면 그걸 기꺼이 인정하고 받아들일만한 사람이 얼마나 될까? 오죽하면 '과학은 한 번에 장례식 하나만큼만 진전한다.'라고 할까? 과연 과학만 그럴까? 뚜렷한 증거를 제시할 수 있는 과학은 그나마 조금 나은 편 아닐까?

소통은 개인적으로나 사회적으로나 원래 힘든 것이다. 그런데 큰맘 먹고 잘 소통해보려 해도 뜻하지 않았던 장애들이 튀어나오며 큰 저항을 느끼곤 한다. 그걸 모두 상대방 탓으로 돌리면 편하지만, 어떨 때는 그 저항이 바로 나 자신 안에 숨어 있다는 걸 깨닫고 화들짝 놀라기도 한다. 그건 상대방에 대한 특별한 반감보다 그냥 소통 자체에 대한 거부감에서 비롯하는 건 아닐까? 그렇다면 소통을 향한 소망과 동시에 그걸 적극적으로 가로막으려는 어떤 강한 힘이 있는 걸까? 혹시 내 안에 '불통유전자'가 존재하는 걸까? 그건 단단한 철갑처럼 생명을 지키려는 또 하나의 본능일까?

생명의 진화과정에서 나타난 획기적 변화 중 하나는 척추동물의 등장이었다. 그건 생명의 기본디자인 자체가 바뀐 엄청난 변화였다. 척추는 어째서 그리 중요한 의미를 가질까? 천적의 공격에 취약한 무척추동물들은 단단한 외골격(외피)이 있으면 스스로를 보호하는 데 아주 유리하다. 그런데 그건 동시에 자신의 성장과 소통을 거스르는 틀이기도 하다는 심각한 모순이 생긴다. 계속 성장하려면 어느 단계에서 힘들게 탈피를 해야 하는데, 그건 고통스럽고 손해가 막심하고 매우 위험한 작업이다. 그러니 그들에게 외피는 생명의 굴레와 같은 것이다. 그런데 척추동물은 신체골격이 안에 있으니 체형을 유지하면서 한없이 성장할 수 있다. 덕분에 코끼리나 고래 같은 엄청난 덩치도 가능해졌다. 부드러운 외피는 적응성이 뛰어나고, 성장에 따른 급격한 탈피의 필요성도 없다. 무척추동물들이 보기엔 척추와 내골격은 엄청난 특권이다.

척추동물 인간은 진화의 혜택을 단단히 본 셈이다. 그러면 골격은 단단하고 전신은 유연하게 유지해야 할 텐데, 그게 그리 쉬운 일이 아니다.

늙으면서 골격은 약해지는 반면, 조금만 안 움직이면 온몸은 딱딱하게 굳어지기 마련이다. 몸을 유지하려면 시시포스처럼 끊임없이 바위를 밀어올려야 한다. 왜 그럴까? 혹시 외골격을 회복하고 싶은 욕망이 꿈틀거리며 튀어나오려는 걸까? 하긴 젊어서부터 단단한 외투를 입고 있는 사람들도 많은 것 같다. 그러면 인간에게 견고한 외피 유전자가 아직 남아있는 걸까? 우리의 사고까지 그렇게 만드는 불통유전자가 진화과정을 통해 살아남은 걸까? 혹시 인류역사를 통해 유전자에 각인된 '사회적 유전자'일까? 진화는 적응력이 높은 개체를 선호한다. 그렇다고 꽉 막히고 남의 탓만 하며 비겁하게 살아남으려는 사람들의 편일까? 글쎄, 그건 우리가 판단할 일은 아닐지 모르겠다. 다만 진화는 획일적 생명보다 다양한 생명을 원한다는 것만은 분명하다. 소통은 생명에 다양성을 북돋아준다.

10 변화와 일관성

일관성은 삶의 중요한 요소다. 일관성이 결여된 삶은 오래 꾸려가기 어렵다. 체온이 늘 일정한 온혈동물들에 비해 냉혈동물들은 외부 여건에 따라 체온이 크게 변하기 때문에 생명활동도 상당히 제한된다. 체온이 일정하게 유지되면, 언제나 무슨 일에나 즉각 적응할 길을 찾을 수 있다. 그래서 생명체에게 변화와 일관성의 균형은 큰 문제로 남는다. 생명은 어떻게 그 균형을 잡을까?

생명은 급격한 변화보다는 오랜 세월에 거쳐 서서히 변화해가는 진화를 선호한다. 변화와 일관성의 균형을 잡아주는 게 진화인 셈이다. 그러나 어떤 이유에서건 삶의 여건에 급격한 변화가 생기는 상황이 온다면 거기 맞게 적응해 나가려 노력한다. 만일 그게 지구 전체를 덮치는 규모의 참사라면 그 과정에서 수많은 생명들이 멸종할 텐데, 공룡들이 일시에 전멸한 것은 인류에겐 크나큰 축복이었다. 결과적으로 적응력의 승리였다고 할 수 있다. 그런 상황이 언제 다시 닥칠 건지 아무도 모른다. 그래서 생명은 항상 다양성을 원한다. 영어로 진화evolution에 'r' 하나 더 붙으면 '혁명revolution'이 되는 게 흥미롭다.

일관성이란 좋든 싫든 과거를 인정하는 데서 비롯한다. 과거를 모두 부정하면 그게 바로 혁명이다. 그건 일관성을 포기하고 변화를 추구하겠다는 것이다. 마치 무척추동물이 외골격을 홀랑 벗어 던지고 다시는 그런 걸 안 걸치겠다고 선언하는 거나 마찬가지다. 생명체로선 멸종까지 각오해야 하는 대단히 큰 위험을 감수하겠다는 건데, 그만큼 중요한 일이 어디 있을까? 그런데 혁명의 목적이 일관성을 회복하겠다는 거라면?

우리에겐 안타까운 역사가 많이 있다. 소현세자昭顯世子, 1612-1645의 비극도 그중 하나다. 그는 혁명으로 등극한 인조의 장남이었다. 인조는 전임 광해군이 명나라를 섬기지 않고 신흥 오랑캐 청나라와 내통했다는 걸 혁명의 자기합리적 근거로 내세웠다. 성리학적 기존질서를 파괴했다는 것이다. 그러나 그건 정치적 판단이었지 윤리적 문제는 아니었다. 광해는 왕좌에 오르기 전, 왜란의 한가운데서 전장을 달리며 냉혹한 현실을 버텨낸 인물이었다. 그러면서 뼈저린 현장체험을 통해 국민들의 생각과 바람이 뭔지 알고 있었다. 쇄국과 불통으로 힘을 잃어가는 명과 신흥 청의 각축전은 사실상 결과가 뻔히 보이는 정치외교상의 문제였는지 모른다.

그러나 인조와 집권층은 스스로를 합리화하려고, 전임자의 모든 치적을 부정하고 그전으로 되돌리는 데만 혈안이 된다. 자기들의 혁명이 일관성의 회복을 위한 거사라는 생각 자체가 자가당착이었다. 이미 만들어진 기존질서를 한걸음에 무너뜨리는 게 어떻게 일관성인가? 그건 자기들 이념 속에 숨어 모든 변화를 거부하는 것일 따름이었다. 그 결과는 참혹했다. 국민들은 정묘호란1627과 병자호란1636 두 차례의 혹독한 전란을 온몸으로 겪어내야 했고, 산성에 숨어 버티던 아둔한 왕은 결국 치욕스레 머리를 땅에 조아리며 항복해야 했다. 그리고 두 아들을 볼모로 빼앗겼고, 이 땅의 무수한 아녀자들도 속절없이 끌려갔다.

볼모로 잡혀간 소현은 이미 생사를 초월하여, 비굴하지 않고 당당하게 행동했다. 젊은 세자의 고결한 인품은 차차 적장들을 감동시켰고, 그는 자연스레 청과 조선 사이 소통의 실제적 창구가 된다. 고난 속에 이루어낸 나름대로 훌륭한 외교적 성과였다. 그리고 그는 스스로 눈을 뜨게 된다. 당시 청나라가 서양과 교류하면서 받아들인 많은 신문물을 보고, 선교사 아담 샬Adam Schall, 1591-1666과도 소통하며, 자신의 시야가 얼마나 좁았는지 차츰 깨달아 갔다. 적국이라고 무조건 모든 게 잘못되었다는 생각이 잘못된 건 아닐까? 내가 조선이라는 좁은 틀에 갇혀서 답답하게 살아온 건 아닐까? 고국에 정말 필요한 건 소통과 교류 아닐까?

9년간의 볼모생활 끝에 마침내 소현은 적잖은 서양문물과 함께 꿈에도 그리던 고국에 돌아온다. 그러나 꿈에 부풀어 돌아온 그를 기다리던 건 부친의 편집증적인 적대감이었다. 감히 아비에게 그 수모를 안겨준 철천지원수들 편에 서다니! 머잖아 소현이 석연치 않은 죽음을 맞으면서, 조선 최고의 지성인 왕이 등장할 기회는 영원히 사라지고 말았다. 복수와 저주에 눈이 먼 왕은 심지어 며느리와 손자들까지 모두 죽인다. 결국 왕권은 아우 봉림에게 돌아가고, 그는 현실성 전혀 없는 북벌계획을 세우며 세월을 보낸다. 그의 시호가 효종孝宗이다. 아버지에게 효孝를 다했다는 것이다.

꽉 막힌 사고는 왕과 지배층만의 문제가 아니었다. 세자가 돌아오며 함께 끌려갔던 아녀자들도 풀려나 돌아오는데, 조선은 자기가 지켜주지 못했던 그 가련한 여성들에게 고개 숙여 사죄하고 따뜻하게 맞아주기는커녕 오히려 깔보고 배척하며 '환향녀還鄕女'라는 모욕적인 이름을 붙인다. 바람기 있는 여자란 뜻의 '화냥년'이라는 말이 거기서 비롯하여 지금도 버젓이 쓰인다. 안타까운 역사는 계속 반복된다. 6.25 전쟁이 발발하자 서울을 사수한다고 공언하던 대통령과 지도층은 밤중에 몰래 도주하고, 수많은 사람들이 그 뒤를 따르는데도 한강다리를 폭파했다. 다리 위에서 얼마나 많은 사람들이 세상을 떠났을지 그 누가 알까? 그리곤 남의 덕분에 서울을 수복하자 돌아와 남아있던 시민들에게 백배사죄는커녕 천신만고 끝에 살아남은 사람들을 부역자라고 닦달하며 엄청난 수난을 안긴다. 수치를 모르는 닫힌 세계의 사람들이다.

어느 사회나 보수와 진보라는 입장의 차이는 있다. 당연한 것이다. 둘이 서로를 인정하고, 변화와 일관성 사이 균형을 이루어야 발전할 수 있다. 모든 과거를 적폐라 하며 송두리째 부정한다면 보수라는 이름이건 진보라는 이름이건 똑같은 편 가르기에 지나지 않는다. 아무리 열심히 자기합리화를 해봐도, 한마디로 변화 자체를 회피하려는 것이다. 그건 진보가 아니라 퇴보다. 새는 두 날개가 있어서 균형을 잡으며 날아갈 수 있다. 한쪽 날개가 반대편 날갯짓이 너무 지나치다고 비판할 수는 있다. 그러면서 자기편 지나친 짓은 종종 못 본 척 하지만, 그것까지 스스로 챙기리라곤 기대하지 않는다. 반대편 날개로 대충이라도 균형을 맞출 수 있을 테니까. 그러나 아예 반대편 날개를 부러뜨리겠다고 나선다면 얘기가 다르다. 그건 자살행위나 다름없기 때문이다. 생명의 입장에서 도저히 묵과할 수 없는 짓이다.

그런가 하면 자기편 날개 깃털을 왕창 뽑아버리겠다는 무슨 '감별사'라는 어이없는 분들도 계셨다. 물론 어이없기로 치자면 그런 사람들을 그토록 막강하게 밀어준 분을 따를 수 있을까? 급기야 자기 손으로 그 날개를 그냥 부러뜨린 게 아니라 아예 잘라내 버리고 말았다. 반대편 날개를 자르려다 실수로 그리된 건지, 두 쪽 다 잘라내 버리고 '안전하게' 땅 위에서 놀자고 했던 건지, 그 깊은 속을 누가 알까? 다만 날개도 도마뱀 꼬리 자라듯 새로 돋아나 다시 두 날개를 활짝 펼쳐 높은 하늘로 날아오르기만 기원할 따름이다. 그분들 더러 어디 들어가 계시다는데, 세상 어디서나 재미있는 철학 책 한 권만 있으면 그곳이 바로 낙원이 될 수 있다는 말씀만 전해드리고자 한다.

상공을 유유히 나는 것처럼 보이는 새들도 실은 미세한 기류변화까지 놓치지 않고 시시각각 균형을 맞추며 방향과 속도와 고도까지 모두 세밀하게 조절하고 있다. 비행하랴 먹이를 찾아보랴 사실 눈코 뜰 새 없이 바쁘다. 둥지에서 애타게 기다리는 새끼들 먹여 살리며 하루하루 살아간다는 게 어디 쉬운 일이랴. 그 모든 걸 조절하는 두뇌는 당연히 두 날개의 가운데 있어야 한다. 그런데 자기가 어느 한쪽 날개 출신이라고 집권 후에도 그쪽 편에만 계속 남아있겠다면, 그 새와 새끼들의 앞날은 뻔한 것 아닐까? 참모일 때 강력히 반대했던 사안이라도 책임자의 입장이 되고 나선 달리 봐야 하겠다고 생각한다면, 그제야 비로소 사회 전체를 책임질 자격을 얻은 것 아닐까?

6-1. 나의 범위

오십이면 '지천명知天命'이라는 말은 아마 그 나이쯤 되면 자신의 주제와 한계를 철저히 깨닫는다는 뜻인지도 모르겠습니다. 여러분은 삶의 범위를 깨달아 가고 있나요? 무한히 성장하는 삶이 가능할까요?

6-2. 도로점거시위

도심도로를 불법으로 점거한 시위대를 종종 마주칩니다. 그러면 도시소통은 철저히 마비되지요. 자기방식의 소통을 위해 사회전체의 소통을 가로막아도 상관하지 않겠다는 건데, 이런 막무가내 식 행위를 허용해야 할까요? 아니면 그 대안은?

6-3. 자유무역협정

자유무역협정은 교역을 늘리고 균형을 맞춰주는 장점이 있습니다. 자원이 거의 없고 무역의존도가 높은 우리로선 특히 중요한 사안입니다. 그런데 당사국들의 입장이 첨예하게 다르고 내부적으로도 산업별 희비가 엇갈리기 때문에 대내외적으로 대단히 어려운 협상을 거쳐야 합니다. 만일 어느 나라와 자유무역협정 체결 후 막상 무역결산을 해보니 적지 않은 손해를 보았다면, 어떻게 해야 할까요?

6-4. 전조등

교통사고는 대부분 서로간의 소통부족에서 비롯합니다. 요즘 들어 회전신호를 켜지 않고 그냥 차선을 바꾸는 차들이 점차 늘어나는 것 같습니다. 정말 우려되는 건 어둠 속에 전조등을 안 켜는 겁니다. 그런 사람들이 의외로 많습니다. 전조등은 시야를 밝히는 면도 있지만, 내 위치를 남들에게 알려서 안전운행하기 위한 방편이기도 합니다. 그래서 선진국에선 낮에도 전조등 켜도록 장려하기도 합니다. 밤에도 전조등을 켜지 않는 운전자들은 대체 왜 그럴까요? 여러분의 가설은? 그러면 어떻게 해야 할까요?

6-5. 친구 사귀기

여러분은 대화를 나눌 친구가 많이 있으세요? 누구나 친구로 사귈 수 있나요? 아니라면 어떻게 골라 사귀나요? 그때 어떤 원칙이 있나요, 아니면 그냥 감각적으로 맞는 친구를 고르나요?

6-6. 군자와 나

군자란 어떤 인물인가요? 고대부터 제시되었던 그 이상적 인물상이 현대를 살아가는 나와 무슨 상관이 있을까요?

6-7. 화성의 생명체

탐사선이 화성에서 유기물질을 발견했다고 합니다. 흥분되는 소식인데, 정말로 화성에 생명체가 있을까요? 다른 무수한 은하들은 어떨까요? 외계 생명체가 있다면 그들도 지구의 생명체와 같은 성분으로 이루어져 있을까요? 아니면 전혀 다른 원소들로 이루어진 생명체도 있을까요? 우리 생명과학의 범위는 어디까지일까요?

7

암과 세포윤리

세포의 자멸사는
스스로 심사숙고 끝에 내린 헌신적 결정이다.
말하자면,
생명의 궁극적 윤리행위이다.

01 생명, 증식, 사회

생명은 공간과 시간이 멋지게 어우러진 한바탕 향연이다. 그렇지만 우주에서 생명이 차지하는 공간은 지극히 미미하고, 생명체에 주어진 시간도 비참할 정도로 짧다. 마법의 잔치는 곧 막을 내려야만 할 운명일까? 그렇지는 않다. 대를 이어갈 수 있기 때문이다. 그게 생명의 힘이고, 실은 생명 그 자체다.

지금과는 아주 상황이 달랐던 원시지구에도 생명의 기반이 되는 유기물질은 있었다. 혜성들에서도 어렵지 않게 발견되는 걸 봐서, 유기물질은 원래부터 태양계 안에 널리 퍼져있었다는 걸 알 수 있다. 원시지구에는 다행히 물도 풍부하고 활발한 지각활동을 통한 에너지공급도 풍부했다. 여기저기 김이 무럭무럭 오르는 진득한 물웅덩이와 그 안에서 흔들리며 반응하는 유기물질들이 눈앞에 선히 보이는 듯하지만, 그게 어떻게 생명을 이루는 세포로 발전했는지는 모른다. 아무튼 '원시세포'는 여기저기서 다양한 모습으로 계속 만들어진다. 그런데 아직 그걸 생명이라고 부를 수 있을지는 의문이다. 대를 이어갈 수 없는 생명이란 어쩌다가 우연히 밤하늘에 터진 불꽃 하나에 지나지 않기 때문이다. 그 찰나의 순간은 지나가고 사방은 다시 어둠에 잠긴다. 암흑을 환히 밝히며 꼬리를 물고 타오르는 불꽃들의 향연, 번식할 수 있는 생명이 나타나기까지 얼마나 많은 불꽃들이 달랠 수 없는 아쉬움 속에 스러져 갔을까?

일단 증식(분열)할 수 있는 능력을 가진 세포만 나타나면 다음은 비교적 간단하다. 당장은 아무리 미흡한 점이 있더라도, 계속 증식해가면서 나머지는 진화와 환경의 손길에 맡기면 되기 때문이다. 물론 유구한 세월이 걸리고, 생명을 위협하는 도전은 끊임없겠지만, 일단 시작만 하면 미래를 바라볼 수 있다. '시작이 반'이라는 말이 있지만, 증식할 수 있는 생명에겐 '시작이 전부'인 셈이다. 그 오랜 기다림 끝에 마침내 부여받은 소중한 능력, 대를 잇기 위한 생명의 정성은 참으로 갸륵할 지경이다. 너무 소중하기 때문이다. 증식을 위한 정성은 모든 세포들의 본능으로 각인되어 있다. 그러나 그걸 쉽사리 꺼내지 못하고 가슴속에 깊이 간직해둬야만 할지도 모른다. 왜 그래야 할까?

생명은 좋든 싫든 사회적 존재다. 이웃과 서로 교류하고 영향을 주고받으며 삶을 이어간다. 생존과 번영을 위한 치열한 경쟁 속에서도 궁극적으로 나 혼자만 살겠다고 할 수는 없는 게 생명이다. 그래선 오히려 생명의 불꽃을 이어가기 어렵다는 사실이 삶의 유전자 속에 깊숙이 박혀있다. 전체를 위해 삼가야 할 것도 있고, 견뎌내야 할 것도 있고, 때로는 희생해야 할 때도 있다. 마냥 이기적일 수 없고 그렇다고 마냥 이타적일 수도 없는 게 삶의 본질이다. 그걸 피할 수 없는 숙명으로 받아들이고 열심히 살아가다가도, 간혹 더 이상 못 견디고 폭발하기도 한다. 거대한 내부 에너지들의 정면충돌이다.

02 단세포생물의 사회

박테리아는 세포 하나로 이루어진 생명체다. 그렇다면 남 생각할 것 없이 혼자 살 궁리만 하면 되지 않을까? 단세포생물들도 사회성이 있을까? 박테리아는 서로 상당한 영향을 미치며 함께 모여 사는 사회적 존재들이다. 잘 증식하려면 주변에 같은 종의 박테리아가 어느 정도 이상 모여 있어야 한다. 그걸 '정족수quorum'라 부른다. 매우 흥미로운 현상이다. 그러면 정족수가 이루어졌는지 어떻게 파악할까? 박테리아는 같은 종끼리 인식할 수 있도록 작은 자동유발물질autoinducer, pheromone을 발산한다. 그 물질의 농도는 근처 동종세균의 개체 수에 비례하므로, 그걸로 자연히 정족수 달성 여부를 '알게' 된다.

일단 정족수를 인식하면 개체에 특정 유전자들이 발현되며 반응이 일어난다. 세균들이 각자 알아서 증식하지 않고 이런 소통을 하는 건 오랜 진화과정을 통해 종의 증식에 가장 유리한 길을 터득했기 때문인 것 같다. 아무튼 미생물도 소통을 위한 '언어'를 갖고 있다는 건 분명하다. 단세포생물들도 협력하여 살아가고 있는 것이다. 언젠가는 인간이 세균들과 그들의 언어로 자유로이 소통할 때가 오려나?

그런데 최근 들어 세균들의 소통에 관한 더욱 놀라운 사실이 보고되고 있다. 그들의 소통이 정족수 인식에서 그치지 않고, 같은 종의 세균들을 위한 자기희생적 행동으로 이어질 수 있다는 것이다(참고문헌 39). 항생제에 노출된 대장균 *E. coli* 중 일부는 유전자 돌연변이를 통해 그에 대한 내성이 생겨 버텨낸다. 내성균들이 인돌indole을 만들어 배출하면, 그 덕분에 주변 동료들도 항생제 배출펌프가 켜지고 산화스트레스에 견디는 기전이 활성화된다. 다른 균들에 항생제 내성을 유도하는 새로운 방법[35]이 알려진 것이다. 인돌은 흔치 않은 아미노산 트립토판을 분해하여 만든다. 말하자면 자신은 이미 내성을 가졌지만 다른 개체들도 보호하기 위해 자신의 성장에 꼭 필요한 영양분을 아낌없이 내놓는 것이다.

어떻게 그런 일이 벌어질까? 내성이 생기면 자동적으로 그러도록 애초에 프로그래밍되어 있는 걸까? 내성균들의 유전체를 분석해보면 내성유발 유전자들에 돌연변이가 있지만, 정작 인돌을 만드는 트립토판 분해효소에는 변이가 없다. 그러니까 미리 프로그래밍되어 있는 게 아니라 '스스로' 그렇게 하는 셈이다. 자기 생존에 상당한 부담을 감수하면서도, 종의 생존과 번식을 위해 스스로 기꺼이 헌신할 수 있다는 뜻이다. 그게 자유의지일까? 생명은 훌륭하고 경이롭다.

03 다세포생물 세포들의 사회계층

여러 세포들이 한 개체를 이루는 다세포생물은 어떨까? 훨씬 더 고도의 소통과 통제시스템이 갖춰져 있지 않을까? 우리 몸의 모든 세포들은 어머니의 난자와 아버지의 정자가 수태되어 이루어진 수정란에서 비롯하여 신비로운 발생과정을 거치며 만들어진다. 따라서 세포의 유전체는 모두 동일하다. 수정란은 모든 세포들과 태반까지 만들 수 있는 능력을 갖춘 전

35 박테리아 사이에 접합(conjugation), 형질도입(transduction), 변환(transformation) 등 유전물질을 주고받는 소통방법이 알려져 있었다.

분화능세포totipotent cells다. 배아세포embryonal cells는 그보다는 조금 분화능력이 떨어지는 만능분화세포pluripotent cells로서, 체세포들을 다 만들 수 있지만 태반은 만들 수 없다. 배아의 발생과정이 진행되며 만능분화세포로부터 온갖 체세포들의 분화가 시작되어 여러 기관들이 형성되고 개체로 성숙해 간다.

성인 세포들은 역할과 기능에 따라 생식세포, 줄기세포, 체세포의 3가지로 크게 분류할 수 있다. 생식세포gametes는 유전자를 후손에 전달하는 사명을 띠고, 그걸 위해 무제한 세포분열의 특권을 부여받는다. 남성은 개체가 생명을 다할 때까지 생식세포를 만들어 낼 수 있다. 생식세포들은 감수분열과 체세포분열을 오가며 자유롭게 자기복제(증식)를 하지만 어떤 특정기능을 위한 분화는 하지 않는다.

그 반대되는 역할은 체세포somatic cells들이 맡고 있다. 신경세포, 상피세포, 근육세포, 혈관세포, 혈액세포 같은 체세포들은 각자의 기능을 향한 분화에 집중하는 반면, 증식을 위한 분열은 엄격히 제한된다. 증식과 분화는 모두 생명에 필수적이지만, 여러 면에서 서로 상충되는 능력인 셈이다. 체세포란 한마디로 적재적소에서 묵묵히 일하는 세포들이며, 우리 몸 대부분은 이런 체세포들로 이루어진다.

줄기세포stem cells는 생식세포와 체세포의 중간 정도에 해당하며, 자기복제 증식능력과 분화능력을 모두 어느 정도 갖고 있다. 태아세포 비슷한 능력을 유지하며 성인 체세포들의 유지와 확충을 위한 중요한 역할을 맡는다. 줄기세포는 크게 만능줄기세포pluripotential stem cells와 다분화능줄기세포multipotent stem cells로 나눌 수 있다. 만능줄기세포에는 배아줄기세포embryonal stem cell가 해당되는데, 요즘엔 체세포들에 성장조절유전자들을 잘 맞추어 넣어주면 유도만능줄기세포induced pluripotent stem cells를 만들 수 있다는 게 밝혀져서, 그걸 활용한 치료용 줄기세포 연구가 활발하다. 세포의 신비를 이해하는 데 한 걸음 더 다가가는 듯하다.

다분화능줄기세포는 분화능력이 상대적으로 제한되어 있어서, 보통 1개 배아엽germ layer에 해당하는 세포들로만 분화할 수 있다. 다분화능줄기세포에도 여러 계층의 줄기세포들이 존재한다. 골수의 간엽줄기세포mesenchymal stem cells는 성인에서 가장 분화능이 좋은 줄기세포인데, 골수에서 계속 배출되어 전신조직을 보충하는 역할을 한다. 줄기세포는 어찌 보면 배아 시절 왕성했던 생명력의 잔흔으로서, 그 후로도 계속 성체를 보완하며 이어가게 하고 있다.

생식세포, 줄기세포, 체세포는 세포들의 '생명력'에 분명한 차이가 있고, 세포들에 분명한 사회계층이 있다는 걸 의미한다. 그런데 그 계층은 선천적이거나 유전적인 게 아니다. 개체의 모든 세포는 동일한 유전체를 가지기 때문이다. 그 상황은 여왕벌, 수벌, 일벌로 나누어지는 벌들의 사회를 연상시킨다. 거기에서 여왕벌은 어느 애벌레를 선택하여 로열젤리를 먹이면 만들어진다고 한다. 엄청난 신분의 차이가 유전적인 게 아니고 단지 먹이에 따른 것이라니, 생명은 언제 봐도 흥미롭고 신비하다.

세포는 계층 없는 완전 평등사회를 꿈꾸지 않는다. 다만 어디에 있건, 서로 존중하고 협조하며 그 안에서 나름대로 생명의 의미를 추구한다. 그 존재의미는 세포 하나의 생명뿐 아니라 모두 모여 만든 개체의 생명에서 찾을 수 있다. 모든 세포들 하나하나 개체의 지분을 가진 당당한 주인이다. 실상 세포와 개체, 그 둘은 하나로 엮여 있다. 아니, 그냥 하나다. 그걸 깨닫고 조화롭게 사는 게 '함께 사는' 길이다. 주변상황에 맞춰 적응하며 스스로 자제하고 살아가는 그 길을 터득할 때까지, 아마 수많은 다세포 생물들이 헤아릴 수 없는 시행착오를 거치며 끝내 멸종해갔을 것이다.

04 암유전자와 증식본능

지난 20세기 말은 분자생물학이 화려하게 꽃핀 전성기였다. 유전물질의 정체가 핵산이란 게 밝혀진 후(4장 10. 아리스토텔레스 변론), 유전자들을 발굴하고 기능을 밝히는 관련 기술들이 속속 개발되었다. 그리곤 인간의 질병들을 대상으로 대대적 연구가 전개되는데, 최우선 목표가 암이었다. 암이란 통제를 벗어나 영원히 증식하는 비정상 세포 덩어리다. 말하자면 일그러진 얼굴의 나 자신이라고 볼 수 있다. 어떻게 그런 변환이 생길까? 우리는 모두 '지킬박사와 하이드' 같은 존재일까?

암유전자oncogene들의 발견은 그 물꼬를 터준다[36]. 필자가 전공의를 하던 1980년대 초, 실제 환자들 암을 진료하다가 짬짬이 송규영 박사가 일하던 길 건너편 실험실에 들러 최근 암분자생물학 성과를 전해 들으며 손에 땀을 쥐던 추억이 생생하다. 매일 보는 질병의 근원을 조금씩 깨달아가는 것 같았다(참고문헌 5). 송 박사 소속 연구실과 공동연구를 하던 스미디스 교수Oliver Smithies, 1925-2017는 세포 안에서 유전자를 정확히 조작하는 상동재조합법homologous recombination으로 2007년 노벨상을 수상했는데, 실제 그 실험 대부분이 송 박사가 해낸 것이었다. 그전엔 스미디스 교수가 제안했던 방안이 이론적으론 가능할지 몰라도 실제로는 불가능한 것이라고 많은 논란이 있었다[37]. 그런데 지금은 당연한 걸로 확립되어있다. 실상 수많은 유전자조작 동물들이 다 그 과정을 거쳐 탄생하였다.

---

36 하긴 유전자가 얽히지 않은 병이 어디 있으랴?

37 "나는 어떤 주제건, 아무리 격렬한 비판 속에서라도, 사흘간 열 받지 않고 토론할 수 있다"던 그분의 명언이 기억난다. 자신과 대상을, 또 자기 이성과 감성을 철저히 분리해 다루며 차분히 토론할 수 있다는 거다. 사실 그분은 따뜻한 감성의 소유자였다. 그런데 나라면 어떨까? 글쎄, 잘해야 3분 정도 버틸까? 그게 다 타고난 그릇의 차이일까, 아니면 토론 위주 교육 덕분일까?

하루하루 이어지는 새로운 소식과 흥분 속에 생명의 본질에 대한 이해가 상당히 깊어지고 있었다. 암분자생물학 연구는 여러 방면에서 동시에 진행되었다. 암유전자들의 전모는 그 성과들이 하나로 수렴되며 드러나는데, 그런 큰 차원의 융합적 이해를 통한 지식의 도약은 전체 과학사를 통틀어 찾아보기 어렵다. 먼저 핵산을 포함하는 염색체chromosome에 대한 관심이 높아진다. 염색체란 분열하는 세포의 핵 안에 진하게 염색되는 구조라서 붙여진 이름이다. 특수염색을 해보면 염색체마다 특이한 띠가 보이는데, 그걸로 각 염색체들을 분리해볼 수 있다. 그 결과 세포유전학cytogenetics이 등장하는데, 여러 암세포들을 분석해보면 흥미롭게도 공통되는 특이한 염색체 변화들이 발견되곤 했다. 그러면 혹시 그 부위에 암 연관 유전자들이 있는 것 아닌가? 많은 연구결과 꽤 상세한 염색체지도가 만들어진다. 그러나 그건 해당 유전자를 찾아낼 만한 수준의 고해상도 유전체지도는 아니었다.

20세기 초 록펠러대학 병리학자 라우스Peyton Rous, 1879-1970는 인근 닭 농장에서 마치 유행병처럼 집단적으로 발생하는 이상한 육종sarcoma[38]을 연구하고 있었다. 암이 마치 전염병처럼 발생한다는 게 희한했다. 혹시, 정말로 '전염'되는 건 아닐까? 끈질긴 연구 끝에, 그는 마침내 암에서 모든 세포와 세균까지 다 걸러낸 용액을 다른 닭에 주사하여 그 자리에 똑같은 암이 유발되는 걸 발견한다. 그런 걸 일으킬만한 건 사실상 바이러스뿐이었다. 그런데 그 연구결과는 당시로선 너무 획기적이고 전통적 세포병리학의 견해와 잘 맞지 않았다. 그래서 별로 관심을 받지 못하고 묻혀 있다가,

38 암 진단은 최종적으로 병리학에 의존하는데, 크게 나누어 상피세포암을 암종(carcinoma)이라하고 기질세포암을 육종(sarcoma)이라고 분류한다.

수십 년 후에야 비로소 재조명받기 시작한다. 라우스가 암시했던 대로 레트로바이러스retrovirus라고 불리는 작은 RNA 바이러스 안에서 암유전자 *v-src*[39]이 발견된 것이다. 처음으로 모습을 드러낸 암유전자였다.

한편, 발암바이러스 연구와 전혀 다른 맥락의 분자생물학적 연구도 진행되고 있었다. 세포배양에서 정상 세포는 다른 세포와 닿으면 더 이상 자라지 않지만, 암세포는 그래도 상관없이 계속 자라나 덩어리를 만든다. 그런데 사람 암 조직에서 추출한 핵산으로 특정 마우스 세포를 처리하면 수북이 쌓여 군체로 자라나는 세포들이 생겨난다. 그 세포들이 암처럼 자란다는 건데, 그러면 그 세포들에 들어있는 사람 유전자가 곧 암유전자 후보로 떠오르게 된다. 그런 식으로 실험을 거듭하여 사람 방광암에서 암유전자 *ras*가 발견되고 잇달아 많은 암유전자들이 밝혀진다.

많은 암유전자들이 발견되며, 차차 그 놀라운 전모가 밝혀진다. 발암 레트로바이러스에 들어있는 암유전자들은 바이러스 자체의 성분이 아니라, 바이러스가 사람세포에 감염되었다가 다시 세포 밖으로 나오는 과정에서 함께 '뜯겨' 나온 사람 유전자 복제품이라는 사실이 알려진다. 그러니까 세포 안에 정상적으로 존재하는 원암유전자proto-oncogene들이 뜯겨져 나오며 여러 형태로 변형되어 암을 일으키는 유전자가 되는 것이다. 유전자 변형은 바이러스뿐 아니라 유전자 돌연변이로 생기는 경우도 있고, 염색체 사이의 자리이동translocation을 거치며 발생하기도 한다.

---

39 유전자 이름은 종종 알파벳 셋을 써서 붙이곤 하는데, v-src은 바이러스(virus)에 들어있는 육종(sarcoma)유전자란 뜻이다. 그것과 세포에서 찾은 유전자, c-src, 사이 미묘한 차이로 암유전자 활성화 과정의 실체가 드러난다. 레트로바이러스(retrovirus)란 바이러스의 RNA 유전물질이 DNA로 역전사되어 증식하는 데서 붙여진 이름인데, 역전사의 발견은 이른바 '중심원리(5장 2. 유전체와 환원과학)'가 무대 뒤로 퇴장하는 계기가 된다.

그러면 대체 원암유전자들의 정체는 뭔가? 왜 세포는 조금만 변형되어도 암을 만드는 무시무시한 유전자들을 가지고 있을까? 원암유전자들은 증식신호, 수용체, 신호전달체계 혹은 전사인자들로서, 말하자면 세포증식과 직접 연관이 있는 유전자들이었다. 그중엔 단백의 아미노산 타이로신tyrosine만 골라 인산화시키는 효소기능을 가진 것들도 다수 포함되어 있다. 다른 효소들이 보통 씨린serine이나 트레오닌threonine을 인산화시키는 것에 비하면 특이한 생명현상이다. 원암유전자들이 변형되면, 이를테면 수용체가 항상 신호를 받은 것처럼 신호전달체계를 활성화시키는 식으로, 암유전자로 돌변한다. 요약하면, 원암유전자들은 증식을 향한 세포본능을 대변하는 유전자들이다. 다만 그들은 스스로 자제할 수 있는 조절부위를 가지고 있는데, 그게 망가져서 증식본능이 일탈되어 튀어나온 게 바로 암유전자들이다.

05 암억제유전자와 증식본능 자제

바이러스가 암을 일으킨다는 건 그 이전부터 이미 알려져 있었다. 예를 들어, 인간유두종바이러스human papilloma virus는 자궁경부암 등 여러 암들을 유발한다. 그런 발암바이러스들은 대부분 레트로바이러스보다 훨씬 더 큰 DNA 바이러스들이고, 거기엔 사람 유전자가 들어 있지 않다. 그런데 어떻게 암을 유발할까?

인간유두종바이러스는 숙주에 들어가자마자 어떤 단백들부터 신속하게 만드는데, 그걸 초기단백들이라 부른다. 그중 암유발단백으로 알려진 E6와 E7은 세포증식을 억제하는 Rb[40]나 p53[41]같은 암억제단백tumor suppressor proteins들과 결합하여 그 기능을 마비시킨다. 그러니까 DNA 발암 바이러스는 원암유전자를 활성화시키는 게 아니라, 암을 억제하는 암억제 유전자들의 기능을 무력화시켜서 세포증식을 조장한다. 바이러스는 왜 숙주세포들을 증식시키려고 그런 짓을 할까? 그건 바이러스의 생존전략이기도 하다. 바이러스는 필요한 대사를 독자적으로 해결하지 못하기 때문에 우선 숙주를 '들뜨게' 만들 필요가 있다. 그래야 그 세포 안에서 바이러스 자신도 쉽사리 증식할 수 있다. 남사당패가 어느 마을에 들어설 때면 한바탕 신명 나게 놀며 들어가 잔치 분위기를 잡는 것과 마찬가지다. 자제력을 앞세우는 근엄한 분위기는 남사당패에겐 낭패다.

암억제유전자들의 기능이 마비되면 마치 브레이크가 풀린 자동차처럼 무분별한 세포증식을 막지 못해 질주하게 된다. 생체는 그런 위험에 대비해서 여러 암억제유전자들을 마련해 두었다. 그중 하나만 잘 들어도 폭주를 막을 수 있다. 게다가 동일한 유전자를 부모에게 각각 하나씩 물려받았으므로, 모든 브레이크는 한 쌍씩 있다. 그러니까 그 유전자들 둘 다 무력화시켜야 비로소 그 브레이크가 풀린 상태가 된다. 달리 말하자면, 유전적으로 중요 암억제유전자 한 쌍 중 하나라도 이상이 있는 사람이라면, 시간이 지나며 암에 걸릴 확률은 그만큼 높아진다.

암억제유전자들은 어떻게 세포증식을 조절할까? 체세포분열은 일단

---

40 망막암(retinoblastoma)에서 발견되어 붙여진 이름. 거기서 대립 암억제유전자 한 쌍이 모두 손상되어야 암이 발생한다는 '이중타겟이론'이 처음 제시된다.

41 p는 단백(protein)을 의미하고, 단백 분자량이 53kD라서 붙여진 이름이다. 처음 발견 당시엔 암을 유발하는 암유전자로 알려졌는데, 사실은 그게 망가진 상태의 암억제유전자였다는 게 나중에 알려지며 단백의 폭넓은 기능들이 밝혀진다.

시작하면 정해진 계획에 따라 G_1(제1휴지기), S(합성기), G_2(제2휴지기), M(분열기) 시기를 거치며 진행된다(그림 10). 합성기는 세포분열에 필요한 DNA를 합성하고, 제1휴지기는 그걸 준비하는 단계다. 합성이 끝나면 DNA 양은 두 배가 되고, 제2휴지기를 거쳐 분열기에 이르러 드디어 두 개의 세포로 분열한다. 한동안, 혹은 영원히, 분열할 생각이 없는 세포는 제1휴지기에서 G_0(정지기) 상태로 들어가 분열주기에서 벗어날 수 있다.

휴지기에서 다음 단계로 넘어가는 길목은 흔히 검문소라고 불리는 중요한 통제구간이다. Rb는 G_1/S 검문소에서 중요한 역할을 하는데, DNA 복제효소와 결합하여 DNA 합성을 억제하고 세포분열주기 진전을 막는다. p53은 G_1/S, G_2/M 검문소에서 모두 작용한다. p53와 Rb는 인산화를 거쳐 활성화되는데, 특히 세포의 유전체에 심한 손상이 있으면 적극적으로 활성화되어 세포증식을 억제한다. 유전체가 많이 손상된 세포는 증식을 막아서 생명의 일관성을 유지하려는 자연의 손길이다. 말하자면, 암억제유전자들은 세포의 무조건적 증식본능을 달래서 하나의 개체 안에서 함께 조화롭게 살아가려는 세포자제력이라고 할 수 있다.

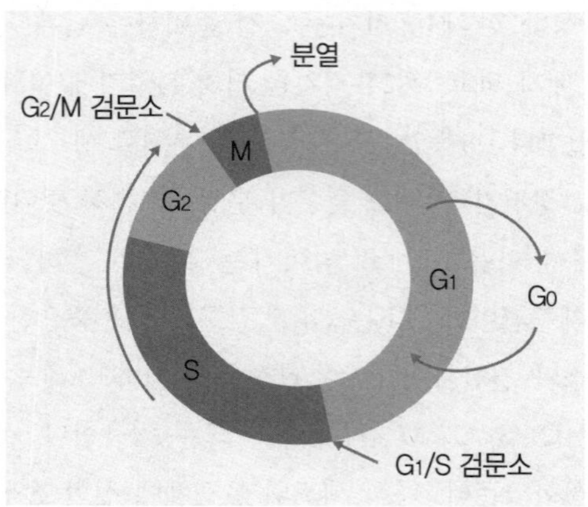

그림 10 **세포분열주기와 검문소들**

G는 gap, S는 synthesis(합성), M은 mitosis(세포분열)를 각각 줄인 말들.

그러면 보다 근원적인 질문이 떠오른다. 세포증식을 위한 강한 본능이 작동하는 것이라면, 실제로 누가, 어떻게 세포가 분열하겠다는 결정을 내릴까? 그 결정은 많은 단백들의 협력을 거쳐 결정되는데, 그 중심엔 사이클린cyclin[42]들이 있다. 각각 필요한 주기에 필요한 양이 있어야 분열

42 세포주기에 따라 주기적으로 발현량이 크게 변하는 데서 붙여진 이름이다.

주기가 진행된다. 사이클린들은 각각 짝을 이루는 활성화효소 CDKcyclin-dependent kinases들과 결합하여 세포분열을 조절한다. 사이클린 유전자는 필요한 때가 되면 주기적으로 많이 전사되고 그게 지나면 만들어진 단백이 분해된다. 단백의 세포질과 핵 사이 이동으로도 조절한다.

그런데 Cyclin-CDK 결합체는 핵 안의 다른 많은 단백들과 음성되먹임negative feedback으로 발현량을 조절한다(참고문헌 40). 그 결과, Cyclin-CDK 결합체는 활성화 아니면 비활성화 상태 둘 중 하나고, 그 중간 어정쩡한 상태는 없다. 그러면 세포분열은 일단 다음 단계에 들어서면 그대로 진행되고, 분열조절은 검문소에서만 일어나게 된다. 요약하면, 분열주기의 스위치는 사이클린들인데, 그 조절은, 즉 분열의 의사결정은, 여러 단백들 간의 복잡한 상호조절망을 거쳐 이루어진다. 말하자면, 외부신호와 내부사정 등 여러 여건들을 감안한 많은 당사자들의 폭넓은 합의로 이루어지는 것이다. 합의 과정은 대단히 복잡하지만, 세포 스스로의 결정이라는 점은 분명하다.

06 말단소체와 세포자제력

인체세포를 배양해 보면 처음에 숫자가 적을 때는 천천히 자라다가 어느 정도 숫자가 늘면 기하급수적으로 빨리 자란다. 박테리아의 정족수와 비슷한 개념의 현상이다. 그런데 더 지나면 세포가 노화하기 시작하고 곧이어 증식을 멈춘다. 노화란 대사기능은 있지만, 증식기능은 멈춘 상태를 말한다. 이런 현상은 배양공간과 환경의 제한이 없더라도 세포 안에 숨어있는 자연법칙이다. 처음 관찰한 과학자의 이름을 따서 '해이플릭 한계

Hayflick limit'라고 부르는 현상인데, 섬유아세포의 경우 이상적인 배양환경에서도 40-60번 이상 분열할 수 없다. p53 같은 암억제유전자를 손상시키면 억지로 계속 분열시킬 순 있지만, 그래도 마냥 갈 수는 없고 그러다가 조만간 모든 세포가 한꺼번에 죽는 대란crisis이 벌어진다(그림 11). 만일 극히 일부 살아남는 게 있다면, 그 세포들은 어떻게든 영원히 증식할 능력을 획득한 셈이다. 바로 암세포다.

그러면 체세포분열은 어떻게 제한할까? 모든 세포들의 염색체 끝 부분에는 말단소체telomere가 존재하는데, 세포가 한번 분열할 때마다 DNA 복제효소가 결합했던 길이만큼 짧아진다. 그러다가 어느 정도 이하로 짧아지면 증식이 아예 멈추게 된다. 말하자면 말단소체는 모든 세포에 심어놓은 타이머인 셈이다. 흥미로운 점은 그게 세포의 계층에 따라 확연히 다르다는 것이다(그림 11). 생식세포들은 아무리 분열해도 말단소체가 그대로 유지된다. 말단소체를 복구시키는 복원효소telomerase가 활성화되어서 증식 횟수에 무관하게 다시 회복시킬 수 있기 때문이다. 줄기세포도 말단소체 복원능력이 꽤 있어서, 그렇지 못한 체세포에 비하면 그만큼 특권을 인정받은 상태다. 암세포들도 복원기능을 갖추어 계속 증식할 수 있는데, 그러다가 일부 염색체들의 말단소체가 턱없이 짧아지면 다른 염색체 끝 부분과 결합하여 아주 이상한 모습이 나타나곤 한다. 이때쯤 되면 진화적으로 점점 더 독한 세포들이 살아남아 기승을 부리게 되어, 암은 말기로 갈수록 빨리 자라고 치료하기 힘들게 된다.

이제 암유전자, 암억제유전자, 말단소체 연구를 종합해보면 세포의 증식과 노화에 얽힌 이야기의 전말을 보다 상세히 이해할 수 있다. 세포 증식본능은 여러 형태로 존재하는데, 암억제유전자들과 말단소체는 증식을 스스로 자제하는 또 하나의 본능, 즉 세포자제력을 대변한다. 그 심오

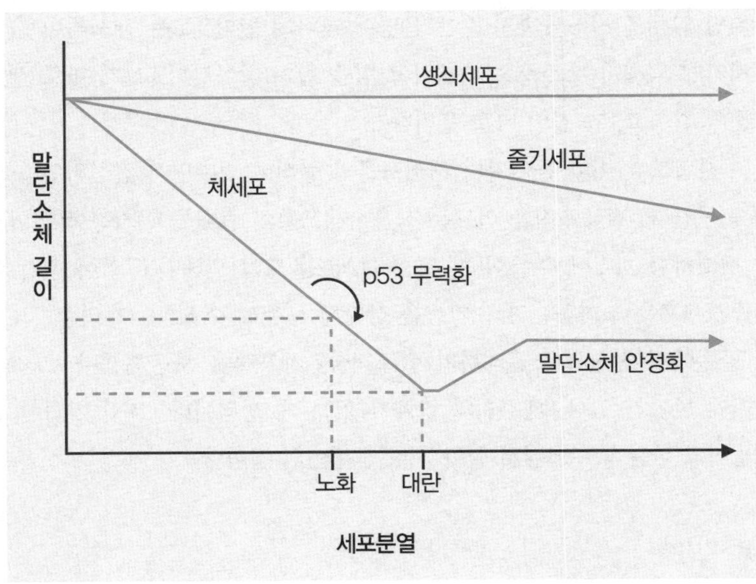

그림 11 **세포분열과 말단소체**

세포 계층에 따른 세포분열과 말단소체 길이의 상관관계.

한 본능들을 깊이 간직한 채 모든 세포들은 기꺼이 자기의 위치를 받아들이고 전체 시스템, 즉 개체를 위해 헌신하고 있다. 그게 다세포생물의 삶이다. 만일, 어느 세포 하나가 그걸 망각하고 자기 혼자만 영원히 살겠다고 설쳐대면, 그게 바로 암이다. 그래서 암에 걸려 개체의 생명이 단축되면, 즉 배가 침몰하면 타고 있던 모든 세포들이 죽게 되는데, 그렇게 만든

장본인 암세포 자신들까지 같은 운명에 처하게 된다. 모든 세포들이 그걸 뼈저리게 되새기며 스스로 자제하고 힘을 합쳐 살아간다. 그게 바로 생명 보존의 길이고, 그 길이 바로 윤리다.

사람도 나이가 들어가며 체세포들의 증식이 멈추면서 전신적인 노화에 들어간다. 결체조직을 만드는 섬유아세포들이 줄어들고 기능이 떨어지며 팽팽하던 피부에 주름이 가고, 상피세포들도 쇠퇴해지고 얇아진다. 조직줄기세포는 노화하는 세포기능을 상당히 보충해 수 있다. 간엽줄기세포는 골수에서 전신으로 흘러나가서 조직줄기세포들을 보충해준다. 그러나 거기엔 한계가 있다. 테두리와 한계가 있는 게 생명이다. 그걸 기꺼이 받아들이고 나름대로 열심히 살아가는 게 생명의 길이다.

07 세포자멸사, 궁극적 세포윤리

세포들은 놀라운 자제력에 그치지 않고, 때로는 개체를 위해 극단적 선택도 마다치 않는다. 바로 세포자멸사apoptosis 현상이다. 유전체 손상이나 비가역적 세포 손상이 도를 넘어서면 그걸 스스로 감지하여 기꺼이 희생한다. 가상하기 짝이 없다. 그게 어디 쉬운 일일까? 죽는 방법도 아주 특이하다. 세포와 조직이 갑자기 괴사necrosis를 일으키면 내용물이 흘러나오면서 주변을 자극하여 염증을 일으킨다. 자멸사는 행여나 죽은 후에도 주변에 '폐를 끼칠까 봐' 노심초사하여 자기 사체를 철저히 단속하고 유전체도 모두 조각내어 단단히 묶어놓는다. 그야말로 조용히 사라져준다. 참 갸륵하고 훌륭하다. 암은 최후의 안전장치 자멸사까지 망가져야 비로소 발생한다.

자멸사는 어떻게 이루어질까? 자멸사는 외부경로와 내부경로 두 가지로 조절되는데, 그 둘은 사실 서로 연결되어 있다. 외부경로는 Fas나 DR5 같은 세포막 '죽음의 수용체'에 외부 신호가 전해오면 자멸사로 이어지는 걸 말한다. 즉, 외부 판결을 기꺼이 따르는 셈이다. 그런데 그 위험한 수용체들은 항상 존재하는 게 아니라, 어떤 상황에서 암억제단백 p53이 활성화되어야 비로소 만들어진다. 그에 비해 내부경로 조절은 훨씬 더 복잡하다. 내부경로의 핵심은 미토콘드리아mitochondria다. 미토콘드리아는 고단위 에너지를 생성하는 소기관이라서 늘 위험한 임무를 수행하는 곳이다(5장 5. 함께 살기). 미토콘드리아에는 자멸사를 촉진하는 단백들과 억제하는 단백들이 서로 팽팽하게 대치하며 균형을 이루고 있다. 거기서 사멸 쪽으로 균형이 기울면 미토콘드리아 안의 사이토크롬 c가 방출되어 자멸사가 시작된다. 내부경로 조절은 외부의 지시가 아니라 순전히 세포 스스로 내리는 결정이라고 볼 수 있다. 세포는 어떻게 그런 어려운 결론에 도달할까? 어떻게 그런 결정을 내릴까?

체세포의 두 자제력, 분열억제와 자멸사를 조절하는 중심에는 p53이 있다. p53은 세포분열 억제유전자들과 자멸사 유전자들의 전사를 모두 조절한다. 그러니 세포자제력의 중추분자라고 부를만하다. 그렇다면 p53 단백 자체의 조절이 매우 중요하다. MDM2는 p53과 결합하여 그걸 파괴하도록 이끄는데, 그 둘 사이의 결합은 여러 단백들과 상호작용을 통해 복잡하게 조절된다. 이를테면, 유전체 손상이 축적되면 ATM 단백이 활성화되어 MDM2에 의한 p53의 파괴를 막는다. 또한 지나친 치우침을 막기 위해 p53는 MDM2 자체의 전사를 음성되먹임negative feedback으로 조절한다. 요약하자면, 자멸사 여부는 많은 단백들이 참여하는 조절망의 난해한 상호작용을 통한 복잡한 토론과정을 거쳐 어렵사리 합의에 도달한다고 볼 수 있다. 외부경로 조절도 세포 스스로 그 수용체들을 만들어내지 않으면 작동할 수 없다는 면에서 결국 마찬가지다.

자멸사의 결정 과정은 대단히 복잡하며 아직 밝혀지지 않은 부분이 많다. 이를테면, p53이 활성화되면 그 세포는 분열억제만 할지 아예 자멸사로 들어갈지 어떻게 결정할까? 잘 알려지지 않았지만, 세포마다 처한 상황에 따라 다른 결정을 내릴 수 있다. p53의 하위유전자들의 전사는 p53 외에 다른 많은 전사조절인자들이 참여하여 종합적으로 조절된다. 따라서 세포 종류와 상태에 따라 상당히 다른 결과가 나온다. 일반적으로 덜 분화되고 빨리 증식하는 세포들은 증식억제보다 자멸사로 가는 경향이 크다. 세포 종류에 따른 차이도 있다. 림프구나 장 세포는 쉽게 자멸사를 유도할 수 있지만, 폐, 침샘, 콩팥 등은 그 반대다. 각 세포마다 p53 단백의 절대량이나 외부 여건과도 상관있을 수 있다.

p53은 척추동물 세포자제력의 중추이다. 실제 암세포에서 가장 흔하게 자주 손상된 유전자가 바로 p53이다. 그런데 한 가지 의문이 든다. 일반적으로 자연은 유전자들을 마냥 늘리기보다는 서로 적당히 중복되는 기능을 갖도록 유도함으로써 생명체의 전체기능을 향상시키고, 어느 특정 유전자에 문제가 생겨도 큰 탈 없이 생명이 유지될 수 있도록 대비한다. 암억제기능도 여러 유전자들이 책임을 나누어져서, 늘 여러 겹의 브레이크들을 준비해둔다. 그런데 증식억제와 세포자멸사라는 무거운 책임은 왜 유독 p53 혼자 걸머지게 했을까? 그 둘은 근본적으로 분리할 수 없는 본능이란 뜻일까? 공부할 게 참 많다.

세포자멸사를 종종 예정세포사programmed cell death라고 부르기도 하는데, 그건 별로 적절치 못한 표현이다. 스스로 엄격한 방식을 따라 죽는다는 면에서는 다소 일리가 있을 수도 있지만, 그 죽음 자체가 자기 의사와 무관하게 미리 프로그램되어 있는 것처럼 잘못된 선입견을 줄 수 있기 때문이다. 세포의 자멸사는 스스로 심사숙고 끝에 내린 헌신적 결정이다. 말하자면, 생명의 궁극적 윤리행위이다.

08 세포의 분노

생명은 순리에 따른 점진적 해결을 선호한다. 그런데 그렇지 못할 때가 있다. 견디다 견디다가 어느 순간 분노에 자제력을 잃고 암으로 변할 때다. 존경스러운 세포들이 어쩌다가 그런 역설적인 자기 파괴의 길로 접어드는 걸까?

헬리코박터 이야기로 다시 돌아가 보자. 우리는 그 균이 어떻게 발견되었는지, 어떻게 그걸 '보고도 못 보았는지' 살펴보았다(2장 6. 어떻게 관찰할까?). 헬리코박터 위염이 오래되면 만성위축성위염으로 진행되어 비타민 B12나 엽산folic acid 같은 필수영양소 섭취가 어렵게 된다. 더 심각한 문제는 위암을 일으킨다는 것이다. 설마 그 무서운 위암들이 '대수롭지 않은' 염증 때문에 생길까 할지 몰라도 역학적 자료들은 그사이에 분명한 연관성을 보여준다. 그러면 위염은 어떻게 암을 유발할까? 국민 대부분이 위염을 가지고 있고 위암도 아주 흔한 나라에서 이건 대단히 중요한 질문이다. 그런데 그 대답이 쉽지 않았다.

막막할 때 종종 길을 밝혀주는 게 면밀한 관찰과 귀납적 통찰력이다. 미국에서 귀국한 후 나는 엄청나게 많은 위 조직을 보았다. 우리나라에 워낙 위 질환이 많은데다가 큰 병원에서 근무하다 보니, 금세 세계적으로 가장 경험이 풍부한 병리의사들 중 한 명이 되었다. 자세히 보니, 헬리코박터 위염에는 일반적 특성이 있었다. 위점막은 표층, 증식대, 분비선의 삼중 구조로 된 아주 특이한 구조인데, 헬리코박터 위염은 증식대에 집중적으로 중성구가 침윤하는 중성구소와염으로 시작되었다(그림 12, 왼쪽).

구미 병리학자들은 그걸 특정 유형의 위염이라고 생각했는데, 아마 우리처럼 체계적으로 많이 보지 못해서 그런 모양이다. 표층에는 균들이 많이 있는데도 중성구 침윤이 아예 없거나 아주 적었다. 그런데 증식대는 점막세포들이 증식하는 바로 그곳이기 때문에, 강력한 중성구들의 집중공격을 받는다는 건 보통 문제가 아니다. 염증에 의한 조직손상을 복구하려면 활발한 세포증식이 필요한데, 쉴 틈 없이 증식하면 필연적으로 염색체 말단소체가 위험할 정도로 짧아지게 된다. 게다가 돌연변이에 가장 취약한 세포분열 도중에 공격당하면 유전체 손상이 쌓이는 걸 피할 길이 없다. 꼼짝없이 외통수 악순환 고리가 형성되는 것이다. 그러면 큰 탈이 나는 건 단지 시간문제다. 헬리코박터 위염은 치료하지 않으면 그대로 지속된다.

그 와중에 상피세포는 어떻게 될까? 유전체 손상이 누적된 점막상피세포들은 특징적인 '맑은 세포malgun cell change'로 변한다(참고문헌 41). 시간이 지나며 맑은 세포들은 차차 일그러진 비정형이 되며(그림 12, 오른쪽), 마치 뭉크Edvard Munch, 1863-1944의 화폭 속 인물처럼 절규하지만 들어주는 사람은 아무도 없다(참고문헌 42). 그리곤 절망 속에 암으로 진행된다. 다른 요인들도 있지만, 대부분 위암은 그렇게 시작된다. 그래서 한국인에겐 위암이 그렇게 많다. 세포들이 오랫동안 절망하고 분노한 채로 지내왔기 때문이다.

그렇다면 잘 살펴서 고위험성 위염을 분류해내어 별도로 모니터하며 관리할 수 있지 않을까? 그러면 위암을 다 예방하진 못하더라도, 최소한 일이 터진 후 허겁지겁하는 대신 미리 대비하는 조치를 취할 수 있다. 바로 이런 임상예방의학이 앞으로 우리가 가야 할 길 아닐까(10장 3. 임상예방의학)?

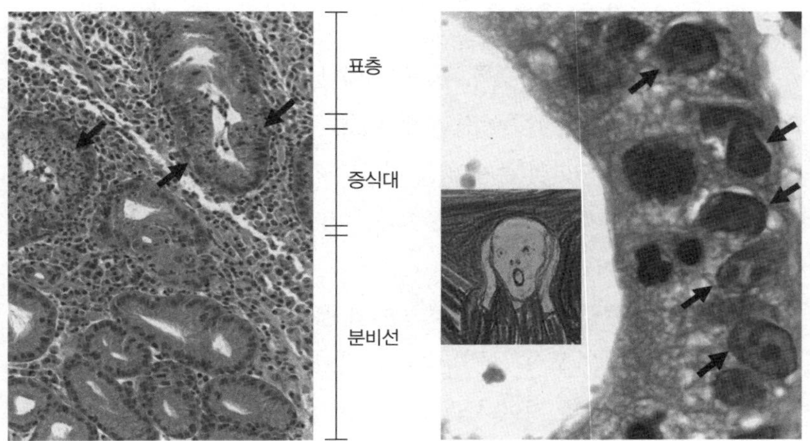

그림 12 **헬리코박터 위염**

왼쪽. 위점막은 표층, 증식대, 분비선층의 삼중 구조로 이루어지는데, 헬리코박터 위염은 특이하게 증식대에 중성구가 집중적으로 침윤하는 중성구소와염으로 시작한다(화살표).
오른쪽. 염증이 지속되면 상피세포들에 유전체 손상이 축적되며 '맑은세포 변화'가 생기는데, 시간이 지나며 점점 일그러진 비정형으로 진행되어(화살표) 도움을 찾아 절규하는 듯하다.

보다 근원적으로는 어째서 중성구들이 증식대만 집중 공격하는지, 그걸 조절할 간편하고 효율적인 방안은 없을지 연구가 필요하다. 유용한 중개의학translational medicine은 엄밀한 관찰의 결과에서 나올 수 있다. 세포들은 주어진 길을 담담히 받아들이고 열심히 살아가려 하는 존재다. 그들이 분노에 떨며 절규한다면, 누구라도 귀담아들어 줘야 하지 않을까?

09 동물세계의 사회윤리

보면 볼수록 알면 알수록, 세포에 대한 존경심이 절로 우러나온다. 자기가 속한 개체 안에서 주어진 사회계층을 기꺼이 받아들이고, 자제, 협력, 책임을 다하는 사회적 존재이고, 자율과 희생까지 감수하는 윤리적 존재다. 윤리는 생명에 내재되어 있는 근본이다. 그렇다면 세포보다 더 큰 차원의 삶에서는 어떨까?

물고기와 철새들은 바다와 하늘에서 무리 지어 이동하며 생활하는 경우가 많다. 그러면 포식자들의 공격을 받아도 각 개체들이 살아남을 생존확률이 커진다. 무리 지어 사회를 이루고 살아가는 육상동물들도 많다. 미어캣은 몽구스과에 속하는 작은 육식류로서 칼라하리, 나미비아 등 아프리카 사막에 굴을 파고 산다. 보통 20마리 정도의 무리로 생활하며, 전갈이나 뱀 같은 작은 동물들을 잡아먹고 산다. 그런데 그들에게도 독수리나 코브라처럼 공중과 육상에서 언제 나타날지 모르는 천적들이 있기 때문에, 늘 경계를 게을리하지 않는다. 그래서 시야를 넓히려고 앞다리를 모으고 뒷다리로만 서서 사방을 쳐다보는 깜찍한 모습으로 잘 알려져 있다. 두 다리로 서는 동물은 인간만이 아니다! 그러다가 위험을 감지하면 큰 소리를 내어 경고한다. 그 소리는 위험의 종류와 절박성에 따라 달라진다. 목소리로 확실한 소통을 하는 것이다.

그들에겐 땅을 파며 먹이를 찾을 때가 가장 위험한 순간이다. 그때는 항상 무리를 지어 활동하며, 반드시 경계를 서는 보초가 있다. 보초는 높은 곳에 올라 끊임없이 사방을 돌아보며 오로지 경계임무에만 몰입한다. 그때는 맛있는 먹이가 있어도 거들떠보지도 않는다. 다른 미어캣들은 의연히 서 있는 보초를 힐끔힐끔 보며 안심하고 땅을 파서 먹이를 찾는다. 보초는 어떻게 선발하고 교대하는 걸까? 만일 그 보초를 슬쩍 가려보면 다른 미어캣이 얼른 일어서서 임무를 대신한다. 그놈을 또 가리면 그걸 본 다른 놈이 즉각 일어선다. 누가 시키지 않아도 스스로 알아서 일어서는 것이다. 그건 말하자면 무리의 안전을 위해 자의로 하는 윤리적 행위다. 그렇다고 미어캣이 특별히 이타심이 많은 동물이란 건 아니다. 그들 내부에도 번식기가 되면 엄청난 경쟁과 질시와 소란이 벌어지곤 한다.

미어캣의 행동을 보면 생명은 기본적으로 윤리적이라는, 혹은 그래야 한다는, 생각이 든다. 세포부터 그렇지 않은가? 그러면서 자연스레 한 가지 질문이 떠오른다. 세포와 조직, 즉 생명의 미시세계microcosm에서 적용되는 원칙들이 개체나 사회로 이어지는 거시세계macrocosm에도 비슷하게 준용될 수 있을까? 혹은 그 반대로? 이 질문은 생명의 단위가 세포인지 개체인지 묻는 것과 같은 맥락인지도 모른다.

이와 관련해 프랙털fractal 기하학은 대단히 흥미로운 관점을 보여준다. 자연에서 나타나는 어떤 양상이 여러 차원으로 계속 반복된다는 개념이다. 눈송이에서도 그런 패턴이 보인다. 눈송이는 기본적으로 육각형을 이룬다. 물 분자의 산소와 수소원자 사이 각도 때문에 육각형 결정일 때 역학적으로 가장 '편안하기' 때문이다(6장 2. 물, 생명과 소통의 기반). 그래도 공기 중에서 결정이 만들어지는 상황이 시시각각 변하므로 눈송이마다 구체적 모양은 다양하다. 그런데 어떤 눈송이를 확대경으로 살펴보면 배율을 높여봐도 비슷한 패턴이 계속 반복되곤 한다. 생명체에서도 그런 현상이 종종 관찰된다. 어떤 묘목이 특정 각도로 두 갈래 가지를 낸다면, 그 패턴이 계속 반복되면서 나중에 나무의 전체 모습과 특성이 결정된다. 이른바 자기유사성self-resemblance의 원칙이다.

라이프니츠가 처음 제시한 이 원칙은[43] 정형화된 기하학에 얽매이지 않고 자연현상을 있는 그대로 분석해보려는 여러 수학자들의 흥미를 끌어왔다. 망델브로Benoît B. Mandelbrot, 1924-2010는 컴퓨터를 이용해 프랙털 기하학 문양들을 풀어내었다. 우리가 매일 사용하는 스마트폰에는 바로 그런 문양의 안테나가 들어있는데, 그러면 희한하게도 넓은 범위의 주파수 신호들을 모두 잘 받아들인다. 덕분에 우리 손 안에 쏙 들어가는 아담한 크기의 요물이 탄생한 것이다. 신기하기 짝이 없다.

그렇다면 프랙털은 형태를 넘어서는 포괄적 자연현상의 단면일까? 혹시 생명에도 여러 차원에서 반복해 나타나는 어떤 추상적 원형abstract archetype이 존재하는 건 아닐까? 유전자들은 생명의 어떤 원형만 제시하고, 실제 구조나 기능은 주변 여건과의 상호작용에 따라 '자연스레' 만들어지는 걸까? 그러면 여러 차원에서 어떤 일관성을 유지하면서도 그 안에서 삶에 필요한 다양성과 자율성을 가질 수 있을지 모른다. 생명은 늘 신비롭다.

10 칸트 윤리철학과 종의 보존

인간의 윤리는 선천적으로 내재되어 있을까 아니면 후천적으로 길러지는 걸까? 이성과 윤리는 어떤 관계일까? 이마누엘 칸트Immanuel Kant, 1724-1804는 합리주의와 경험주의를 아우르도록 제시한 융합인식론의 바탕 위에

43 이 천재의 학문의 범위는 대체 어디까지일까?

독특한 윤리철학을 제창한다(2장 2. 감각과 인식론). 1785년 출간한 저서 '도덕 형이상학을 위한 기초 놓기Groundwork of the Metaphysics of Morals'(참고문헌 43)에서 그는 인간의 윤리적 의무는 오로지 정언명령categorical imperative을 따르는 것이라고 했다. 정언명령은 모든 상황에서 반드시 따라야 하는 무조건의 절대적 요구이며, 그 자체로서 최종적인 것이다. 그건 상황에 따라 조건부로 적용되는 가언명령hypothetical imperative과는 완전히 다르다. 윤리란 상황에 따라 눈치껏 때우는 게 아니다.

그러면 구체적으로 정언명령이란 무엇이며, 실생활에서 어떻게 그걸 따르는가? 어떤 상황 혹은 요구가 정언명령에 맞는지 아닌지 어떻게 아는가? 칸트는 누구나 개인의 자유의지로 윤리적 결정을 내리는 데 활용하도록 3가지 준칙maxims을 제시한다.

첫째, 보편성(자연법칙)의 준칙이다. 정언명령은 자신을 포함한 모든 사람에게 똑같이 적용되는 보편적 자연법칙이어야 한다. 만일 예외를 둬야만 한다면 그건 이미 정언명령이 아니다. 좋든 싫든 누구나 따라야 하는 것이다. 의무라는 동기 없이 하는 행동은 윤리적 가치가 없다.

둘째, 휴머니티(인류성)의 준칙이다. 우리는 언제나 휴머니티를 수단이 아닌 최종적 가치와 목적으로 존중해야 한다. 휴머니티란 가족이나 민족 같은 어떤 특정인들의 집단이 아니라 전체 인류와 인간성을 뜻한다.

셋째, 자율성의 준칙이다. 인간은 누구나 자율적으로 스스로 보편적 법칙을 세우는 입법자가 되어야 한다. 즉, 보편성의 원칙을 단순히 따르는 데 그치지 말고 스스로의 법을 만들어나가라는 뜻이다. 그것이 진정한 정언명령이다.

보편성, 인류성, 자율성의 세 준칙들은 순서와 상관없이 독자적으로 동등하게 중요하며, 실제 적용할 때는 하나로 합쳐질 수 있다.

칸트 윤리철학에서 특히 박수받는 부분이 정언명령의 준칙들이다. 윤리는 나를 비롯한 모든 사람들에게 똑같이 적용되고, 전체 인류를 위해 존재하고, 자발적으로 만들어 가야 한다. 그런 면에서 그의 철학은 개인에서 사회를 넘어 단숨에 호모 사피엔스라는 종species의 범주까지 아우른다. 그런데 그의 윤리철학은 인간에게만 해당되고, 다른 생명체에는 적용되지 않는다. 이를테면, 누가 마차를 몰던 그 마부는 인권을 가진 개인으로 존중받아야 하지만, 그건 말에는 적용되지 않고 말의 삶은 윤리가 아닌 경제나 다른 사회규칙으로 결정된다.

그렇다면 인간 외의 다른 종은 어떨까? 그들 내부적으로도 칸트의 준칙들이 적용될 수 있을까? 대장균이 종의 보존을 위해 스스로 이타적 유전자를 발현한다면, 그건 보편성과 자율성 원칙에 잘 맞을 것 같다. 휴머니티 준칙도 대장균 종의 입장을 '대장균성'이라고 부른다면 인류성과 사실 다를 게 없다. 미어캣의 자발적이고 헌신적인 사회생활을 보면 그들도 별반 다를 것 같지 않다. 다만 그들은 작은 무리를 이루어 살기 때문에, 자기 그룹이 아닌 다른 그룹이 위험에 처할 때 그걸 보고 어떻게 행동할지는 연구가 더 필요할지 모르겠다. 그러고 보면 칸트의 윤리철학이 폭넓은 공감과 감명을 받는 건 그게 바로 종을 지키려는 생명철학이기 때문이다. 다윈은 '종의 기원'으로 생명을 보는 우리의 시야를 넓혀주었다. 그러면 칸트의 윤리철학은 인류의 보존을 위한 길, 즉 '종의 보존Preservation of species'이라 할 수 있지 않을까? 앞으로 윤리철학은 그걸 인류에만 국한하지 말고 다른 종들까지 챙겨주고 그들과 함께 살아갈 길을 심사숙고하는 데까지 확장해 나가야 하지 않을까?

칸트의 '도덕 형이상학을 위한 기초 놓기'가 발간되고 불과 5년 뒤 프랑스혁명이 일어난다. 프랑스혁명은 계급혁명이 아니라 전 국민이 자유로운 개인으로서 평등한 권리를 갖기 위해 일어선 사상혁명이자 시민혁명이었다. 혁명의 씨앗은 이미 17세기부터 계몽사상가 몽테스키외Charles-Louis de Secondat, 1689–1755, 볼테르필명 Voltaire, 본명 François-Marie Arouet, 1694–1778, 루소Jean Jacques Rousseau, 1712–1778 등에 의해 널리 뿌려져 있었다. 루소는 파리에서 활동했던 영국 정치철학자 홉스의 국가계약론에 영향을 받아 이른바 '(그런 식의) 문명'을 격렬하게 비판하며 국민주권론을 주창한다. 당시 왕권은 신이 내린 것이라는 신권왕정神權王政 체제에서 귀족과 성직자들은 납세의무 없이 평민들 위에 군림하며 우아하게 살고 있었는데, 루소는 그걸 정면으로 거부하며 인간의 신분은 기본적으로 계약에 의한 것이고 모든 인간은 '자연상태[44]'로 돌아가야 한다고 소리 높이 외친다. 그러던 중 영국을 견제하려고 미국독립전쟁을 과도하게 지원하다가 재정난에 빠진 루이 16세Louis XVI, 1774–92가 특권층에게도 과세를 시작하자 그들마저 왕정에 등을 돌려 저항세력에 동조하며, 마침내 혁명의 불길은 타오르기 시작한다.

그 후 상당한 혼란을 겪지만, 프랑스혁명을 통해 서구사회에 인권의 절대성이 확실하게 각인된다. 곧이어 영국을 필두로 산업혁명이 일어나며 서구사회는 근본적 변혁을 맞는다. 우연이라고 보기 어려운 연관성을 가진 역사적 사건들이다. 이 와중에 보편적 인권의 자율적 존중이라는 칸트의 윤리철학은 큰 반향과 호응을 얻는다. 그는 프로이센 쾨니스버그에서 태어나 거기서 교육받고 철학 교수가 되었고, 평생 고향을 떠난 적이 없었다. 변방의 철학 교수였던 그가 결과적으로 계몽주의 사상을 집대성하고 완결하는 시대적 역할을 떠맡게 된 것이었다. 과학혁명의 여파로 시작된

44 국가권력과의 계약이 사라진 후 무정부상태를 의미했던 홉스의 '자연상태(6장 8. 사회소통과 법치)'라는 말과는 전혀 다른 뜻이다.

계몽주의는 인간은 교회나 왕 같은 권위가 아니라 자기 삶을 스스로 자유롭게 꾸려나가야 한다고 가르쳐 주었다. 그런데 과학혁명을 통해 본 세상이 어차피 모두 물리적 법칙에 의해 움직이는 것이라면, 거기서 인간의 정신적 가치인들 무슨 큰 의미가 있을까? 칸트 철학은 그런 회의론에 맞서, 자유와 더불어 자율적 사회책무의 가치를 일깨워줌으로써 계몽주의가 맞이한 위기를 극복해내도록 이끈다. 계몽enlightenment이란 어느 날 반짝 불이 밝혀지듯 찾아오는 게 아닌가 보다.

그의 비판철학이 철학적 과제들을 비판적으로 다룬 것처럼 그의 철학도 비판에서 자유로울 수 없다는 건 어찌 보면 아주 자연스러운 일이다. 그의 윤리철학은 아리스토텔레스의 텔로스론과 맥을 같이 하는 '훈계철학'이라는 비판부터, 모든 이들에게 똑같은 인권을 적용한다면 종교적 극단주의자들의 무차별 테러를 어찌 대처할 것이며, 아예 인류를 적으로 여기는 사이코패스들은 어찌 할 것인지 등 그의 철학에 대한 여러 시각의 비판과 현실적 우려도 있다. 그러나 어떤 경우라도 인권의 절대성과 윤리를 앞세워야 한다는 세계적 큰 흐름의 밑거름이 된 건 부정할 수 없다.

7-1. 칸트 정언명령준칙

제2차 세계대전 후 나치 전범재판에서 피고들은 유대인수용소 집단학살은 전쟁 중 군인으로서 명령을 따랐을 뿐이라고 강변했습니다. 반면 검찰 측은 칸트의 정언명령준칙을 들어가며 반박합니다. 피고들은 어떤 준칙(들)을 어떻게 어긴 걸까요? 만일 나치가 전쟁에 이겨서 세계를 지배했다면 인류는 어떻게 되었을까요?

7-2. 연어의 산란

연어는 강에서 태어나 바다에서 살다가 다시 태어난 곳으로 돌아가 알을 낳고 생을 마감합니다. 온갖 위험과 고난을 무릅쓰고 상류로 거슬러 올라가는 정성은 그저 존경스러울 따름입니다. 언제, 어떻게 태어난 곳을 다시 찾아가는지 참 신기하지요. 연어는 알을 낳고 거기서 죽으리란 걸 알고 가는 걸까요? 그러면서도 종의 보존을 위해 기꺼이 헌신하는 걸까요, 아니면 그건 번식기를 맞아 생성되는 호르몬 때문에 두뇌 신경세포들 안에서 벌어지는 격렬한 화학반응의 결과일 뿐일까요?

7-3. 생명의 미시세계와 거시세계

생명의 단위를 세포로 볼 건지, 개체로 볼 건지에 따라 생명의 원칙을 어떻게 적용해야 할지 논란의 여지가 있습니다. 생명현상은 엄청나게 다른 차원의 미시세계와 거시세계에 모두 걸쳐있기 때문입니다. 생명은 어느 차원에서건 모두 존중받아야 마땅할까요? 한 차원에서 본 생명의 원칙들은 다른 차원에서도 준용될 수 있을까요?

7-4. 일단정지

선진국에서 가장 중요하게 여기고, 위반하면 엄벌하는 교통규칙이 바로 일단정지입니다. 그 앞에선 서는 시늉이 아니라 완전히 서야 합니다. 그 표지가 있는데도 서지 않고 달려드는 차들을 보행자가 피해 다닌다는 건 도저히 생각할 수 없는 일입니다. 교차로에서 사고가 나면 전부 일단정지 표시가 있는 쪽 책임인 건 물론이지요. 일단 서라는 건 무슨 뜻일까요? 한국에도 일단정지 표시가 있긴 있나요? 그걸 제대로 지키는 사람들 보셨나요? 지키지 않는 걸 그냥 내버려두면 어떻게 되나요?

7-5. 휴대전화 보며 걷기

좁은 보행도로에서 스마트폰 화면만 열심히 보며 걷는 사람들이 정말 많습니다. 심지어 문자까지 찍으며 다니기도 하더군요. 우측통행 같은 건 아예 신경 쓰지도 않지요. 그런 걸 보면 딱하기도 하고, 그러다가 사고 날까 봐 걱정도 됩니다. 그런 행동은 개인의 자유일까요, 아니면 남들에게 큰 폐를 끼치는 행위일까요?

7-6. 생체 클로닝과 유전자조작 인간

체세포로부터 생체를 복제해내는 기술이 발전하여 이제는 많은 동물들을 너끈히 복제해냅니다. 그에 대해 윤리적 논란과 안전성 문제도 거론됩니다. 동물이 늙으면 체세포 염색체의 단말소체가 짧아지는데, 그런 염색체로 복제한 생체는 겉보기와 달리 내용적으로는 이미 늙은 상태 아니냐는 의구심도 있습니다. 기술적으론 인간복제도 충분히 가능할지 모릅니다. 최근 중국에선 유전자를 임의로 조작한 아기들을 출산했다는 소식도 들려옵니다. 사실이라면 그야말로 판도라의 상자를 연 건지도 모르겠는데, 이래도 되는 걸까요? 그러면 어떤 문제들이 생길 수 있을까요? 대체 왜 이러는 걸까요? 그런 생각의 배경은 뭘까요?

8

신경면역계와 민주주의

진정한 민주주의로 가는 길은

어디 있을까?

01 신경계와 생명체 내부소통

생명에는 테두리가 있고 그걸 넘나드는 소통이 필수적이다. 그런데 고등생물체일수록 외부소통 못지않게 중요해지는 게 내부소통이다. 개체 안에서 소통과 의사결정을 얼마나 원활하고 효율적으로 하느냐에 따라 그 종의 미래가 달려있다고 해도 지나친 말이 아니다. 그럴수록 내부적 낭비를 피하면서 혹시 예상치 못한 외부충격을 받아도 견뎌내고 번성할 수 있기 때문이다. 개체의 내부소통은 어떻게 이루어질까? 신경계는 생명체 의사결정의 중심에 있다. 신경계는 경이로운 신비 그 자체다. 전신의 감각과 운동조절능력뿐 아니라, 은근히 자부하는 인간의 모든 정신능력이 담겨 있다. 그렇다면 내 영혼도 거기 담겨 있는 것 아닌가!

신경계는 무수한 신경세포들이 모여 만든 거대한 네트워크다. 신경세포들은 소통을 위해 존재한다. 자기 몸체 크기에 비해 월등히 긴 신경돌기들을 벋어내어 다른 신경세포들과 소통창구 시냅스synapse를 이루며 복잡한 연결망을 형성한다. 그 안에는 고속도로, 간선도로, 골목길도 있다. 그 모든 길들은 어떻게 만들어질까? 신경세포는 어떻게 적합한 상대를 골라 시냅스를 만들까? 어딘가 깊숙이 감춰진 상세한 청사진이 있을까? 원론적인 구조는 유전자들이 이끌어주는 대로 이루어지겠지만, 유한한 유전자들로 무수한 시냅스 연결망을 일일이 지시해 만들 수 없겠다. 그렇다면 '스스로 알아서' 하는 걸 텐데, 어떻게? 궁금하기 짝이 없다. 자세히는 몰라도, 지금 이 순간에도 계속 진행되고 있다는 건 분명하다.

신경계는 크게 중추신경계central nervous system와 말초신경계peripheral nervous system로 분류한다. 중추신경계는 척수spinal cord, 뇌간brainstem, 소뇌cerebellum, 간뇌diencephalon, 대뇌cerebrum에 이르는 특이한 복합다중구조로 이루어져 있는데, 후자에 이를수록 진화적으로 더 늦게 생긴 것이다. 달리 말하자면, 신경계는 기본적 생명현상을 담당했던 옛 구조 위에 새로운 구조를, 따라서 새로운 기능과 비전을, 계속 덧붙여 가며 만들어진 복잡한 복합구조물이다. 도시개발사업으로 비유하자면, 오래된 건물들을 싹 밀어버리고 원점에서 재개발을 한 게 아니라, 기존 구조들을 존중하고 유지하며 그 위에 새로 개발된 걸 덧붙이고 서로 간의 소통망을 확충하여 만들어 낸 구조다. 컴퓨터 시스템전문가나 도시개발학자들이 봐도 매우 흥미로운 구조일 듯하다. 때에 따라서는 언제든 개별 뇌들의 폭주가 가능한 구조이기도 하다. 인간은 신체에 비하여 다소 과도한 중추신경계를 가지고 있으며 그걸 운영하기 위해 상당한 혈류와 영양분을 투자하고 있다. 그 귀하고 비싼 선물을 잘 써보지 못하고 포장도 뜯지 않은 채 반납하기엔 너무 아까울 것 같다.

02 풀뿌리 현지신경계

말초신경계는 중추신경계와 전신조직을 연결하는데, 의도적으로 조절할 수 있는 체신경계somatic nervous system와 그럴 수 없는 자율신경계

autonomic nervous system로 크게 구분한다. 자율신경계는 전신의 평활근smooth muscles들을 조절하는 교감신경sympathetic nerves과 부교감신경parasympathetic nerves으로 이루어지는데, 그 둘은 서로 길항작용으로 생리학적 상황에 따라 민감하게 균형을 맞춘다. 체신경계와 자율신경계는 중추신경계와 직접 연결되어 있는데, 그 신경세포들의 몸체는 중추신경계나 혹은 그 주변 신경절nervous ganglia 안에 있고 말단 장기들에는 세포돌기만 뻗어있다.

그런데 인체에는 그간 별로 주목받지 못했고, 아직도 깊이 이해하지 못하는 또 다른 거대한 신경계가 존재한다. 소화기관을 따라 분포하는 장신경계enteric nervous system를 위시한 현지신경계native nervous system다. 그렇게 부르는 이유는 신경세포 몸체가 현지에 있기 때문이다. 말하자면 내장에 존재하는 '풀뿌리' 신경계라고 할 수 있다. 고전적인 말초신경계를 지방에 파견 나온 중앙공무원들이라 한다면, 현지신경계는 거기서 태어나서 자라나고 활동하는 지방공무원들인 셈이다. 현지신경계의 규모는 놀랄 정도로 어마어마하다. 장신경계 세포들만 해도 중추신경계 모든 세포들 합한 것보다 많다. 어떻게 그런 거대한 신경계가 여태까지 거의 무시당하다시피 홀대를 받았을까? 아마 현지신경세포들이 흔히 알고 있던 신경처럼 늘씬하지 못해서 신경세포라고 알아보기 어려웠거나, 아니면 그렇게 보이더라도 그냥 '신경이란 이래야 한다.'라고 굳게 믿어서 그랬던 건지 모른다. 어디 신경계에서만 그랬던가?

현지신경계는 중추신경계나 말초신경계와 비교해 독특한 특성들을 갖고 있다.

첫째, 진화적으로 오래된 구체제다. 딱히 중추신경계가 없는 동물들의 삶은 소화관과 그 주변 신경계를 중심으로 이루어진다. 결국 먹고 사는 게 삶의 핵심이란 건지도 모른다.

둘째, 현지신경세포들은 내장을 따라 널리 퍼져 있으며 신경절 같은 덩어리를 만들지 않는다. 즉, 컴퓨터로 치자면 중앙서버 없는 P2P개인-개인 연결체제로 움직이는 블록체인 체제다. 말하자면 요즘 관심의 대상으로 떠오른 비트코인bitcoin 비슷한 개념이다.

셋째, 장기의 의사결정에 상당한 자율성을 행사한다. 화장실에 가야 할 어떤 민망한 상황에서 아무리 참으려 해도 한계가 있는 걸 우리는 잘 안다. 즉, 중추신경계의 '지시'에 대해 현지신경계가 '거부권'을 행사할 수 있다. 그런 거라면 실제로 최종결정권을 가지고 있다고 볼 수 있다.

넷째, 대단히 역동적이다. 성인의 중추신경계나 말초신경계 세포들은 잘 증식하지 못하는 데 반해 현지신경세포들은 끊임없이 만들어지며, 특히 손상을 입은 후 복구되는 조직에서 왕성하게 자라난다. 현지신경계 줄기세포가 어디 있는지는 잘 알려지지 않았는데, 아마 골수에서 비롯하는 것으로 추정된다.

다섯째, 현지신경세포들은 장운동을 조절하는 카할세포Interstitial cell of Cajal들과 말초신경계를 포함한 커다란 기능적 협력체제를 이룬다.

여섯째, 장내세균, 면역체제, 췌장의 대사기능까지 망라하는 거대한 생태계를 이루어 소화, 대사, 면역 등 중요한 전신조절 역할을 한다. 그 조절기전들은 상세히 밝혀지지 않았지만, 앞으로 얼마나 엄청난 일들이 우리를 놀라게 할지 그 누가 알까?

03 블록체인과 지방자치

현지신경계는 스스로 움직이는 자율적 존재다. 흥미로운 건 현지신경계가 중앙서버와 함께 작동하는 혼용시스템이라는 점이다. 대단히 복잡하고 변화무쌍한 상황을 다루는 효율적인 전신조절 방안을 고안해낸 것이다. 컴퓨터 운영시스템에도 실제 이런 게 개발되어 있는지 궁금하다. 비트코인 논란에서 보듯이, 현재 국가정책은 블록체인 기술을 어떻게 다뤄야 할지 몰라서 우왕좌왕하는 수준에 머물고 있다. 그게 미래산업과 직결된다는 점을 막연히 알면서도, 한편으로는 가상통화[45]를 국가권력에 대한 도전으로 여겨 억압하려고 한다. 심지어 그 거래를 무조건 전면 금지시키겠다는 용감한 사람들도 있어서, 컴퓨터에 익숙한 젊은 세대와 무지한 기성세대 간의 간극을 아예 확고한 갈등으로 몰아간다. 불분명한 상황이니 이런 혼란을 어느 정도 이해할 수 있을지 몰라도, 그럴수록 경거망동하지 말고 고수 전문가들을 총동원하여 먼 미래까지 내다보는 진중한 토의가 필요하지 않을까? 블록체인도 데이터 저장과 활용을 여러 겹으로 다중화하는 등 많은 진화과정을 거치고 있다. 이처럼 나라의 장래가 달린 사안은 심도 있는 분석과 신중한 검토를 해야 마땅하다. 이럴 때 참고할 수 있는 게 생명이다. 생명이 선택해온 길이라면, 사회적으로도 최소한 신중히 고려해볼 가치는 있지 않을까?

현지신경계는 지방자치제도를 연상시킨다. 장 기능은 전신상태(중추신경계)와 장내상태(현지신경계)를 동시에 감안하여 조절되는데, 말하자면 중앙과 지방정부의 긴밀한 협동을 보여주는 좋은 예다. 시행한 지 얼마 되지 않은 우리 지방자치제도는 아직 뿌리를 잘 내리지 못한 채 겉돌고 있다. 중앙정부는 이른바 '알짜' 권한을 모두 움켜쥔 채 요지부동이다. 선진

45 나름대로 사람들에게 가치를 인정받고 통용되고 있는 통화를 '가상'이라고 부르는 게 맞는지 잘 모르겠다.

국에선 응당 지방정부가 각자 특색 있는 발전을 위한 재원으로 사용해야 할 재산세도 한국은 사실상 중앙정부가 차고앉아 좌지우지한다.

'제왕적 대통령제'의 폐해를 그렇게 소리 높여 주장하던 사람들도 일단 정권만 잡으면 오히려 모든 걸 틀어쥐고 몰아붙여서 국민들을 절망과 체념의 쳇바퀴에 올라 있는 다람쥐 신세로 만든다. 옛날 왕정이라면 왕을 보좌하고 어명을 정부 각 부처에 전하는 승지원의 역할에 그쳐야 할 대통령비서실이 공룡처럼 커져서 사사건건 호령한다. 그러면 정부 각 부처의 어느 공무원이 보람을 갖고 성심껏 일하고자 할까? 심지어 근근이 지켜온 민주적 권력분산의 근간 삼권분립마저 위태롭게 만든다. 행정부 수반이 무슨 근거로 사법부에 눈을 부라리며 경고하고 훈계하는가? 전임 사법수장이 개인적 비리를 저지른 것도 아닌데, 어떻게 감히 행정부 소속 검찰이 사법부 업무수행에 관하여 그를 수사하고 구속하는 사태가 벌어진 건지 모르겠다. 현 사법부 수장이 그렇게 요구한 것이라는데, 두고두고 후유증이 남을 한심한 일이다. 문제가 있다면 국민들이 지켜보는 가운데 사법부 스스로 고쳐나가야 한다. 정권마다 사법부를 마치 산하기관 정도로 다루는 건 모두 자기 테두리를 망각한 몰지각한 행위다(6장 1. 생명의 테두리).

지방정부들도 문제가 심각하다. 선거로 선출되는 지방정부 기관장들은 표만 의식하여 이런저런 명목으로 현금을 살포하며 인기영합적 행동을 서슴지 않는다. 그래서 파산이 임박한 자치단체들도 속출하는 모양이다. 진화의 눈길로 보면, 중앙과 지방의 자발적 협치가 안 되는 생명체를 기다리는 건 결국 도태뿐이다. 협치란 들을 준비조차 되지 않은 이들은 결코 할 수 없는 대단히 어려운 작업이다. 생명을 보고 배우자.

04 면역계, 또 하나의 블록체인

면역은 외부침입에 맞서 생체를 지키는 생명의 필수기능이다. 염증도 비슷한 기능이지만, 염증은 면역에 비해 비특이적이고 무차별적이라서 일단 발생하면 대상을 포함한 주변까지 초토화시켜서 뿌리째 제거하려는 게 기본전략이다. 염증은 진화적으로 일찍부터 등장해서 단세포생물에서도 그 흔적이 보인다. 반면 면역은 대상을 정확히 저격하여 가능한 조직손상 없이 제거하는 걸 목표로 하는 고등생물들의 고난도 방어기능이다. 면역계는 다양한 면역세포들의 치밀한 상호조절 과정을 거쳐 작동하는 대단히 복잡한 전신 협동체제다. 염증과 면역은 엄격히 분리된 기능이라기보다는 실상 상당히 겹치며 서로 의존하는 합동작업이다. 면역계의 기능과 조절은 신경계와 더불어 대표적 생명의 신비로 꼽힌다. 그만큼 모르는 게 많다는 뜻이기도 하다.

면역기능은 보통 선천면역innate immunity과 적응면역adaptive immunity으로 구분한다. 선천면역은 주로 수지상세포dendritic cells[46], 대식세포macrophages, 일부 림프구lymphocytes 등이 담당한다. 선천면역에선 여러 병원균들의 공통적 원형原型구조를 감지하는 수용체들[47]이 중요한 역할을 한다. 말하자면, 선천면역은 개인별 맞춤양복이 아니라 고객들 체형에 맞는 패턴들을 미리 준비해뒀다가 필요에 따라 가장 잘 맞는 옷을 내어주는 기성복업체의 개념이다. 여기서도 막강한 진화의 손길을 느낄 수 있다. 어떤

---

46 처음 발견된 수지상세포가 바로 랑거한스세포이다(2장 7. 발견의 기쁨).

47 Toll-like receptor 들이 대표적 수용체들.

패턴들을 준비해 두었는가에 의류사업의 성패가 달려 있으니, 오랫동안 살아남아 패턴들을 잘 갖춘 사업자들이 신규사업자들보다 훨씬 더 유리할 건 분명하다.

고객에 맞춰 일일이 재단하고 제품을 만드는 적응면역에선 당연히 선천면역에 비해 공력과 시간이 더 들어간다. 최종제품은 B 림프구와 T 림프구들이 각각 만들어내는 항체와 T 세포 수용체로서 매우 다양한 대상들과 반응한다. 여기서 재미있는 질문이 생긴다. 항체와 수용체는 모두 단백인데, 자연계에 존재하는 수많은 잠재적 침입자들에 맞춰 각각 맞춤형 항체와 수용체를 만들려면 대체 유전자가 몇 개나 있어야 할까? 그걸 다 갖추는 게 가능할까? 이 까다로운 질문은 지난 세기 유전자재조합을 발견하며 풀렸다. 항체나 T 세포 수용체 유전자들은 원래부터 완성상태로 존재하는 게 아니라, V, D, J라 불리는 세 가지 유전자 그룹에서 각각 하나씩 임의 선택해 짜 맞춘 그 조합으로 새로 만들어낸다. 아무 세포나 할 수 없는 대단히 힘든 작업이다.

적응면역은 고도로 전문화된 방식이지만 시간을 다투는 상황에는 적합하지 않다. 따라서 선천면역과 염증이 함께 필요하다. 유전자재조합 덕분에 수없이 많은 림프구 클론들을 생성할 수 있으므로 최소한 이론적으로는 거의 모든 대상에 대한 면역반응이 가능해진다. 만일 인간이 외계로 가서 처음 접하는 미생물의 공격을 받아도 전멸은 면할 근거가 생기는 셈이다. 비슷한 일이 지구상에 벌어졌던 게 중세유럽을 공포에 떨게 했던 흑사병, 그리고 유럽인들이 전파하여 아메리카 원주민사회 전체를 초토화시켰던 천연두다. 역시 다양성은 역경 속에 생명을 지키는 힘이다.

면역세포들은 어떻게 만들어질까? 모든 면역, 염증세포들은 원래 골수에서 비롯한다. 골수의 조혈모세포들이 복잡한 계통으로 분화를 거치며 면역모세포들로 만들어진다. 면역세포들은 골수 밖으로 나와서 추가로 고등교육을 받아야 한다. T 림프구들은 흉선thymus[48]을 거치며 만들어진다. 흉선은 다양한 자기항원들이 존재하는 자기 자신의 초록abstract 같은 곳인데, 거기서 자기항원들에 반응하는 클론들을 모두 제거하고 엄격한 선택과정을 통한 림프구들만 졸업시킨다. 전신에서 활약하는 실행 T 림프구effector T cells들은 다 그렇게 만들어진다. 최근에는 그 세포들을 전반적으로 억제하는 '조절 T 세포regulatory T cells'들이 장에서 만들어지는 것으로 밝혀지며, 새삼 장 면역의 중요성이 드러나고 있다.

아무튼 면역세포들은 실로 엄청난 교육을 받는 셈이다. 기초교육에 더해 대학 졸업하고 대학원을 거쳐 박사학위를 받고도 박사 후 연구원 과정이 또 기다리고 있는 것 비슷하다고나 할까? B 림프구는 흉선을 거치지 않고, 편도선, 림프절, 비장 등의 림프여포follicle[49]를 거치며 활성화되고 완성된다. 유전자재조합은 이런 엄격한 교육과정 속에 진행되고, 그 과정에서 각종 불량세포들은 철저히 제거된다. 면역기관들은 대단히 중요하지만, 그 역할은 면역기능 조절기관이 아니라 면역세포들의 교육기관에 그친다. 사회로 진출한 졸업생들의 삶은 그들 각자의 몫이고, 그들의 다양한 역할들이 총체적으로 얽혀서 돌아가는 게 사회다.

면역계는 다양한 체세포들의 사회다. 면역은 중앙조절기관의 지시가 아니라 전신의 다양한 클론들이 자발적으로 기능적 연결망을 만들어 수행하는 놀라운 기능이다. 말하자면 총체적 블록체인 시스템이라고 볼 수 있

48 Thymus에서 만들어지기 때문에 거기에서 'T 림프구'란 말이 유래했음.

49 림프여포(follicle)는 림프기관 안에 미숙성 림프구와 여포수지상세포 등이 모여 만든 공 모양 조직구조.

다. 면역세포들은 전신적으로 서로 교류하고 협력하여 저마다 맡은 기능을 수행한다. 특히 소화기에는 외부물질과 직접 접촉하는 기관이라 더 많은 투자가 필요한 건지, 엄청난 숫자의 면역세포들이 퍼져있으며 현지신경계와 장내미생물들과 아울러 거대한 소통과 조절시스템을 이루고 살아간다. 신경계와 면역계는 흥미로운 유사점들이 많고 기능적으로도 연관성이 있다. 일례로, 림프여포 안에서 B 림프구를 육성하는 여포수지상세포 follicular dendritic cells들도 신경세포들과 매우 유사하게 긴 돌기를 가지는데, 실제 신경세포와 대단히 유사한 분화를 하는 걸 우리가 보고한 바 있다 (참고문헌 44). 이쯤 되면 정말로 누가 누군지조차 알 수 없게 되는 것 같다. 신경세포와 직접교류도 벌어지는 것으로 보인다.

면역조절은 대단히 복잡하며, 조금만 어긋나도 곧장 질병으로 직결될 수 있다. 선천적이나 후천적으로 면역기능이 떨어지면 줄곧 감염질환에 시달리고, 반대로 조절추가 너무 예민한 쪽으로 기울어있으면 툭하면 염증이고 심지어 자기를 스스로 공격하는 자가면역질환이 발생하기도 한다. 미생물군도 인체 면역시스템을 숙지하고 거기 맞춰 끊임없이 진화한다. 말하자면 상대와 더불어 끝없이 진행되는 진화의 길이다. 거기서 다양성은 생명을 지켜주는 손길이고 친구다. 그 다양성을 유지하는 게 바로 열린 사회다. 그런데 나이가 들어가면 점점 면역세포 클론들의 다양성을 잃어간다. 점점 줄어드는 클론들만으로 면역기능을 수행해야 한다. 어떻게 하면 면역세포들의 다양성을 잘 유지한 채 노년을 맞을까? 미래 의학의 중요한 숙제거리다.

05 벤담의 공리주의

신경계와 면역계의 운용방식은 놀랄 정도로 민주적이다. 다양한 주체들이 협력하여 스스로 움직인다. 진화과정을 거쳐 확립된 생명활동이 민주체계의 장점을 웅변하고 있는 셈이다. 그러나 생명의 민주적 운영은 엄청난 노하우가 뒷받침되어야 비로소 무리 없이 굴러갈 수 있는 고난도 작업이다. 수시로 변화하는 복잡한 외부상황에 따른 의사결정 노하우가 확립되어 있어야 한다. 의사결정이 너무 느리면 밀려오는 외부압박에 속절없이 무너질 수 있고, 그렇다고 내부운영에 지나친 투자를 하면 자기 스스로의 무게에 쓰러질 수 있다. 그에 따라 진화의 도도한 흐름 속에 무수한 종들이 생겨났다가 사라졌고, 지금도, 또 앞으로도 그렇게 계속되고 있다. 인류는 그 어려운 민주주의의 시행착오를 마냥 겪어낼 여력이 있을까? 그렇다고 독재체제로 갈 수는 없다. 그건 역사적으로 입증되어 왔고, 생명의 원칙에도 어긋난다. 진정한 민주주의란 어떤 걸까?

구미 민주사회 형성에 큰 영향을 미친 사상가로 벤담을 빼놓을 수 없다. 그가 주창한 공리주의utilitarianism는 알게 모르게 근대 시민사회, 복지국가, 자본주의 발전의 토대가 되었다. 아마 그처럼 사후까지 강력한 사회적 영향을 남기고, 동시에 공과가 극명하게 대비되는 인물은 별로 없을 것 같다. 벤담은 계몽주의 시대 끝 무렵 전 유럽에 변혁의 바람이 휘몰아치던 격동기에 살았다. 런던의 부유한 집 자제로 태어나 명문 옥스포드 대학에서 법학을 전공했는데, 당시 엉성한 관습법들로 꾸려나가던 후진적 법질서를 보고 환멸을 느껴 법조계 진출을 포기하고 사회사상가로 활동했다.

벤담은 여러 사회문제들이 발생하는 게 국왕과 귀족들이 기득권을 유지하고자 다중의 이익에 어긋나는 반동을 하는 데서 비롯한다고 생각했다. 그가 생계를 위해 일할 필요가 없었던 기득권층의 엘리트였음을 감안하면 서민들의 처지를 먼저 생각하는 놀라운 시각이었다. 그는 모든 법전을 성문화하여, 그 안에 개인의 법적 권리, 표현의 자유, 정교분리, 보통선거와 비밀선거, 사익추구와 자유경제, 감옥과 학교개혁, 여성동등권, 이혼의 자유 등을 포함시켜야 한다고 주장했다. 또한 동성애금지법[50], 노예제도, 사형제도, 체벌 같은 전근대적 행태를 금지하라고 소리 높여 외쳤다. 지금은 모두 당연히 민주사회의 필수요건들로 여기는 것들이지만, 당시로서는 지극히 개혁적이고 급진적인 주장들이었다. 현대 민주사회는 그에게 톡톡히 신세를 진 셈이다.

그의 공리주의 원칙은 간단하다. 어찌 보면 지나치게 간단하다. 1789년에 출간한 '도덕과 입법의 원리 서설Introduction to the Principles of Morals and Legislation'에서 그는 '자연이 인간을 다스리는 기본원리는 고통과 쾌락이며, 인간의 모든 행동과 생각은 그 둘로 귀착된다.'라고 주장했다(참고문헌 45). 쾌락은 곧 행복이고, '옳고 그름의 척도는 가장 많은 사람들의 최대 행복'이며, 그게 바로 사회의 기본공리라고 했다. 공리주의의 핵심을 한마디로 표현한 유명한 말이다. 심지어 고통과 쾌락을 수치로 측정할 수 있다고 주장하기도 했다. 자기의 개혁적 아이디어를 기득권층이 대놓고 반발하지 못하도록 아무도 부인할 수 없는 간단명료한 말로 정리하여 '대못'을 박으려 했던 것 아닌가 싶기도 하다. 그의 생각은 지금도 많은 이들의 공감을 얻는데, 그들은 정치의 궁극적 목적은 모든 시민들의 행복의 합산치를 최대로 늘리는 거라고 굳게 믿는다(그림 13).

50 작가 오스카 와일드(Oscar Wilde, 1854-1900)와 나치의 에니그마를 해독해낸 앨런 튜링(1장 1. 철학이란?) 같은 천재들을 핍박하고 몰락시킨 바로 그 법이다.

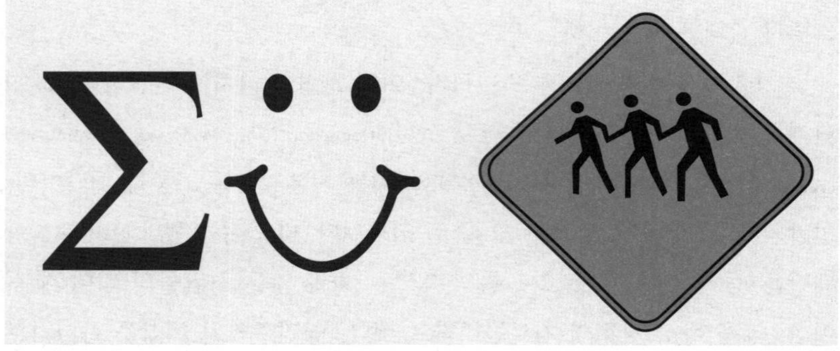

그림 13 **공리주의 구호들**

모든 사람들이 가장 행복하게!

그런데 행복이란 무엇일까? 어떻게 하면 행복할까? 그 조건들은 사람마다 다를 수 있다. 아니, 달라야 한다. 행복은 주관적이기 때문이다. 그걸 어떻게 일반적으로 정의하고 측정할 수 있을까? 행복이 곧 쾌락추구라는 건 아무리 봐도 너무 지나친 설정으로 보인다. 다양한 사람들의 다양한 욕구를 너무 획일적으로 보는 것 아닌가? 지나친 비유겠지만, 만일 그렇다면 모든 이들에게 환각제를 주면 그 순간 행복의 총합은 극대화될 것 아닌가?

심각한 비판에 직면하자, 그의 제자이자 동료였던 밀John Stuart Mil, 1806-1873은 육체적 쾌락 대신 정신적 쾌락을 제시해보지만, 그것 역시 공리주의의 합리성을 되살리기엔 역부족이었다. 아리스토텔레스는 니코마코스 윤리학에서 쾌락에 대한 찬반논란들을 상세히 소개하며 거기 도사리고 있는 탐닉의 문제점을 제기하고, 행복은 오락이 아니라 사색에서 비롯한다고 설파했다(참고문헌 25). 우리 두뇌에서 학습과 쾌락의 보상중추가 겹치는 것이라면(1장 5. 재미있는 생명철학), 진정한 행복이란 끊임없는 철학 공부를 통한 깨달음에서 비롯한다는 뜻 아닐까?

행복이 그렇다면 고통은 어떨까? 벤담은 쾌락과 아울러 고통을 자연이 인간을 다스리는 원리라고 했는데, 고통은 피할 수만 있다면 피해야 하는 것으로 생각했던 모양이다. 그래서 그의 생각은 쾌락을 늘리는 데 집중되어 있다. 그런데 쾌락과 고통을 그냥 반대개념으로만 보는 게 과연 옳은 걸까? 그는 사회에 만연한 '야만적 체벌의 육체적 고통'을 지적하고, 그런 걸 뿌리 뽑아야 한다고 했다. 지극히 타당한 말이다. 그러나 고통이란 그런 것뿐일까? 이를테면, 선생님이 학생들에게 학력테스트를 보자고 했다 치자. 학생들에겐 고통이 될 수 있다. 그러나 시험의 고통은 동시에 바람직한 면도 가지고 있다. 선생님이 가학적으로 학생들을 괴롭히려는 게 아니라면, 일부 정신분석학자들은 무의식적으로 그런 면도 있을 수 있다고 할지 몰라도, 혹은 실제 그런 면이 없지 않다고 하더라도, 학생들은 그걸 통해 자신의 객관적 평가를 해보고 거기 맞춘 계획을 세울 수 있다. 그런 고통을 감내하는 것 자체가 훌륭한 교육일 수도 있다. 몸에 좋은 약이 입에 쓰다는 말이 있지 않은가? 그런데 만일 학생들이 투표하여 시험을 거부한다면 기다렸다는 듯 여론대로 하겠다며 선뜻 취소해서 고통의 총합을 낮춰주자는 건가?

시민들이 내심 원하지 않더라도 기꺼이 세금을 내고 사회적 의무를 다하는 건 실상 큰 고통을 감내하는 것이다. 그렇다면 그건 윤리적 문제로 귀착된다. 벤담은 칸트보다 20여 년 후에 활동했던 인물인데, 그의 생각에 개인의 윤리와 사회적 책무에 대한 고심의 흔적을 별반 찾아보기 힘들다는 게 놀랍다. 아니, 거의 없다는 게 더 옳은 말일 듯하다. 다중을 보호하고 그들을 학대하던 기득권층에 맞선다는 생각이 너무 일방적으로 앞선 건 아니었을까? 그런 측은 무조건 자기가 도덕적으로 우월하며 상대방이 하는 모든 건 '적폐'라고 굳게 믿는 경향이 있다. 대표적인 '닫힌 마음'이다. 그러면 그들만의 닫힌 세계에 살겠다는 것과 다름없는데, 정작 문제는 자기들만이 아니라 모두 함께 거기 끌고 들어가려는데 있다.

'최대 다수의 최대 행복'이란 모토는 민주주의 대원칙인 다수결원칙과 상통하는 측면이 있다. 그런데 만일 그게 '다수는 옳다.'라고 상정하는 거라면 필연적으로 심각한 문제를 야기할 수 있다. 찬성하지 않는 소수는 옳지 않은 게 되기 때문이다. 게다가 '옳은 게 정의다.'라는 주장까지 곁들이면 사태는 걷잡을 수 없게 된다. 입장에 따라 다르게 식언을 쏟아내고, 패거리를 조장하여 사회적 다양성을 해치고, 결과적으로 인권을 해칠 수 있다. 심지어 다수를 위해서라면 서슴지 않고 소수를 희생할 수 있다는 전체주의적 논리까지 등장한다. 윤리와 사회적 책무의 뒷받침 없는 '최대 다수의 최대 행복'은 돌이킬 수 없는 재앙으로 돌아올 수 있다.

언제부턴가 사방에 설익은 공리주의 논리가 넘쳐난다. '국민의 지지를 받고 있다.'라는 미명하에 도처에 '무책임민주주의'와 '천민자본주의'가 설쳐댄다. 그 근거로 제시하는 게 '여론'이다. 다수의 의견이라면 그 내용과 상관없이 어떤 가치보다 더 상위에 있다는 신념이 바로 공리주의 산물이다. 그런데 특정사안에 대한 '여론의 지지'라는 것도 어떻게 여론조사를 하느냐에 따라 천차만별로 나타날 수 있다. 어렵지 않게 선동과 조작이 가능할 수 있다는 뜻이다. 역사에 그런 예는 얼마든지 있다. 그걸 월등히 잘했던 게 나치독일이었다. 요즘이라고 뭐가 다를까? 아예 버젓이 선전선동부라는 부처를 가진 나라도 있지 않은가?

윤리적 바탕이 없는 무책임한 인기영합주의와 패거리정치의 결과가 어떤 건지는 일단 그 길로 들어가면 결국 재기불능상태에 빠져 헤어 나오지 못하는 많은 나라들이 계속 증명하고 있다. 그건 멀리 앞을 보기는커녕, 아이들이 한 푼씩 정성껏 모아둔 벙어리저금통을 털어가는 행위다. 아니, 그들의 꿈을 훔쳐가는 것이다. 영국이 유럽연합에서 탈퇴하기로 했을 때 유권자들은 젊은이들이 부모세대에 비해 월등히 좁아질 무대에서 그들의 꿈을 얼마나 펼칠 수 있을지 곰곰이 생각해 보고 투표한 건지 묻지 않을 수 없다. 여론도 너끈히 독재가 될 수 있다. 쉽사리 그렇게 유도할 수도 있다. 그렇다면 진정한 민주주의로 가는 길은 어디 있을까?

07 인권과 책무: 민주주의의 두 기둥

민주주의의 두 기둥은 인권과 책무다. 모든 이들의 인권을 똑같이 존중하면서 동시에 누구나 사회를 위한 책무를 스스로 다하지 않으면 민주주의는 유지될 수 없다. 인권과 책무는 밀접한 관계 속에 서로 의지한다. 동전의 양면, 즉 하나다. 경우에 따라 어느 쪽부터 먼저 고려해야 하는 게 아니다.

칸트의 윤리철학은 여러 면에서 민주주의의 진정한 토대가 되었다. 그 핵심은 개인의 자유와 자율에 있다. 필자는 개인의 인권과 윤리의 확립이 역사적으로 동양에 대한 서구의 비교우위를 확실하게 결정짓는 계기를 제공했다고 생각한다. 어찌 보면 생명의 단위인 모든 세포를 존중하는 세포론의 확립과도 맥을 같이 한다. 세포들의 자율성과 윤리성을 토대로 이루어진 세포생물학적 기반 없이 곧장 생체를 다루는 생물학에만 매달리겠다는 건 한계가 있고 자칫하면 억측과 억지로 이어지기 십상이다. 공자 이래 동양은 개인보다 사회의 안정이 우선이었다. 군자라는 이상적 개념의 개인을 그릴 수는 있으나, 현실적으로 극소수를 제외한, 글쎄 과연 얼마나 될지는 몰라도, 나머지는 모두 이상적이지 못한 소인이 된다. 그런데 민주사회란 소인들이 스스로 자기 뜻을 펼치고 의미 있는 삶을 영위할 수 있는, 그렇게 되어야 하는 사회가 아닌가? 아직껏 각 가정마다 자녀를 몇 명 가질 수 있는지 통제하는 국가가 있다면 무슨 말을 더 할까?

칸트는 사회적 책무를 일깨운다. 윤리는 스스로 자율적으로 도입하는 것이다. 그게 사회적 책무다. 좋든 싫든, 누가 보든 말든 간에 인간이라면 해야 할 의무다. 바로 그 사고의 기반이 투철하지 않으면 거창한 예절도 모두 겉치레 눈가림에 지나지 않는다. 동양의 전체주의적 '다 같이' 문화가 오히려 큰 걸림돌이 될 수 있다. 남들의 다른 점을 인정하고 존중해 줘야 사회는 비로소 발전하고, 그 안에서 개인의 삶도 충실해진다. 세포는 개체를 위해 할 바를 다하니까 존경받는다. 남들이 열심히 노력하여 개발한 걸 존중해주지 않고 거리낌 없이 베껴내어 팔아먹는 이른바 '짝퉁 문화'[51]가 만연한다면, 그 안에서 어떻게 새로운 가치가 생길 수 있을까? 그렇게 기를 쓰고 돈을 번들 무슨 의미가 있을까? 국가도 마찬가지다. 심지어 지독한 오염과 매연을 배출하여 이웃나라 사람들까지 숨을 못 쉴 지경으로 만들어놓고도 사과는커녕 자기들 책임이 아니라고 오히려 큰소리치는 사태까지 벌어지는 것 아닌가?

이건 비단 물질만의 문제가 아니다. 그러면 삶이 천박해지고 인간의 총체적 가치는 훼손된다. 플라톤이 철인정치를 갈망하고 공자가 군자정치를 꿈꾸었던 건 사회적 책무는 외면하고, 끊임없이 자기주장만 떠들며, 기회만 잡으면 군림하려는 소인배들에게 절망해서 그런 것 아닐까? 세포가 윤리적 책무를 망각하고 자기 혼자만 증식하려 들면 어떤 결과가 초래되는지 우리는 알고 있다. 사회라고 암에 걸리지 말란 법이 있을까?

벤담을 돌이켜보면 진정 안타깝다. 군림하던 세력에 맞서 홀로 서민들을 대변해주고자 투쟁했던 그 넉넉한 인품과 따뜻한 가슴. 선각자로서 그의 족적은 현대 복지사회의 기반을 이루는 데 크게 공헌했다. 그러나 공리주의는 '쾌락, 행복, 고통' 같이 분명히 정의할 수 없는 말 위에 다른 여러 말들을 덧붙여 쌓아 올린 사상누각과 별반 다를 바 없다(3장 3. 비트겐슈타인과 노자의 언어철학). 윤리적 바탕없이 인권이라는 기둥 하나에 의지해서

51 문화란 말도 터무니없다. 그냥 도둑질이다.

그 위에 거대한 마천루를 쌓아 올리려 했다. 그러면 무슨 말이건 덧붙일수록 그 건물은 자기 무게로 더욱 기울어져서 끝내 무너질 수밖에 없다. 전체를 보는 균형 잡힌 시각은 그토록 중요하다. 철학은 일방적 주장이 아니다. 교조화된 일방적 시각은 얼마나 위험한가?

공리주의는 나아가 치유하기 어려운 심각한 문제점들을 민주주의의 어깨 위에 올려놓았다. 그 결과 책임 있는 시민들의 모습이라고 보기 어려운 상황들이 속출한다. 어쩌다 그렇게 되었을까? 그 좋은 출발점을 생각할수록 더 안타깝다. 스스로 부여한 도덕적 우월성에 취해 갈수록 자기도취에 빠지며, 자기가 그렇게 비난했던 권위주의를 그대로 닮아간 걸까? 벤담은 생의 마지막에 자기 시체를 미라로 만들어 공리주의 모임이 있을 때마다 그 앞에 모시라고 유언한다. 섬뜩하지만 지금도 그렇게 하도 있다는 모양이다. 이 세상에 대한 애착과 미련이 그렇게 많았던 걸까? 그런 게 그분 혼자만은 아니겠지만.

08 민주주의, 민정주의?

생명은 근원적으로 윤리적 존재이고, 윤리적 바탕없는 삶은 오래 이어갈 수 없다. 세포는 개체에, 개체는 사회에 대해 스스로 부여한 책무를 다하는 데서 건강한 생명과 건전한 삶이 이어진다. 민주주의를 뜻하는 '데모크라시democracy'[52]란 말을 그대로 풀이하면 시민들이 통치한다는 뜻이

52 그리스어 어원의 demos(사람들)와 kratia(통치)의 합성어.

다. 엄밀하게 번역하면 '민주民主주의보다 '민정民政주의'라는 말이 맞다. 주식회사로 치자면, 민주는 시민들이 주주란 뜻이고 민정은 시민들이 임직원으로 직접 회사를 경영한다는 뜻이다. 둘 다 해당하면 이상적일지 몰라도, 현실은 그렇지 못한 경우가 많다.

그러면 우리가 원하는 건 민주주의인가 민정주의인가? 진정한 민주라면 사람들이 각자 사회의 주인이고 그에 따른 책임도 진다는 건데, 과연 그런 건지 납득하기 어려운 경우가 너무나 많다. 자기주장을 무작정 관철하겠다고 불법으로 도로를 점거하고 시위하면, 그 길에 기대 근근이 생계를 꾸려가는 사람들은 어쩌란 말인가? 시위대는 패거리를 만들지만, 말 못하는 피해자들은 그럴 힘도 없는 처지의 사람들 아닌가? 그게 과연 '주인'이 할 수 있는 행동인가? 그런 무소불위 사람들 앞에 법질서는 어디로 갔는가? 누구에게나 적법하고 적절한 언로를 터주는 건 정치권이 할 일이고, 불법시위를 단속하고 거리의 질서를 유지하는 건 경찰이 할 일이다. 그 누구도 그들의 엄정한 공무집행을 탓할 수 없다. 요즘 경찰은 '스스로 알아서' 자기 역할을 접은 모양새지만.

플라톤은 당시 정치체제 중 철학자에 의한 통치aristocracy가 가장 이상적이고, 다음으로 금권정치timocracy와 과두체제oligarchy를 차례로 든 반면, 민주체제는 그보다 못한 저급한 정체라고 여겼다(참고문헌 11). 민주정치에서는 재산을 향한 이기적 투쟁이 극한으로 전개되면서 무제한의 자유 탓에 쾌락에 빠져서 결국에는 사악한 독재정치tyranny로 귀결되고 만다. 말하자면 민주체제는 대중의 선호가 모든 윤리의 무조건적인 잣대가 되는 '중우정치衆愚政治'로 직결된다는 것이다.

플라톤의 생각을 민주주의에 대한 지나친 혹평과 폄훼로 보는 시선이 적잖이 있는 건 사실이다. 그러나 조국 아테네의 혼란상을 지적한 그의 고언을 그렇게만 볼 건 아닌 듯하다. 시민들을 위해 웅변하던 소크라테스를 제거하면서 스스로 야기한 큰 혼란 속에 빠져든 아테네는 플라톤의 경고대로 곧 패망의 길로 들어선다. 그 후 지구상에서 아테네라는 나라는 물론이고 민주주의라는 말 자체가 자취를 감춘다. 그러다가 언제부턴가 '민주주의'가 갑자기 재등장하여 마치 무슨 마법이나 신앙처럼 포장되어 어디서나 마구잡이로 쓰이고 있는 듯하다.

플라톤의 견해를 비판하기 전에, 우선 우리 스스로부터 돌아보면 어떨까. 혹시 요즘 매일 접하는 현실이 고대 아테네의 짧았던 영화 뒤에 찾아왔던 대혼란 바로 그것 아닐까? 플라톤이 진정 지적하고자 했던 건 무엇이었을까? 국민들 각자가 진정한 주인인 민주사회를 배척한 것이었을까, 아니면 윤리적 바탕없는 무책임한 민정주의가 필연적으로 초래할 참담한 결과를 미리 경고한 것이었을까? 그에 대한 의구심이 든다면, 그건 '민주'와 '민정'이란 번역상의 혼선 때문일지 모른다. 그 혼선은 플라톤이 아니라 우리가 만든 것이다.

민주사회의 주인이 누군지 따져볼 방법은 없을까? 이스라엘의 솔로몬 왕은 한 아기를 서로 자기 자식이라며 다투는 두 여인에게 아이를 둘로 나눠 반씩 차지하라고 판결한다. 그러자 진위는 쉽게 가려진다. 진짜 어머니라면 자식이 죽게 내버려둘 리 없을 테니까. 마찬가지로 소 한 마리로 생계를 꾸려가는 농가에서 소의 주인을 가려달라는 다툼이 생겼다고 치자. 누가 주인인지 불분명하니 소를 잡아 고기를 반씩 나눠 주라면? 빨리 잡아서 고기를 달라는 쪽이 주인일까, 어떻게든 살려서 함께 농사를 지으며 살자는 쪽이 주인일까? 내일은 어찌 되건 오늘 행복해야 한다는 측은 주인이 아니다. 생명의 불씨를 이어간다는 건, 우리 모두 다음 세대를 위해 존재한다는 뜻이다. 그게 생명철학의 원칙이다. 당장 소부터 잡아먹자는 건 '사람 먼저'가 아니라 '나 먼저'다.

09 민주교육은 철학교육부터

생명의 주인은 다음 세대다. 그러면 그들의 교육 이상 중요한 게 어디 있을까? 교육의 목표 또한 자명하다. 부모가 참견하지 않아도, 혹은 도와주지 않아도, 스스로 자기 길을 찾아갈 수 있도록 해주는 것이다. 그래서 시민들이 각자 자기 삶을 알아서 꾸려가는 게 바로 민주주의의 힘이다. 누가 시켜서가 아니라 스스로 판단해서 한다. 경험주의자들은 아기들이 태어날 때 백지상태라 할지 몰라도, 실제로 여러 아이들을 보면 저마다 다른 특성들이 확연하다. 그걸 충분히 감안해야, 거기 맞춰 교육하고 각자 멋지게 일생을 살도록 도와줄 수 있다. 성숙한 민주사회의 주인들을 키우려면 그걸 감안한 교육의 재탄생이 필요하다.

독재는 아무리 그럴싸하게 포장해도 삶의 가치를 훼손한다. 국민들이 스스로 알아서 살아갈 권리, 어찌 보면 삶의 근본의미를 송두리째 뺏어가기 때문이다. 전쟁이 나면 독재국가 군대는 한번 무너지면 그걸로 그만이지만, 진정한 민주군대는 일단 실패해도 그걸 딛고 스스로 다시 일어선다. 독재는 누군가 하늘 무서운지 모르고 혼자 꾸미고 저지르는 게 아니다. 사회가 그런 인간을 만들어낸다. 그래야 '편하기' 때문이다. 거기 붙어서 이득을 보려는 사람들은 물론이고, 현실에 대한 불만은 있지만 무언가 해볼 엄두는 나지 않는 다수가 은연중 그걸 용납하거나 가담하여 벌어진다.

스스로 책임지고 뭘 해본다는 건 누구나 불안하고 두렵다. 민주주의 체제는 고도의 훈련이 필요한 매우 복잡한 시스템이고, 결코 저절로 얻어지는 게 아니다. 자칫하면 아주 위태롭고 위험해진다. 왕성해 보이는 민주정체제도 언제 어떻게 몰락하고 시민들 스스로 노예가 되길 자처할지 모른다. 구성원들 한 사람 한 사람이 깨어나지 않으면 결코 유지될 수 없는 게 민주주의다. 사람들이 스스로의 주인이며 사회의 당당한 주주가 되려면 그럴 소양이 필요하다. 자기생각을 근거에 입각하여 정리하고 논증하여, 남들과 같은 점은 간직하고 다른 점은 존중해주는 열린 마음의 성숙한 인품이 절실하다. 거기에 개인은 물론 사회 전체의 미래가 달려있다.

아이들에게 어려서부터 민주주의 두 기둥, 인권존중과 사회적 책무를 가르쳐야 한다. 일본에선 가정에서나 학교에서나 가장 먼저 가르치는 게 '폐 끼치지 마라.'는 것이다. 거창한 예절은 그만두고라도, 그건 사회생활의 최소한 기본이다. 누구나 이웃뿐 아니라 사회와 생태계에 폐 끼치지 않고 살고자 한다면 세상이 지금보다 훨씬 좋아지고 살만하게 되지 않을까? 남들이 어떻게 생각하든 개의치 않고 자기중심으로만 자란 아이들이 나중에 사회에 나가서 과연 얼마나 환영받을까? 그러면 정작 본인들은 얼마나 살기 힘들까? 무엇이 우리 아이들을 위한 길이란 건 자명하다. 이웃나라에선 기본예절을 가르치는 게 조기교육이라면, 우리 조기교육은 아직 한국말도 잘 못하는 아이들에게 영어 가르치겠다고 학원에 넣는 것인 듯하다. 남의 아이들만 잘하는 꼴 못 보겠으니, 모든 조기교육을 아예 법으로 금지해 달라는 것도 난처하긴 마찬가지다.

한국교육은 학생, 선생, 부모, 모든 사람들이 불만이다. 한국인의 행복지수를 떨어뜨리고, 결혼과 출산이 지금처럼 바닥 모르고 떨어지는 큰 원인이다. 서너 살 때까지만 해도 그지없이 밝고 해맑던 아이들이 유치원에 가면서부터 웃음을 잃어가고 학교에 진학한 후로는 마냥 피곤에 찌든 짜증스런 얼굴로 되어가는 걸 모두 넋 놓고 지켜보고만 있는 꼴이다. 대학생들도 어른스럽지 못하고 그냥 끌려 다니는 피동적인 모습이다. 근본적으로 뭔가 잘못되었다. 그러면서 교육부장관이 새로 임명될 때마다 입시요강을 바꾼다며 공교육을 누더기 꼴로 만들어서 이제 어디서부터 손을 봐야 할지 모를 지경이 되었다. 이젠 책임조차 지기 싫으니 '공론화위원회'라는 실체 없는 임의집단에게 책임을 떠넘기면서 자기들 존재의 근거를 스스로 지우고 있다. 우리는 진정 스스로 무너지려 하는가?

교육에 대한 근본적 성찰과 철학이 절실한 시점이다. 융합의 시대에 고등학생들을 문과/이과로 강제로 나누는 것 같은 답답한 일을 언제까지 지속할 건가? 대학도 거의 직업교육기관으로 변모한 듯하다. 삶의 근본이 될 필수인문학과 과학을 가르치던 '문리과대학College of liberal arts and sciences'은 이미 멸종했고 기억에서조차 사라졌다. 젊은이들은 그런 게 있었던 것조차 모른다. 그렇지 않아도 청년실업으로 고생하는데, 그런 게 돈이 될까, 밥이 될까? 바로 그런 생각부터 잘못이다. 사회가 분업화, 고도화, 전문화할수록 더욱 필요한 인재는 폭넓은 문리과교육을 충실하게 받은 '일반가generalist'들이다. 모든 걸 종합하고 융합할 능력이 있기 때문이다. 전 세계 빼어난 창업자들이 바로 그걸 생생하게 보여주고 있다. 그들은 빨리빨리 줄 서는 것 배우느라 주눅 든 아이들보다 얼마나 더 풍부한 삶을 살고 사회에 큰 공헌을 하는가?

폭넓은 문리과교육의 핵심은 철학이다. 철학은 고리타분한 일방적 윤리교육이 아니다. 세상의 지식을 논증하고 판단하며 배우고, 그 바탕 위에 자기 생각을 정리하고 확립하는 훈련이다. 그러자면 강의보다 토의가 더 소중하다. 유대인들의 교육방식도 그런 식이다. 그게 유대인들의 교육방식이기도 하다. 그들은 어려서부터 경전 탈무드를 가지고 귀 아플 정도로 열심히 토론한다. 부모도 일방적인 해석이나 참견을 하지 않는다. 한

마디로 고급교육, 소그룹 토론이다.[53] 철학교육은 의미를 찾아가는 삶을 지향한다. 미래사회와 경제를 이끌어갈 창의력은 거기서 나온다. 우리는 언제나 초등학교부터 주입식 지식 퍼 담기가 아닌 철학교육을 시작할 수 있을까? 그러면서 노벨상 같은 것만 탐낼 게 아니라, 지식의 깊은 의미를 추구하는 철학자들을 존경하고 칭송할 때가 오기를 고대한다.

내심 수긍하면서도, 비현실적인 탁상공론이나 이상론이라고 여기는 분들도 많을 줄 안다. 그러면 당장 아이들 장래가 달린 입시는 어떻게 하라고? 뜻이 있는 곳에 길이 있기 마련이다. 수학능력시험을 암기지식이 아닌 읽기와 판단력 위주 시험으로 대치하면 된다. 다 장단점이 있겠지만, 미국의 SATscholastic aptitude test를 참고할 필요가 있다. 그건 말 그대로 대학 공부를 위한 적성검사다. SAT에서는 선행지식을 요구하지 않는다. 오히려 그런 식으로 판단하면 손해 보게 되어 있다. 문제를 주어진 상태로 분석하고 해결하라는 것이다.

그거야말로 어려서부터 철학교육을 받은 아이들의 장점이자 강점 아닐까? 수학도 포함되어 있는데, 웬만큼 열심히 공부한 학생들이라면 얼추 다 맞출 정도다. SAT는 오랫동안 이어오며 나름대로 훌륭한 변별력이 있는 검사라고 정평이 나 있다. SAT 성적이 좋은 학생들은 거의 예외 없이 대학성적도 우수하다. 그러니 미국대학들은 고민할 필요가 없다. 학생들의 성실성을 보여주는 내신성적과 SAT 결과를 종합해보면 훌륭한 자질의 학생들을 선발할 수 있다. 교육부 간섭이란 있을 수 없다. 남의 좋은 걸 선

53 선생님과 하는 소규모 토론식 교육을 투토리알(turorial)이라 하는데, 그건 큰 강의실에 하나 가득 학생들 앉혀 놓고 하는 강의와는 비교할 수 없는 고급교육이다. 외국에서 대학들을 평가할 때 가장 중요한 항목 중 하나로 '교수 대 학생 비율'을 드는 이유가 바로 그것이다. 우리 현실은 어떨까?

례로 삼아 우리 걸 개발하면 된다. 우리는 마음만 먹으면 무엇이든 도입하여 그보다 훨씬 더 우수한 걸 만들어낼 능력이 충분한 사람들 아닌가.

철학은 내 생각을 멋지게 정립하는 과정이고 훈련이다. 꼭 대학에서 전문적으로 다뤄야 할 학문만은 아니다. 철학교육은 어려서부터 누구나 체계적인 자기 생각을 가지도록 이끌어준다. 그래서 모든 이들이 자기 삶을 단단하고 행복하게 이어가게 한다. 진정 자기 일을 사랑하고 누구 못지않은 훌륭한 장인이 되겠다고 다짐하는 젊은이들은 작업현장에서 기꺼이 땀 흘리며 훈련에 매진하고 그게 쌓여 '만 시간의 기적'[54]으로 이어진다. 명품은 그들의 그런 철학 위에 탄생한다. 떳떳하고 행복한 오늘과 멋진 내일도 그렇게 만들어진다. 사회는 구성원들 스스로 자기 삶을 결정하고 살아갈 때 번성한다. 그게 진정한 민주주의다.

10 정부와 민간의 역할

누구나 자기 삶을 스스로 결정해 살아가는 사회라면, 정부가 할 일은 뭘까? 한마디로 사회의 바닥을 다지는 일이다. 그게 할 일이고, 거기서 그쳐야 한다. 민간과는 할 바가 다르다. 민간의 역할은 그 위에 지붕을 높이는 일이다. 국제경쟁력을 높이고 앞서 나가야 한다. 쉽지 않은 일이다. 정부는 그걸 지원은 못 할망정 시시콜콜 참견하며 발목을 잡아선 안 된다.

사회생활을 갓 시작하는 젊은이들에겐 주택문제가 커다란 고충이다.

54 '만 시간의 법칙'은 어떤 분야의 전문가가 되기 위해서는 최소한 만 시간 정도의 훈련이 필요하다는 법칙이다. 매일 3시간씩이면 10년, 10시간씩이면 3년이 걸린다.

어떻게든 도와줘야 한다. 그렇다고 민간 건설업체들의 주택분양 상한가를 억제하는 건 조금도 도움이 안 된다. 아무리 상한가를 낮춰봐야 어차피 사회초년생이 자기 힘으로 그걸 살 수는 없다. 괜히 전국주택의 질만 떨어뜨리고, 건설업체들의 창의적 기술축적을 막아서 전체적 경쟁력 저하로 이어지고 결국 건설 실업자들만 양산한다. 젊은이들에겐 값싸고 품질 좋은 장기임대주택을 많이 지어주는 게 도움이 된다. 여러 크기의 모델이 있을수록 좋다. 큰 평수는 아니더라도 오롯이 내 집 아닌가? 그걸 바탕으로 꿈을 펼치고자 하는 희망이 생기지 않을까?

그게 바로 정부가 할 일이다. 몇 시간씩 출퇴근하느라 진 빼지 않도록, 다소 좁고 불편하더라도 가능한 도심에 모여 살도록 마련해 줘야 한다.[55] 요즘 일인 가구가 계속 늘어나는 추세인데, 도심에 노후한 주택들 신축할 때 층수를 높여 허가해 주는 대신 내진설계와 안전성만 확보하면 좋은 소형주택들이 꾸준히 공급될 것 아닌가? 어쩌자고 온갖 규제 도장을 틀어쥐고선 그걸 가로막나? 정치란 국민들 편히 살게 하려고 있는 것 아닌가? 거기서 수익이 생기면 그건 민간경제 소관이지 정부가 관여할 사항이 아니다. 경제적 사업성 없는 일을 민간에 떠맡기면 안 된다. 민간업체들은 비즈니스 하는 사람들이지, 자선사업 하는 사람들이 아니다. 정당하게 돈 벌어 그만큼 세금 내고 고용을 창출하면 훌륭하게 할 바를 다한 것이다. 국민들의 기본권은 정부의 몫이다.

정부는 사회의 기초를 닦기 위해 응당 해야 할 투자를 외면하면서, 참견은 열심히 한다. 의료에도 문제는 많다. 사립의료는 전반적으로 세계

55 위성도시 개발은 천문학적 국고가 들어가는데, 그게 젊은이들이 진정 바라는 바인지 숙고할 필요가 있다.

적인 경쟁력을 유지하고 있지만, 공공의료 투자는 심각하게 저조한 수준이다. 어찌 보면 국가가 국민의료에 거의 무임승차하고 있는 셈이다. 그래서 체계적 외상치료도 미흡하고, 심한 정신질환자들에 대한 정부 차원 추적관리는 거의 없고, 먹고 살 만한 나라들 중에서 결핵이환율이 단연 최고라는 불명예도 안고 있고, 메르스 같은 감염병에 거의 무방비상태로 노출되기도 한다. 정부가 공공의료 수요를 충분히 수용하기 위한 투자는 하지 않으면서, 문제만 터지면 해당 사립병원 당국자나 현장에서 땀 흘리며 뛰어다닌 의료진을 비난하고 고발하는 모양새가 참 뻔뻔하기 그지없다. 고발할 첫 번째 대상은 바로 그들 자신 아닌가? 심지어 진료 중 의사가 환자에게 살해당하는 황당한 사태는 누구 책임인가? 그러면서도 보험수가와 각종 규제들로 의료기관들의 손발을 묶고 장악하는 걸로 할 바를 다 한다고 여기는 모양이다. 영리병원과 비영리병원 구별도 근거 없는 말장난이며, 매우 위선적이고 자극적이다. 자선이 아닌 다음에야 세상에 영리를 목적으로 하지 않는 사업체가 어디 있을까? 그래야 사업을 유지하고, 고용을 늘리고, 진료수준을 높여 경쟁력을 유지할 것 아닌가?

더 넓게 봐야 한다. 의료는 대표적인 노동집약산업이다. 일단 기본설비와 환경이 갖춰지면 나머지는 일일이 사람 손과 정성으로 해내는 일이라서, 어떤 산업보다도 투자 대비 고용효과가 크다. 병원업무는 진료, 시술, 관리 같은 고도의 전문성과 훈련이 필요한 요소들로만 이루어지는 게 아니라, 간병, 위생, 물류, 교통, 식당, 세탁, 경비, 청소, 시설, 환경, 장비관리, 전산, 정보, 교육, 종교활동 등 어느 하나라도 소홀히 할 수 없는 많은 업무들이 함께 원활하게 수행되어야 한다. 거기서 수많은 직원들이 불편한 이들을 돕는다는 보람과 자부심으로 일한다. 취업난 해소에 이보다 더 나은 방안이 있을까? 협력업체와 납품업체 직원들, 이동인구까지 포함하면, 대형종합병원은 작은 도시 하나와 맞먹는 규모다. 그걸 정부가 지으려면 얼마나 많은 예산이 필요할까? 그런데 지금 같은 상황이면 누가 그런 막대한 투자를 해서 병원을 세우려 하겠는가?

이쯤 해서 우스갯소리 같은 에피소드 하나 소개하며 끝내는 편이 낫겠다. 외국의 어느 유명한 폭력조직 보스가 한국 병원에 찾아와 수술을 잘 받고 감격해 돌아가선 진료를 담당했던 주치의, 간호사, 도와준 의료진을 모두 초청해서 극진히 대접했다. 그리곤 '엄지 척' 올리며 하는 말이, "한국 의료 최고! 의료비도 엄청나게 싸요. 이제부터 부하들 일하다 다치거나 식구들 아프면 다 보낼 텐데, 모두 받아줄 거죠?" 글쎄, 무슨 일을 한다는 건진 몰라도, 혹시 의료를 국가기간산업으로 육성하려 하는 싱가포르 같은 나라였다면 외국에서 환자집단을 유치했다고 의료진 모두 훈장 하나씩 받지 않았을까?

8-1. 세포의 쾌락

공리주의는 쾌락을 삶의 목표로 여깁니다. 생명의 기본인 세포들도 쾌락을 위해 살까요? 세포들의 쾌락이란 어떤 걸까요?

8-2. 생명의 주인의식

생명에는 민정주의와 민주주의 중 어느 쪽이 더 적합할까요? 어떤 면에서 그럴까요?

8-3. 댓글 여론조사

정치는 국민의 뜻을 반영해야 하고, 그런 면에서 수시로 여론을 살펴보는 건 당연합니다. 그런데 여론조사는 엄격한 방식을 따라 공정성을 갖춰야 합니다. 인터넷 포털 사이트에는 댓글을 다는 공간이 많은데, 그걸로 여론의 향방을 가늠할 수 있을까요?

8-4. 공론화위원회와 배심

직접민주주의는 시민들의 적극적 사회참여라는 점에서 바람직한 반면, 현실적 방법이 마땅치 않습니다. 그래서 절충안으로 이른바 사안별 공론화위원회라는 임의조직을 만들어서 토론결과를 정부시책에 수렴하는 걸 고려하려는 듯합니다. 그럴 경우 장단점은 무엇일까요? 위원들은 누가 어떻게 선발하나요? 선거 없이 뽑힌 대표가 시민들을 대변하여 예민한 사회적 사안들을 다루는 게 타당한가요? 국민참여재판의 배심제도도 그런 식일까요? 정부가 주도하여 사회공론을 이끌어내겠다는 발상 자체가 바람직한가요?

8-5. 국가채무와 복지

요즘 복지혜택이 부족한 은퇴노년층이 늘어나 큰 사회문제가 되고 있습니다. 복지를 늘리려면 국민들의 직접부담을 늘리거나 국채를 대량 발행하는 수밖에 없는데, 둘 다 쉬운 일이 아닙니다. 그렇지 않아도 가파르게 늘어나고 있는 국가채무는 다음 세대에게 떠넘기는 빚인데, 아직 선거권도 없는 세대라고 그 의사도 물어보지 않고 밀어붙인다는 점에서 비윤리적이라는 지적이 많습니다. 이 복잡한 문제를 어떻게 접근하면 좋을까요?

8-6. 사립유치원

정부의 강력한 규제에 반발한 사립유치원들이 자율적으로 운영하지 못할 바에는 차라리 문을 닫겠다고 합니다. 현행법상 학부모 2/3 이상의 찬성을 얻어야 하는데, 막대한 벌금을 감수하고라도 폐원을 강행하겠다는 입장인가 봅니다. 부모들은 걱정이 태산입니다. 국공립유치원은 입학하기도 어렵고, 근근이 들어가도 통학버스도 없고, 오후 일찍 끝나고, 돌보는 내용도 미흡하다고 부모들 걱정이 많습니다. 그래서 심지어 '사립유치원 폐원 무조건 금지법'을 만들자는 주장까지 나옵니다. 이게 그렇게 해결될 일인가요? 이 딱한 사태의 근본원인은 뭘까요? 어떻게 해야 원만히 해결될까요? 유치원들 간에 경쟁을 유도하면 어떤 효과가 있을까요? 경쟁과 진화는 어떤 관계인가요?

8-7. 비보호 좌회전

미국의 경우, 교차로에서 특별한 표시가 없는 한 어디서나 좌회전할 수 있습니다. 파란불에 미리 교차로 중앙 쪽으로 진입하여 대기하다가 적당한 때 좌회전하면 교차시간이 상당히 단축되고 소통도 원활합니다. 다가오는 차들도 앞에서 좌회전하는 차를 보면 가속페달에서 발을 떼고 천천히 다가옵니다. 교통량이 많을 땐 교차로에 진입한 차들은 기다리다가 노란 불이 켜질 때 빨리 좌회전해서 길을 터줍니다. 서로의 입장을 존중하고 조금만 배려해주면 사실 어렵지 않은 일입니다. 남에게 폐를 끼치지 않는다는 전제로, 각자 판단과 책임 하에 움직이는 겁니다. 그런 태도가 일상생활 속에 정착되면 사회 전반에 어떤 혜택이 있을까요? 우리는 왜 비보호 좌회전을 적극 도입하지 않을까요?

9

비만과 경제

뱃살은 일단 들면
쉽사리 해약하기 어려운 장기예금 같다고나 할까?

01 비만, 풍요라는 이름의 질병

인간의 평균수명은 꾸준히 늘어나고 있다. 일부 지역을 제외하고는 큰 전쟁을 겪지 않고 경제가 성장하면서 삶의 여건이 좋아지고 의료수준도 높아지고 있기 때문이다. 아무튼 먹고 살기 좋아진 건 사실이다. 그러자 인류는 유사 이래 겪어보지 못했던 낯선 상황과 맞닥뜨리고 있다. 바로 비만과 당뇨대란이다. 이렇게 말하면 아직도 지구상에 많은 사람들이 굶주리고 있다는 반론이 당장 나올 수 있다. 그 또한 사실이다. 그런데 진화의 입장에서 보면, 인류에게 굶주림은 새삼스러운 일이 아니다. 인류의 역사는 늘 부족함과의 투쟁으로 이어져 왔고, 인간도 거기 맞춰 에너지 절약형으로 진화해 왔다. 그러다가 지금 같은 대규모 비만과 맞닥뜨리기는 처음이라, 인체도 사회도 어쩔 줄 모르고 당황하고 있다. 요즘이 비만과 당뇨의 시대라고 역사에 기록될 상황이다.

굶주리던 사람들이 영양 상태가 좋아지면 감염 등의 위협에 적응력이 강해지며 전반적으로 생명력이 향상된다. 그런데 그게 지나치면 풍요로 인해 생기는 역설적 문제에 빠져들게 된다. 한국처럼 변화의 속도가 빠를수록 더 큰 문제에 봉착한다. 불과 10~20년 전까지만 해도 눈에 띄게 비만한 사람들은 별로 없었지만, 요즘은 비만율이 서구에 크게 뒤지지 않는다. 비만은 역설적으로 저소득층에 많이 발생해서 사회적으로 큰 문제를 야기한다. 고소득층은 대체로 교육수준도 높고, 건강에 관심도 높고, 좋은 음식을 골라 먹을 여유도 있고, 운동할 시간도 있기 때문에 그럭저럭 대처해 나간다. 반면 그럴 여건이 안 되는 저소득층은 위험에 그대로 노출된다. 특히 부모가 일하러 나가고 집에 남겨진 아이들이 큰 문제다. 비만을 유도하는 값싼 즉석 음식들은 주변에 널려 있고, 건강교육을 받을 기회도 적다. 소아비만은 자칫하면 사회적 낙인이 될 수 있고, 그래서 자신감 상실로 이어지는 참담한 결과를 초래할 수 있다. 지금 이 순간에도 소아비만율은 가파르게 증가하고 있다. 젊은이들은 무한경쟁 속에 살아남기 위해, 그리고 내일을 알 수 없는 불안감을 달래기 위해 자기도 모르는 새 열심히 먹고 있다.

비만은 당뇨 등 수많은 전신질환을 유발한다. 당뇨는 혈당이 높아서 생기는 질환이다. 당분은 전신 모든 세포들에 꼭 필요한 필수영양소다. 그래서 포도당을 저장하지 못하는 신경세포는 포도당 공급이 끊기면 즉각 활동이 중지된다. 저혈당 상태가 대단히 위험한 이유다. 반대로 혈당이 지속적으로 높게 유지되면, 초기엔 아무 자각증상도 없다가 머잖아 남아도는 당분이 체내 중요분자들과 결합하여 전신을 망가뜨리는 무서운 독소로 돌변하여 혈관과 신경을 스멀스멀 파괴하고 전신에 염증을 유발한다. 생각할수록 무서운 일이다. 지나친 풍요란 이토록 엄한 심판을 받아야 할 죄악일까? 대체 어떻게 필수영양소가 그런 흉물로 될까? 세포에 꼭 필요한 거라면 부지런히 다 써버리면 될 것 아닐까? 그러려면 우선 세포 안으로 들어가야 하는데, 그때 꼭 필요한 게 췌장에서 분비하는 인슐린이다. 당뇨는 그 기능에 문제가 생긴 질병이다.

당뇨에는 두 가지 유형이 있다. 주로 소아에서 발생하는 제1형 당뇨는 췌장에 대한 자가면역질환으로 랑거한스 섬이 손상되어 인슐린 결핍이 초래되면서 발병한다(2장 7. 발견의 기쁨). 부족한 인슐린을 공급해줘야 한다. 반면 주로 성인들에 생기는 제2형 당뇨에서는 인슐린은 생성되지만 그게 필요한 조직에서 잘 작동되지 않는 이른바 세포들의 '인슐린저항성insulin-resistance' 때문에 주로 생긴다. 그리곤 혈당, 지질, 혈압이 한꺼번에 높아지고 뱃살이 증가하는 대사증후군metabolic syndrome으로 이어지곤 한다. 역설적이지만, 그 와중에도 정작 체세포들은 포도당이 부족해서 굶주리고 쇠잔해진다. 한마디로 '풍요 속의 빈곤'이다.

02 비만의 병리학

비만은 단순히 체중이 증가한 게 아니라 지방이 늘어난 것이다. 흔히 체중kg을 신장m의 제곱으로 나눈 수치인 체질량지수BMI, body mass index가 25 이상이면 비만이라고 하는데, 그건 늘 좋은 지표라고 할 수는 없다. 근육질인 사람들도 당연히 높게 나오기 때문이다. 그보다는 그냥 허리둘레를 재는 편이 오히려 더 나을 수 있다. 한국인의 허리둘레는 보통 남자 90 cm, 여자 80 cm 이상이면 비만이라고 볼 수 있다.

지방은 남아도는 열량을 저장하는 긴요한 수단이다. 말하자면 저축에 비유할 수 있다. 지방에는 크게 흰색지방과 갈색지방의 두 종류가 있다. 흰색지방은 커다란 세포질 안에 잔뜩 지방질을 머금고 있는 바로 그 세포들이다. 갈색지방은 아기들에 많은데, 상대적으로 세포질이 적고 소기관들이 많아서 정작 지방질 양은 그다지 많지 않다. 갈색지방은 지방을 저장하기보다는 그걸 태워 열을 발생시키는 기능을 한다. 저축이 아닌 소비다. 그래서 추운 곳에 사는 사람들에게서 갈색지방이 더 많이 발달한다. 요즘 흰색지방을 갈색지방으로 전환시키려는 연구를 많이 하는데, 그 중간 정도 성격을 갖는 베이지색지방도 관심의 대상이다. 흰색지방에도 여러 계층이 있을 수 있다. 열심히 운동하고 식이요법을 해서 체중이 조금 빠질라치면 어김없이 뺨부터 들어가며 깊은 주름살이 드러나는 반면, 뱃살은 꿈쩍도 않는 씁쓸한 경험을 많이 한다. 뺨의 지방은 입출금이 쉬운 예금이라면, 뱃살은 일단 들면 쉽사리 해약하기 어려운 장기예금 같다고나 할까?

지방세포의 역할은 단순한 에너지 저장에 그치는 게 아니다. 전신대사조절에 활발하게 관여하는 소중한 필수불가결 세포들이다. 선천적 지방세포 발달장애 동물들은 아주 심각한 대사장애를 일으킨다. 지방세포들 숫자는 일단 성인이 되면 거의 변화 없이 그대로 유지된다. 실상 지방세포는 많을수록 좋다. 우리 연구실에서 만든 *TCIM* 유전자 없는 생쥐는 지방조직 단위 부피당 세포 수가 많고, 그 덕분인지 고지방식을 먹여도 대사이상이 별로 없다(참고문헌 37). 지방줄기세포에 영향을 미쳐서 그런 것 같은데, 그렇다면 사람의 지방줄기세포를 북돋아줘서 지방세포수를 늘릴 방법은 없을까? 비만의 시대를 살아가는 요즘 중요하고 심각한 연구과제다.

비만하면 각 세포의 지방저장량이 계속 증가하며 마냥 커진다. 그런데 크기가 커질수록 세포에게 스트레스로 작용하고, 지방조직에 혈류가 줄어들어서 전신대사와 염증조절에 문제가 발생한다. 최악의 상황은 지방이 넘쳐흘러 내장까지 침범해 들어가는 것이다. 대표적인 게 비알코올성 지방간nonalcoholic fatty liver이다. 불과 얼마 전까지만 해도 지방간은 거의 술꾼들의 병, 즉 알코올성 간질환이라고 알고 있었다. 그런데 어린이들에게도 지방간질환이 있음이 알려지며, 그 생각이 근본적으로 바뀌게 되었다. 그 아이들은 모두 비만아였으며, 낮은 사회계층과 환경에서 자라는 아이들이었다. 간 같은 내장은 원래 지방을 저장하는 곳이 아닌데 거기에 지방이 쌓이니 감당해 낼 길이 없다. 그래서 어릴 때부터 대사질환에 시달리다가, 급기야 간경화와 간암으로까지 발전해간다. 아이들이 무슨 죄가 있다고? 이보다 더한 현대판 비극이 어디 있을까?

03 지방호르몬 렙틴의 경우

지방세포들은 대사조절을 위해 애디포카인adipokine이라 불리는 여러 지방호르몬들을 분비한다. 지방은 왕성한 내분비기관이다! 가장 먼저 발견된 지방호르몬은 렙틴leptin인데, 1990년대에 선천적으로 매우 비만한 마우스에서 그 유전자를 찾아냈다. 유전체지도가 없던 당시, 염색체상에서 그 유전자의 대략적 위치만 파악하고는 계속 조금씩 좁혀 들어가며 찾아내는 소위 자리클로닝positional cloning이라는 방법으로 개가를 올린 것이다(참고문헌 46). 마치 짚단에서 바늘 하나 찾아내는 것처럼 힘든 일이어서 '자리클로닝 하나만 해내면 (교수)자리가 생긴다.'라는 우스갯소리가 있을 정도였다.

그 마우스에서 찾아낸 렙틴 유전자는 선천적으로 손상되어 있었는데, 그게 원래 지방에서 분비되어 두뇌의 식욕조절부위에 반응하는 호르몬 유전자라는 게 밝혀지면서 큰 관심을 끌게 되었다. 마침내 지방에서 분비되어 식욕을 억제하는 유전자를 찾은 것 아닌가? 그러면 그걸로 비만을 완치할 수 있지 않을까? 그렇다면 식욕이 높은 비만환자들에선 발현이 낮아야 한다. 그런데 예상과 달리, 혹은 기대와 달리, 렙틴은 비만환자에서 오히려 높게 발현되었다. 실상 혈중 렙틴은 지방조직의 총량에 비례하였다. 그럼 이걸 어떻게 설명해야 하나? 두뇌 신경세포의 렙틴수용체나 거기서부터 연결되는 하부연결고리에 문제가 있으면 설명될 것 아닌가? 그래서 급거 등장한 게 '렙틴저항성leptin-resistance'이라는 말이었다. 제2형 당뇨의 '인슐린저항성'에서 빌려온 개념이다. 그러면 렙틴의 지시를 제대로 수행하여 식욕을 억제하지 못하는 두뇌에 문제가 있는 것이다. 신경세포의 렙틴 신호전달에 관한 연구들이 뒤따랐고, 모두 하나같이 실패했다.

머잖아 렙틴의 복잡한 전모가 드러나기 시작했다. 렙틴은 염증과 세포증식을 유발하는 조절인자다. 비만환자가 염증성 체질이 되는 큰 이유 중 하나다. 식욕중추 억제기능도 있는 건 사실이지만, 그건 최소필요량만 넘으면 충분하고 그보다 더 많다고 달라지는 건 없다. 결국 '렙틴저항성'이란 건 학자들의 머릿속에서 만들어진 허구였다. 그래도 일단 자리 잡은 그 고정관념은 수십 년이 지난 지금도 잘 정리되지 않는 걸 보면, 나름대로 상당한 '저항성'을 가지고 있는 모양이다. 철학과 과학에서 정확한 언어의 사용이 얼마나 중요한지 다시 한 번 느끼게 된다.

진화의 눈으로 보면 그 상황을 어렵지 않게 이해할 수 있다. 요즘은 먹을 게 사방에 널렸지만, 원래 인간의 선조들은 간신히 먹거리를 챙기며 생존에 급급한 처지였다. 천신만고 끝에 매머드를 한 마리 잡았을 때 생리적으로 식욕을 억제시킨다는 게 과연 있을 수 있는 일일까? 겨울잠을 앞둔 곰이 때마침 열리는 연어 떼 축제에서 건강을 위해 식욕을 조절한다는 게 말이 될까? 있을 때 양껏 먹고 또 먹어서 지방을 든든히 축적해둬야 생존에 도움이 되었을 건 자명하다. 요즘처럼 인간이 매일 잔뜩 먹고 또 먹는 상황은 진화도 미처 준비할 겨를이 없었겠지만. 렙틴을 필두로 다양한 기능의 많은 지방호르몬들이 발견되었고, 덕분에 지방세포들의 기능을 이해하고 전신 대사조절을 종합적으로 고찰할 수 있게 되었다. 무엇이건 예단하지 않고, 있는 그대로 보는 것이 과학적 관찰이다.

04 비만과 보험

'비만의 역설paradox of obesity'이란 말이 있다. 심한 외상을 입거나 질환을 겪는 환자들 중 호리호리한 사람들보다 체중이 많이 나가는 사람들이 더 잘 견뎌낸다는 것이다. 중증 당뇨에서도 오히려 뚱뚱한 환자들이 더 예후가 좋은 편이다. 뭐라고? 그렇다면 비만의 문제점을 지적한 지금까지 지식과 정면으로 배치되는 것 아닌가?

비만의 역설은 어떻게 이해해야 할까? 생명철학/과학은 범위를 명확히 설정하는 데서 비롯한다. 먼저 어떤 사람들이 해당하는지부터 살펴볼 필요가 있다. 한마디로 큰일을 당한 중환자들이다. 그렇다면 비만은 원래 불의의 '큰일'을 겪을 때 대비한 인체의 보험 같은 성격을 가진 셈이다. 그래야 진화적으로도 일리가 있다. 다만 그 보험료가 비싸고 가파르게 누진되어서, 당장은 못 느낄지 몰라도 시간이 갈수록 부담이 눈덩이처럼 커져 감당하기 어려워진다. 게다가 일단 가입하면 쉽사리 해약도 못 한다. 보험금을 그나마 안전하게 쌓아둘 곳은 복부지방뿐이다. 만일 그게 넘쳐 내장까지 흘러들어 간다면 엄청난 참사가 발생한다.

알맞은 규모의 보험을 안전하게 들 방도는 없을까? 이론적으로는 지방세포를 늘리고 갈색지방으로 바꿔서 에너지를 저장하지 말고 태워 없애면 좋을 텐데, 실제론 그게 쉬운 일이 아니다. 최소 아직까진 그렇다. 그보다 더 좋은 방법은 보험을 즉시인출가능예금 형태로 바꾸는 것이다. 그게 바로 근육이다. 근육은 자체 기초대사량이 높을뿐더러, 당장 사용하지 않는 포도당들을 묶어서 글리코겐으로 만들어 저장할 수 있다. 글리코겐과 근육단백질은 언제든 '현금화'가 가능하다. 비유하자면 은행이 발행한 자기앞수표다. 이자를 낼 필요도 없다.

그런데 자기앞수표는 마냥 발행할 수 있는 게 아니다. 꾸준한 실적과 협상을 통해 거래 한도를 늘려가는 게 필요하다. 근육은 나이를 먹을수록 줄어들기 마련이라서, 근육량을 유지하려면 부단한 운동이 필요하다. 무리하지 않을 정도로 유산소운동과 아울러 근력운동을 꾸준히 해야 한다. 근육은 곧 활동을 뜻한다. 움직일수록 에너지소모는 늘어나고, 노년에 치명적 외상을 입을 가능성도 그만큼 줄어든다. 또한 치매를 막는 가장 좋은 방법이기도 하다. 몸과 마음은 서로 떼낼 수 없는 존재니까.

그러느니 그냥 덜 먹으면 간단하게 해결될 일 아닌가? 이론적으로는 맞는 말이지만, 문제가 그리 간단치 않다는 건 누구나 잘 알고 있다. 식욕조절은 절대로 쉬운 게 아니다. 렙틴 이후 식욕조절 호르몬들이 발견되었는데, 이를테면 장세포들이 분비하는 GLP-1glucagon-like peptide-1 같은 것들이 있다. 음식물이 장에 들어가면 분비되어 포만감을 느끼게 하는 효과가 있다. 음식물이 장에 도달하려면 시간이 꽤 걸리기 때문에, 식사를 가능하면 천천히 하라는 것도 생리학적으로 일리가 있다. 중추신경을 조절하는 식욕억제 약물들도 많이 개발되었지만 마냥 의존할 건 못 된다. 식욕은 환경, 감성, 전신상태가 복합적으로 연관된 대단히 복잡한 정신작용이다. 스트레스를 받으면 무차별로 먹는 사람들도 많다. 그런 경우는 약물보다는 사회적 활동이 훨씬 더 도움이 될 수 있다. 비만은 개인적 차원을 넘어서는 사회적 차원의 문제다.

05 염증성 체질

당뇨가 주로 세포의 인슐린저항성 때문에 생긴다면, 그것만 해결하면 쉽게 치료할 길이 열릴지 모른다. 인슐린저항성은 대체 어떻게 발생할까? 인슐린에 대한 세포의 반응조절기전은 대단히 복잡하게 얽혀 있어서, 집중연구에도 불구하고 그것만 간단히 조절할 지름길은 잘 보이지 않는다. 생명은 그 존재를 좌우할 만한 중요한 조절을 하나의 길목에만 몰아두려 하지 않는다. 다만 한 가지 분명한 건 인슐린에 대한 세포반응은 염증과 밀접하게 얽혀 있으며, 전신염증은 인슐린저항성을 일으킨다는 점이다. 비만은 전신염증과 염증성 체질을 유발하니까 일종의 악순환이다.

염증은 원래 다양한 외부위협에 대응하는 필수불가결한 생체방어기전이다. 여러 염증세포들은 위급상황이 오면 활성화되어 평상시와 다르게 무섭게 행동한다. 그래서 히포크라테스가 정의한 대로 '빨갛고, 열나고, 아프고, 붓는rubor, calor, dolor, tumor' 염증이 생긴다. 염증은 그걸 일으킨 원인에만 반응하는 게 아니라 전체적으로 비특이적이고 무차별적이다. 그래서 소기의 임무를 마치면 즉각 원상 복귀시키는 게 중요하다. 염증의 유발과 억제/종료는 서로 균형을 이루는 개념이며, 그 균형추가 어디로 향하는지가 관건이다.

염증성 체질은 염증세포가 무섭게 침윤하는 고전적 개념의 염증보다는, 만성적으로 균형추가 염증유발 쪽으로 치우쳐 있다는 뜻이다. '체질'이란 말은 마치 동양의학의 전유물인양 여겨왔는데, 서양의학에도 유전체의학의 개념이 자리 잡으며 자연스럽게 '체질의학'의 개념이 도입되기 시작했다. 막연한 체질분류보다는 주로 질병에 연루된 이상체질을 대상으로 한다. 염증성 체질이 대표적이다. 장내세균의 '장유형enterotype'에 따라 이상체질이 유발될 수도 있다(5장 4. 인간 미생물체 프로젝트).

염증성 체질이 되면 혈중 염증표지자들이 올라가고 여러 신체증상이 나타난다. 염증성 체질은 당뇨/대사증후군 외에도 수많은 질병들의 온상이 된다. 잘 알려진 것들만 해도, 골관절염, 류마티스 관절염, 위식도역류증, 수면무호흡증, 심장질환, 고혈압, 알츠하이머병, 암 등 대단히 많다. 무릎연골이 망가지는 골관절염은 노인들에 흔히 발생하는데, 요즘은 점점 발생연령층이 내려가고 있다. 비만과의 연관성은 잘 알려져 있는데, 전에는 늘어난 체중으로 무릎에 물리적 충격을 받아서 그렇다고 설명하곤 했다. 하지만 그것만으로는 체중과 무관한 손가락 등의 골관절염은 설명할 길이 없다. 그보다는 전신과 관절주위 지방조직에서 분비되는 지방호르몬들이 더 큰 악영향을 미치는 듯하다. 그래서 퇴화하고 연약해진 연골세포들에 이차적인 충격을 받으면 연골이 주저앉고 만다. 그렇지만 관절 안에 염증세포들은 별로 없다. 서서히 다가오는 염증이라 처음엔 자각증상도 거의 없다.

수면무호흡증은 심하게 코를 곧다가 아예 몇 분씩 숨을 멈추기도 하는 질환이다. 대부분 비만한 사람들에서 호흡점막이 느슨해지며 발생하는데, 빈번한 무호흡 그 자체가 염증성 체질을 더욱 악화시킨다. 저산소증이 발생하면 HIF1α라는 전사조절인자가 활성화되어 염증의 마스터키라고 불리는 NF-kB를 발현시킨다. 당뇨합병증은 주로 메틸글리옥살methylglyoxal이라는 당대사 독성부산물 때문에 발생하는 것으로 알려져 있다. 메틸글리옥살은 글리옥살레이즈glyoxalase라는 효소가 대사시켜 제거하는데, HIF1α는 그 효소의 발현을 억제해서 결과적으로 생체 내에 메틸글리옥살이 많이 축적되어 당뇨합병증이 커진다. 말하자면, 비만, 당뇨, 저산소증으로 커다란 악순환 고리가 만들어져서 상태는 갈수록 나빠진다.

심장판막도 예민한 조직 중 하나라서, 수면무호흡증은 판막의 기능을 떨어뜨리고 심장근육까지 망가뜨려 종종 심방부정맥atrial fibrillation을 일으킨다. 그러면 심장기능 저하는 물론이고 심장 안에 혈전이 발생해 전신 혈액순환을 위협한다. 염증성 체질은 혈압을 조절하는 혈관내피세포들의 기능을 저하시켜서 고혈압까지 유발한다. 고혈압은 면역염증질환이라는 전혀 새로운 개념까지 등장하고 있다. 염증성 체질은 수명을 단축시킬뿐더러 삶의 질을 떨어뜨린다. 실상 만병의 근원인 셈이다.

그러면 어떻게 해야 할까? 체질도 고칠 수 있을까? 여기서 말하는 '체질'이란 타고난 팔자소관이 아니라 종합적 신체 상태를 뜻하므로 좋은 방향으로 개선할 수 있다. 그러나 결코 쉬운 일은 아니다. 개인에 따라 많은 차이가 있을 수 있으므로, 부단한 진료와 더불어 생활 전반을 검토하는 총체적이고 지속적인 노력이 필요하다. 그렇다고 큰 투자가 필요한 건 아니다. 한국처럼 의료수가가 저렴한 사회에서는 특히 그렇다. 우선 찾아가기 쉽고 신뢰할 수 있는 주치의부터 정하도록 권한다. 비만치료는 혼자 해내기 어렵다. 주치의와의 관계가 친밀할수록 치료효과는 커진다. 전신 염증상태를 지속적으로 모니터하며 음식, 운동, 습관, 환경에 대한 종합적 분석이 필요하다. 그래야 세세한 요소들과 연관성을 깨달아서 하나씩 차근히 풀어나갈 수 있게 된다.

흔히 간과하는 게 비만환자들은 면역기능이 상당히 위축되어 있다는 점이다. 어쩌다가 발생하는 급성염증은 염증과 면역이 서로 협력하여 상승작용[56]을 하지만, 만성적으로 염증상태가 지속되면 오히려 면역기능이 상당히 저하되어 온갖 감염에 취약하다. 그러면 건강체질에 비해 회복

---

56 여러 요인들이 동시에 작용할 때 효과가 단독효과 각각의 합보다 크게 나타나는 경우.

이 쉽지 않고 심각한 상태에 빠지기도 한다. 무리하게 체중을 감량하다가 감기에라도 한 번 걸리면 전신이 붓고 체중이 늘며 그때까지 모든 노력이 허사로 돌아가면서 오히려 악순환의 고리에 빠져드는 씁쓸한 체험을 많이 한다. 그래서 비만치료는 살얼음 디디듯 조심스레 전신건강을 점검하며 나가야 한다.

염증성 체질 개선은 하루아침에 되는 게 아니고, 사람마다 원인과 반응조건이 다를 수 있으므로 지속적인 모니터를 통해 각각의 요소들을 분석해 대응할 필요가 있다. 필요하면 항염작용이 있는 비타민을 포함한 각종 영양제와 약제들을 사용하기도 하는데, 그에 대한 반응도 다양할 수 있다. 염증성 체질은 분명히 개선할 수 있다. 다만 세심하고 부단한 노력이 필요할 뿐이다.

06 비만과 경제성장

한국에서 비만으로 인한 사회경제적 손실만 연 10조 원을 훌쩍 넘는다는 주장이 있다. 어떻게 계산한 건진 모르겠지만, 아무튼 앞으로 빠른 속도로 늘어갈 일만 남은 건 분명한 사실이다. 인간의 비만은 보면 볼수록 자본주의 경제의 적나라한 단면을 연상시킨다. 경제는 끝없이 팽창하는 생산과 소비의 두 바퀴로 굴러가며 성장한다. 경제가 성장하면 소득과 구매력이 늘어나고, 사회에 온기가 돌고 활기를 띠면서 고도화하여 더 높은 차원으로 발전할 수 있게 된다. 르네상스도 금융업으로 갑자기 늘어난 경제력 바탕 위에 우수한 인적자원이 확보되며 찬란하게 꽃피웠다. 경제가 성장하면 삶이 전반적으로 풍성해질 기반이 만들어진다. 그러나 꼭 그렇기만 할까? 유례없는 비만이 몰아닥친 것도 아무튼 식품구매력이 성장한 결과 아닌가? 비만은 인체 세포들을 '풍요 속의 빈곤'으로 몰아가는데, 혹시 경제성장은 우리 사회를 건강한 사회 대신 비만한 사회로 이끌어가는 건 아닐까?

경제가 성장해도 빈부 격차는 계속 커지기만 하고, 실업과 경제적 압박에 시달리는 사람들은 줄어들 기미가 안 보인다. 게다가 산업이 고도화, 자동화, 전산화, 인공지능화 되어가는 가운데, 경제가 성장해도 고용은 증가하지 않으며 개별산업에 따라서는 오히려 감소하는 현상이 일어나고 있다. 양질의 직장은 별로 늘어나지 않고, 젊은이들의 실업과 그에 따른 실의는 심각한 상태에 있다. 새로운 시대에 적합한 취업교육이 체계적으로 되고 있는 것 같지도 않다. 늘어나는 수명에 비해 노후대비가 취약한 기성세대는 나름대로 손에 쥔 기득권이라면 좀체 양보할 생각이 없으니, 이 문제는 세대 간 갈등으로까지 비화하고 있다. 모든 사회 구성원들의 불만이 자라나며 문제는 걷잡을 수 없게 커지고 있다. 어찌 보면 하루하루 미래를 갉아먹고 있는 듯하다.

왜, 어떻게 이런 일이 생길까? 지금과는 비교할 수 없이 가난했던, '피골이 상접했다.'라는 말이 나올 정도로 살기 어려운 사람들이 즐비했던 시절엔 빈곤에서 비롯하는 사회문제가 널려 있었지만, 지금 같은 사회 내부의 난치성 갈등은 없었다. 이런 식으로 진행되는 산업발전과 경제성장이 과연 우리에게 좋은 걸까? 경제성장이 도무지 조절하기 어려운 식욕처럼 인간에게 필요 이상의 한없는 과욕을 불러일으키는 건 아닐까? 끝없는 경제성장이란 과연 가능할까? 그 과정에서 많은 자원을 고갈시키고, 환경을 오염시키고, 생태계를 파괴하고, 사회가 무너지고, 대규모 혼란으로 비화한다면? 혹시 자본이란 괴물이 인간의 끝없는 욕망을 부추겨서 오로지

사리사욕에 눈이 멀게 하는 건 아닐까? 이건 자본주의가 가진 근원적 문제일까? 우리 사회가 당면한 사회경제 문제들의 근본적 진단과 아울러 삶 그 자체에 관한 철학적 성찰이 필요한 시점이다.

07 염증성 사회

"당신 해고야! You are fired!"

트럼프 대통령이 미국 TV쇼 프로그램 진행자일 때 종종 상대방의 면전에 쏴붙여서 유행한 말이다. 물론 가상의 상황이지만, 듣는 사람으로선 가슴이 철렁 내려앉을 만한 말이다. 그 기저엔 사업능률을 위해서라면 극도의 경쟁도 마다치 않고 사정없이 밀어붙여서 목표를 달성하고 말겠다는 인식이 깔려 있고, 무엇이건 지고는 못 배기는 미국인들의 심성을 드러낸 건지도 모르겠다. 그래서 국가경쟁력을 유지하는 건지 모르겠지만, 당장 실업으로 고통받는 사람들이 그걸 보면 과연 어떤 심정일까?

그러나 그건 미국의 고용제도를 잘 살펴봐야 이해할 수 있다. 어떤 사회현상이건 실상은 대단히 복잡하기 마련이며, 그 배경부터 다양한 각도로 살펴봐야 비로소 종합적으로 진상을 파악하게 된다. 미국은 고용자나 피고용자 양측 누구나, 언제든, 특별한 사유를 대지 않아도 고용관계를 해소할 수 있는 임의고용(at-will employment)을 원칙으로 한다. 그러니 앞에서 한 그런 말이 가능할 수 있다. 그러면 한국처럼 정규직과 비정규직 구분이 사실상 별 의미가 없는 셈이다. 모든 직장들이 언제 사라질지 모르는 치열한 생존경쟁의 장이고, 확정된 퇴직금도 없고, 기업연금 같은 개념도 거의 자취를 감추었다. 그래서 해고도 자유로운 편이지만, 불공정 해고에 대한 보호 방안들도 상당히 많다. 실제 해고에는, 공공정책 예외, 묵시계약 예외, 법정 예외 등 많은 예외조항들이 있고, 주마다 적용되는 게 다 달라서 상황이 상당히 복잡하다. 이를테면 성별, 인종, 나이 등으로 차별을 할 수 없다. 게다가 조직에 미치는 영향까지 고려하면, 실제 직원들의 해고란 쇼에서 하듯 그렇게 말 한마디로 덜컥 해치울 수 있는 일은 결코 아니다. 자유주의에 뿌리를 둔 이런 고용제도는 거꾸로 능력 있고 공을 세운 피고용자들의 자유로운 이직과 승진과 처우개선을 보장해주고 직원들에 대한 기업의 일방적 전횡을 막는 효과도 있다. 한마디로 평생고용이란 개념 자체가 아무 의미가 없고, 어디서든 스스로를 개발하며 적극적으로 살아가는 사람들을 존중하고 우대하는 사회인 것이다. 미국적 삶의 가치를 반영하는 방식이기도 하다.

그런데 직업과 고용의 기회가 비교적 폭넓고 유연한 미국과 달리, 경직된 사회에 아직 사회보장도 미흡한 한국에서는 문제가 심각하다. 이른 나이에 직장에서 퇴직하고 다른 직장을 구하지 못해서 등 떠밀리듯 비전문직 창업을 하곤 오히려 더 큰 시름의 구렁텅이로 빠져드는 사람들이 너무나 많다. 실업자들을 재교육하고 새 직장을 찾도록 도와주는 방편이나 체제도 대단히 미흡한 실정이다. 생활 방편이 사라지면 삶 자체도 무너지는 것 아닌가? 게다가 정부의 설익고 경직된 정책은 저소득층에게 도움은 커녕 해를 끼치는 경우가 허다하다. 현실을 모르고 모든 직장인들의 최저임금을 갑자기 턱없이 인상하며 영세 자영업자들을 벼랑 끝으로 내모는 식이다. 그러면 결국 종업원들에게 어떤 영향이 미칠지 전혀 모르는 모양이다. 심지어 그걸 밀어붙인 책임자가 '이렇게까지 올릴 줄은 나도 몰랐다.'라고 말하면 대체 어쩌자는 건가? 아무리 그 선의를 이해해주고자 하더라도, 목적이 무지와 무능을 합리화시키진 않는다. 국민들의 삶과 이해가

걸린 사회문제는 그런 사람들이 마구 다룰 수 있는 게 아니다. 한국의 고용문제는 주로 경직된 제도와 미숙한 운용에서 비롯하며, 개인들이 해결하기 어려운 문제다.

고용과 경제 문제뿐만이 아니다. 개인이 해결하기 어려운 삶의 난제들이 주변에 널려있다. 푸른 하늘 한번 보기 어렵게 심해지는 대기오염, 남녀차별, 교통지옥, 물가불안, 정규교육 시작 전부터 벌어지는 치열한 사교육 경쟁과 한없이 들어가는 사교육비 등 구조적 사회문제들이 서민들의 어깨를 짓누른다. 게다가 가진 자들의 이른바 '갑질'이 반복되면서, 먹고 살기 위해 그 수모를 감내해야 하는 사람들에게 끝없는 좌절과 분노를 유발한다. 사회의 염증지수가 계속 높아지며 곳곳에서 증오와 혐오가 독버섯처럼 자라난다.

일단 염증성 사회가 되면 작은 자극에도 격한 염증반응이 일어나서 그걸 불러온 자극에만 국한된 게 아니라 사회 전체를 광범위하게 손상시킨다. 패혈증은 혈중에 균이 들어와 발생하는데, 그 자체 독성보다는 과민한 염증반응이 연쇄적이고 상승적으로 일어나서 혈압이 떨어지고 쇼크상태에 빠져 생명을 위협하는 무서운 응급상황이다. 인체뿐 아니라 사회의 패혈증을 우려해야 할 상황인지 모른다. 우리는 비만에 따른 염증성 사회에 살고 있고, 그 염증의 정도는 갈수록 더 심해지고 있다. 그러면 그 안에서 점잖게 살아가기는 점점 어려워진다. 그 '점잖다'는 말 자체가 우리 기억 속에서 사라지고 있는 게 사실이다.

현실적으로 가장 큰 문제는 역시 지나친 빈부 격차로 인한 계층 간 불균형이다. 이건 우리만의 문제가 아니라 전 세계적으로 떠오르는 문제다. 마침 막스Karl Heinrich Marx, 1818-1883의 탄생 200주기를 맞아 세계적으로 그에 대한 관심이 되살아나고 있는 듯하다. 그에 대한 역사적 평가는 그만

두고라도, 개인이 아무리 발버둥 쳐도 헤어날 길이 막막한 당시 사회체제의 구조적 문제를 제기한 건 분명한 사실이다. 현대사회가 그의 시대처럼 유산계급과 무산계급으로 양분되어 있다고 할 수는 없지만, 이미 상당한 빈부의 격차는 갈수록 커져가고만 있다. 특히 자본이 축적되고 성장하며, 이제는 계층 간 갈등에서 인간과 자본의 대결로 변모해가는 걸 우려하는 시각도 점점 커지고 있다.

피케티Thomas Piketty, 1971-는 선진국에서 자본이윤이 경제성장보다 항상 앞서왔기 때문에 분배를 왜곡하고 경제적 불평등을 심화한다고 주장하며 일약 유명인사로 떠올랐다(참고문헌 47). 말하자면 자본이 인간을 항상 이긴다는 것이다. 정말 그럴까? 그가 제시한 근거의 학술적 타당성에 대한 많은 논쟁이 있고, 자본집중화 때문에 발생하는 불평등이 어느 정도인지도 불분명하다. 당대에 노력하여 큰 부를 일군 사람들도 적잖게 있는 것도 사실이다. 그럼에도 불구하고 분명한 건 경제적 불평등은 계속 심화되고, 우리 사회가 기본적으로 불평등사회라고 느끼며 좌절하는 사람들이 늘어나고 있다는 사실이다.

08 유물론과 유기체철학

막스는 1867년 '자본론das Kapital kritic der politischen oeconomie'을 출간하여 상품 생산과정과 유통과정을 세세히 보여주며 거기에 자본주의 사회의 모순이 집약되어 있다고 역설한다(참고문헌 48). 그의 사후에 엥겔스가 유고를 정리하여 자본, 생산, 유통, 잉여가치 분배를 다룬 제2, 3권을 발행한다.

결론은 자본(자본가)은 늘 노동자를 일방적으로 착취한다는 것이다. 그러자 그 주장에 호응하건 아니건, 잘난 척하던 기존 형이상학이 실제로 사람들을 위해 한 게 뭐냐는 비난과 반성이 꼬리를 물었다. 서구철학에 큰 경종이 울린 셈이었다. 오랜 가뭄 끝에 단비를 만난 들꽃들처럼 사회주의사상이 사방에 피어났다. 과학혁명을 거쳐 자연스레 입지를 굳혀가고 있던 유물론은 큰 호응을 얻게 되었다(4장 7. 과학혁명과 환원주의). 우주 천체들과 마찬가지로 세상은 오로지 물질의 자연법칙으로 움직인다!

'유물론唯物論, materialism'이란 생명의 근본을 물질로 보고 정신현상을 포함한 모든 게 거기서 유래한다는 일원론적 주장이다. 그런데 정작 막스가 유물론자였는지는 분명하지 않다. 자신이 주창한 공산주의 이론까지 모두 자기 머릿속 신경세포 물질들의 자연스런 화학반응현상에서 유래한 거라면 별로 안 좋아했을지도 모른다. 그가 주장한 건 인간의 모든 행위와 결과에는 물질적 근원이 진하게 얽혀있고, 역사는 그것들에 의해 변증법적으로 흘러간다는 유물사관唯物史觀이다. 즉, 물질 그 자체보다는 사회적 분배의 문제에 집중한 것이다. 아무튼 때를 만난 유물론과 사회주의 사상은 손을 잡고 외친다. "드디어 수천 년간 인간을 지배해온 신과 합목적적 사고에서 벗어나게 되었다!"

반면 유물론을 단연코 거부하는 움직임도 나타난다. 대표적인 인물로 화이트헤드를 들 수 있다. 러셀과 함께 '수학의 원리Principia mathematica'를 펴낸 그의 학문은 수학에만 머물지 않고 과학과 철학으로 펼쳐진다. 걸출한 수학자의 '형이상학 회귀'는 유물론의 위세에 눌려 숨죽이고 있던 지성인들에게 적지 않은 영향을 미친다. 그는 과학은 가치를 추구하지 않기 때문에 진리가 될 수 있다는 유물론자들의 주장을 정면으로 거부한다. 그런 주장도 실상 그들의 가치관에 지나지 않는다는 것이다. 그래서 위선적이며 상황에 따라 손바닥 뒤집듯 입장이 바뀐다. 과학이란 원래 문화, 사회, 정치적 환경과 뗄 수 없는 밀접한 연관을 가진다. 그는 과학적 설명을 하는 목적, 가치, 의미를 회복시키고자 노력했다. 철학과 과학에 '이야기'를 되살리려고 고군분투한 셈이다.

화이트헤드는 유기체적 기능과 상호작용의 중요성을 일깨우는 '유기체철학有機體哲學, Philosophy of organism'을 주창하는데, 저서 이름을 따라 '과정철학Process philosophy'이라고도 불린다(참고문헌 49). 실재는 물질에 따라 고정된 존재가 아니라 변화 그 자체가 핵심이고, 철학은 변화하는 과정을 추구한다. 마치 생명에 대해 말하는 것만 같다. 그가 생명과학이 지금처럼 발전한 시절에 살았다면, 자기철학을 에둘러 '유기체철학'이라고 부를 필요가 없지 않았을까?

착취적 산업자본주의에 대한 막스의 날카로운 비판은 당시 많은 공감을 얻은 게 사실이다. 그러나 사람들 삶에 도움이 될 실제적 해결책은 제시하지 못하고, 결과적으로 고난만 안겨준 것 또한 역사적 사실이다. 자본의 순기능을 제외시키고 역기능만 부각시켰다는 지적도 많았다. 자본을 빼면 가능한 게 과연 무엇일까? 자본주의의 몰락을 예언한 발언도 문제였다. 19세기 산업자본주의를 거쳐 20세기 초 대공황을 겪으며 정부의 적극적 개입과 공공지출에 의한 수요창출을 옹호하는 케인즈John Maynard Keynes, 1883-1946식 자본주의가 대두하였고, 20세기 후반 들어서는 세계적 인플레이션 속의 불황, 즉 스태그플레이션을 겪으며 하이에크Friedrich Hayek, 1899-1992 같은 이들이 주장한 시장 위주 자유경제로 회귀하고, 21세기 들어서는 금융위기가 발생하며 규제가 강화된다. 나름대로 다양한 모습으로 진화해 가는데, 그러면 어떤 자본주의가 몰락한단 건가? 철학은 언어의 선정에서 비롯하며, 그 테두리가 분명해야 한다. 그렇지 않고 교조화하면, 언제 철학의 탈을 쓴 정치 선동으로 변모하여 아주 위험한 결과를 초래할지 모른다. 정제되지 못한 언어로 뭉뚱그려 몰아붙인 결과, 그는 필생의 적 자본주의가 용의주도하게 변신하여 오히려 번성하게 도와주고 말았던 건 아닐까?

09 상호존중과 신뢰의 사회

염증성 사회에는 인간존중이 사라진다. 그러면 상호신뢰도 없다. 신뢰가 없는 사회는 유지되기 어렵다. 그런데 존중과 신뢰는 강제할 수 있는 게 아닌 구성원 각자 윤리의 영역이다. 칸트는 모든 인간은 서로 존중해야 하고, 개인적으로 딱히 그럴 이유가 떠오르지 않는 사람일지라도 똑같이 존중해야 한다고 했다. 선진사회란 바로 그걸 가진 사회고, 그러기 위한 시스템을 갖춘 사회다. 복지사회는 윤리적 바탕과 신뢰가 있어야만 이룰 수 있다. 윤리적 삶이 곧 수도승 같은 삶은 아니다. 기본적으로 지킬 것만 함께 지킨다면, 시원하고 쾌적한 신뢰의 숲이 자라나고, 그 안에서 얼마든지 풍성하고 다양하고 즐겁게 살아갈 수 있다.

사회적 체질을 고치는 건 결코 쉬운 일이 아니다. 인체 체질치료보다 훨씬 더 어렵고 부단한 노력이 필요하다. 올바른 방향이 아니라면 오히려 큰 해를 미칠 수 있는 위험한 작업이다. 문제가 경제라면, 당연히 경제의 시각으로 보고 그 논리로 풀어가야 한다. 그리고 사회적 지적 자산을 총동원하여 함께 머리를 맞대고 해결책을 찾아 나서야 하겠다. 무작정 감성에만 호소하거나 선동적 언사로 아픈 상처를 덧나게 하는 건 결코 바람직하지 않다. 문제를 정확히 진단하고 복잡하게 얽혀 있는 모든 상황을 감안하여 순리적으로 풀어낼 수 있는 유능한 '주치의'가 필요할지 모르겠다.

비만치료는 진화의 시각으로 볼 필요가 있다. 오래전 동굴생활을 하던 우리 선조들의 삶은 어땠을까? 아마 자연 여건과 상황에 따라 식사는 불규칙했고 종종 기아선상에서 헤맸을 거다. 그러면 인체는 영양분을 축적하는 '동화상태anabolic state'와 그걸 꺼내어 사용하는 '이화상태catabolic state'를 오간다. 이를테면, 초원에 건기가 오거나 한대지방에 겨울이 오면 한동안 꼼짝없이 이화상태로 살아야 한다. 그런 위급한 상황 속에 요긴하게 쓰도록 마련해둔 게 바로 지방이다. 체질이란 쉽게 바뀌는 게 아니다. 그러면 어떻게 불필요하고 위험한 복부지방을 뺄 수 있을지 분명해진다. 내 몸을 장기간 이화상태로 유지하는 것이다. 매일 아주 조금씩 꾸준히 체중을 줄여 가면, 인체는 그걸 이화상태로 돌입할 신호로 여기고 마지못해 뱃살을 사용하도록 허가한다. 비로소 장기적금 인출을 허락받는 건데, 그렇다고 계약의 완전 해지는 아니다. 오히려 인출 전으로 되돌리고자 안간힘을 쓴다. 전신을 동화상태로 돌리려는 생체의 치열한 반격이 시작되며 식욕이 더욱 치솟는다. 그러니 체중이 들쑥날쑥할 바에야 아예 치료를 시작하지도 않는 게 낫다. 갑자기 빨리 줄이는 것도 위험하다. 이화상태에서는 취약한 면역기능이 더 떨어져서 감염에 쉽게 노출되고, 감기라도 걸리면 당분간 안정된 치료는 기대할 수 없다. 그러다 오히려 생명 자체가 위험해질 수도 있다.

인체건 사회건 비만치료는 염증치료와 병행해야 비로소 효과를 볼 수 있다. 피케티는 자본의 불공정성을 막기 위해 소득세뿐 아니라 재산세도 올려야 한다고 주장한다. 생명체로 비유해볼 때 소득세를 식사섭취량을 일정 비율로 줄이는 다이어트라 한다면, 재산세는 그와는 차원이 다른 적극적 비만치료에 해당한다고 볼 수 있다. 재산세는 잘만 하면, 마치 비만을 치료하듯 재화를 사회적 재투자로 돌릴 기회가 될 수 있을지 모른다.

그러나 그건 총체적인 염증치료와 동반해야 한다. 사회 모든 구성원이 한 자리에 모여 대화를 통해 고용, 노동, 고용, 투자, 세금 등을 위시한 사회경제적 대타협을 이루고 그 위에 존중과 신뢰에 입각한 상호공감대와 구체적 제반 요건들을 모두 갖춘 상태라야 비로소 성공할 수 있다.

사회경제적 대타협은 우리나라가 무엇보다 최우선적으로 다뤄야 할 사항이고, 거기서 가장 큰 목표는 현재보다는 미래, 즉 젊은 세대를 위한 기반을 만드는 것이어야 한다. 바로 그게 생명의 원칙에 맞는 삶이다. 어떤 정권이 들어서건 술수나 일방적 몰아붙이기로는 결코 이룰 수 없는 것이다. 대화란 원래 어려운 것이지만, 특히 그걸 위한 대화에는 인내와 정성이 필요하다. 진정한 합의를 얻기 위한 시간은 얼마든지 걸려도 좋다. 일단 진솔한 대화를 시작했다는 것만으로도 큰 효과를 볼 수 있다. 이것만 이룰 수 있다면 그야말로 후손들을 위해 가장 위대한 업적으로 길이 남을 수 있겠다. 재산세 부과는 그 일부가 되어야 한다. 장기간 조금씩 올리도록 장기계획을 확립해야 하고, 정권이 바뀔 때마다 흔들리면 안 된다. 체중이 들쑥날쑥하면 비만치료는 물 건너가고, 오히려 소중한 치료기회만 날려버리는 거나 마찬가지다. 서투른 편 가르기와 섣부른 이상주의적 우격다짐 정책은 돌팔이에게 내 몸을 다 내맡기는 거나 마찬가지다. 생명은 혁명적 상황이 아니라 시간을 두고 끊임없이 움직여가는 진화적 발전을 선호한다. 경제는 예측이 가능해야 번창하는 유기체다.

모든 납세자들은 존경받아야 마땅하다. 이제 조세에 대한 시각을 근본적으로 바꿀 때가 되었다. 조세를 '의무'보다 '권한'이라는 시각으로 볼 필요가 있다. 세금을 가진 자들에 대한 '징벌적' 방도로 본다면 문제가 원만히 해결될 길은 없다. 그러면 사회적 염증지수는 한없이 올라가고, 기다리는 건 홉스가 말했던 '만인의 만인에 대한 투쟁'뿐이다. 국민으로서 당당하게 권리를 행사하려면, 누구나 직접세를 조금이라도 내는 게 옳다. 소득이 적다는 이유로 면세자로 분류되어 그 권한을 원천 봉쇄당하는 저소득층도 아주 소액의 명목적 세금이라도 기꺼이 낼 기회가 있어야 하지 않을까? 필요하다면 그만큼 다른 방식으로 지원하는 것도 고려할 수 있겠다. 저소득층이 실제로 세금을 적게 내는 것도 아니다. 모든 상거래에 적용되는 간접세는 누구에게나 동일하게 부과되므로, 소득이 적은 사람들은 상대적으로 더 무거운 세금을 내는 셈이다. 직접세를 내 이름으로 내야, 액수에 무관하게, 그 세금이 올바로 쓰이는지 관심을 갖게 된다. 그래야 누구나 이 사회의 진정한 주인이 될 것 아닐까?

생명은 원래 윤리적 존재로 태어났다. 개체를 살리고 종을 유지해온 원동력이 바로 세포윤리다. 스스로 자제하고 필요하면 기꺼이 자신을 희생한다(7장 7. 세포자멸사, 궁극적 세포윤리). 심지어 단세포생물들도 종의 보존을 위해 헌신한다. 한국도 이제 물질적으로는 당당한 선진국이다. 우리를 비하할 필요는 없다. 짧은 시간 안에 그야말로 많은 걸 성취한 대단한 사람들이다. 다만 남을 탓하기 전에 스스로부터 돌아보면 좋겠다. 우리는 생명의 원칙에 맞는 삶을 꾸려왔나? 사회의 주인으로서 소통하고 양보하며 서로 믿고 살아왔나? 뒤따라오는 사람을 위해 문을 열어주고, 그런 호의를 받으면 인사는 그만두고라도 따뜻한 감사의 눈길이라도 건네며 살아왔나?

10 돈이란 이름의 이데아

비만은 우리가 안락한 삶을 이어갈 '골디락스 존Goldilocks' zone'[57]이 얼

57 영국 동화 '골디락스와 곰 세 마리'에서 유래한 이야기로, 뜨겁지도 차갑지도 않은, 딱 적당히 먹기 좋은 상태의 죽을 말한다.

마나 좁은지, 그 안에서 넘치지도 모자라지도 않게 버텨내는 게 얼마나 어려운지 새삼 깨닫게 한다. 분수를 지키며 살아가야 한다는 뜻인지 모르겠다. 삶의 골디락스 존을 넓히는 길은 없을까? 인간이 움직이는 경제에도 생명의 원칙이 적용될까? 대체 돈이란 무엇인가?

필자가 발표한 희곡 '돈의 재판'에서 '누구나 공화국'의 '돈'이 체포되어 재판을 받는다(참고문헌 50). 검찰은 '누구나 행복한 사회를 위한 특별법'에 의거하여 피고를 직권남용, 직무유기, 흉악범죄 교사혐의로 고발한다. 법정에 선 돈은 온갖 사회악의 근원으로 지목되어 비난받는다. 변호인은 돈은 인간이 아니기 때문에 재판 대상이 아니라고 주장하지만, 재판부는 돈도 법인처럼 책임 있는 독립체이고 인간의 얼굴을 가진 존재라며 그걸 받아들이지 않는다.

이어 여러 전문가들과 경제활동 당사자들이 증인으로 등장하여 벌어지는 치열한 공방을 거치며 서로 모순되어 보이는 돈의 여러 얼굴들이 속속 드러나며 과연 그가 누군지 불신과 의구심이 더욱 커간다. 그런 가운데 '돈은 힘이다.'라는 주장이 우세해진다. 그런데 증인들은 각자 자기 입장에서 보고 겪은 이야기만 하고, 돈을 독립된 인격체로 이해하고 그의 입장을 살펴보려 하지는 않는다. 이후 배심원 평의 과정에서 보통 사람들로 구성된 배심원들은 돈의 성격이 무엇인지 고심하다가 마침내 입을 모아 외친다. '돈은 자유다!'

창작 속의 이야기지만, 정말 그렇다면, 자유로운 영혼을 가진 사람들은 이미 엄청난 부자인 셈이다. 힘은 가질수록 한없이 더 갖고 싶을지 몰라도, 자유는 그 자체가 끝이다. 더 갈 데 없는 궁극적 가치다. 어떤 자유보다 더 고귀한 자유란 없다. 돈이 곧 자유라면 인간의 가장 친한 친구가 될 수 있을지 모르지만, 그게 많다고 자유가 늘어난다는 건 아니다. 오히려 필요 이상 쌓이면 곧바로 독이 될 수 있다. 어느새 메피스토펠레스가 본색을 드러내 파우스트의 영혼을 요구할지 모른다.[58] 그러면 인간은 더 많은 자유가 아니라, 도저히 벗어날 수 없는 속박의 노예로 스스로 전락하는 것 아닌가?

도스토예프스키Fyodor Mikhailovich Dostoevsky, 1821-1881의 작품들에 등장하는 여러 인물군상들은 하나같이 돈이 없거나, 적거나, 많거나, 집착하며 생기는 돈의 문제들에 눌려 허덕이고 비틀어지고 무너져간다(참고문헌 51). 있는 사람들은 무절제, 방탕, 과시, 집착, 탐닉 등으로, 없는 사람들은 무모, 옹고집, 자존심, 조바심, 오기 등으로 스스로 무너진다. 그렇게 원하면서도 정작 돈을 존중하지 않고 충동적으로 대하며, 일방적 자기주장과 요구만 늘어놓을 따름이다. 그래서 이성이 설 자리가 사라지면 돈은 슬그머니 그들에게서 철학을 몰아낸다. 그러면 대부분 그런 삶의 무게를 버텨내지 못하고 무너지지만, 가뭄에 콩 나듯 마침내 그걸 극복하여 비로소 자유를 얻어내는 인물도 나타난다. 작가 자신도 평생 도박에 탐닉하며 자유를 돈에 갖다 바치는데, 스스로에게 지운 무거운 삶의 굴레가 그런 명작들로 다시 태어날 수 있었다는 게 놀라울 따름이다. 덕분에 정녕 고맙게도, 인간이란 존재를 다시 보게 해준다.

'돈의 재판'에 증인으로 나온 태평양 섬나라의 추장 '알룽가'는 피고를 가리키며 증언한다. "저 악마가 주화鑄貨의 모습으로 변장하고 우리 섬에 들어온 후, 모든 게 달라졌어요. 그전엔 조개가 돈이었는데, 그때는 아

---

58 괴테(Johann Wolfgang von Goethe, 1749-1832)의 극작 파우스트(Faust)에서. 파우스트가 악마 메피스토펠레스(Mephistopheles)와 계약을 체결하여 환락에 빠지지만, 계약이 끝나는 순간 그의 영혼은 악마의 것이 된다.

무리 많아 봤자 어차피 곧 상해서 쓸모없게 되니까 저녁에 모여 다 같이 국을 끓여 나눠 먹었지요. 그런데 금속은 썩지 않으니까 몰래 그걸 꼬불칠 수 있잖아요. 이젠 같은 국을 먹으면서도 옆에 앉은 사람을 의심하고 서로 속내를 털어놓지 않아요. 일단 심어지면 쉽사리 사라지지 않는 게 불신이라는 싹입니다."[59]

돈은 유사 이래 모든 인간들의 관심사였고, 인간의 역사 그 자체에 지대한 영향을 미쳐왔다. 그런데 돈만큼 누구나 자기가 보고 싶은 부분적 현상만 보며 집요하게 집착하는 대상도 없을 것 같다. 그 본체, 돈의 이데아를 존중하고 탐구하려는 사람들이 있기나 한지 모르겠다. 돈은 자기를 이해하고 거기 맞춰 살아가려는 사람들에 더 큰 혜택을 주려고 하지 않을까? 돈이란 이름의 이데아는 생명의 이데아 그 자체와 크게 다르지 않고, 여러모로 비슷한 얼굴을 가지고 있을지 모르겠다는 생각도 든다. 돈을 쟁취해야 할 대상이 아니라 늘 대화를 나누며 함께 살아가야 할 이웃으로 여긴다면, 돈의 철학은 우리 삶을 모든 면에서 훨씬 더 행복하게 이끌어가지 않을까?

59 실화에서 인용(참고문헌 52).

9-1. 돈의 성격

돈이 살아 숨 쉬며 꿈틀거리는 존재라면 인간이 만들어낸 일종의 '유사생명' 같은 건지도 모르겠습니다. 우리는 돈에게 일방적으로 이런저런 요구만 하는데, 혹시 그 입장으로 생각해 볼 수는 없을까요? 돈은 우리를 어떻게 볼까요?

9-2. 경제와 예측 가능성

경제에서 예측 가능성은 왜 중요할까요? 돈은 앞날을 예측할 수 있는 곳과 없는 곳 중에서 어디로 가려고 할까요?

9-3. 저혈당과 최저임금 인상

혈당이 갑자기 떨어지면 대단히 위험해서, 즉각 혈당을 높여야 합니다. 그런데 생체 내 세포들에 만성적으로 포도당이 부족하다면, 그건 왜, 어떻게 그리 되는 걸까요? 그 경우에도 혈당을 급격히 올려야 할까요? 그 경우 예상되는 전신 부작용은 무엇일까요? 최근 커다란 사회적 갈등요인으로 떠오른 최저임금 문제도 비슷한 면이 있을지 모르겠습니다. 최저임금은 왜 논란이 될까요? 그 제도 자체가 논란거리일까요, 인상액수가 문제일까요, 그보다 인상속도가 문제일까요?

9-4. 투자와 투기

자본은 마치 마술램프의 요정 지니처럼 인간에겐 없는 큰 힘을 가진 어떤 존재인지 모릅니다. 자본을 투여하여 사업을 일으키는 행위를 '투자投資, investment'라 하지요. 한국이 짧은 시간에 경제성장을 이룬 건 국민들의 근면성과 아울러 거기 따라온 왕성한 투자 덕분이라고 할 수 있습니다. 투자는 큰 성과를 올릴 수도 있는 반면 그에 따른 위험성도 감수해야 합니다. 램프의 주인들이 우여곡절을 겪는 것 비슷한지도 모르겠네요. 특히 고위험성이 따르는 투자를 투기投機, speculation라 합니다. 원래는 눈치껏 기회를 엿본다는 뜻인데, '부동산투기'처럼 사회적으로 바람직하지 않은 투자란 뜻으로 들리기도 합니다. 투자와 투기는 현실적으로 어떻게 구분할 수 있을까요? 원래 다른 걸까요? 혹시 어떤 주인을 만나느냐에 따라 지니의 행동이 달라지는 걸까요?

9-5. 복지사회의 조건

진정한 복지사회는 어떻게 이룰 수 있을까요? 거기 필요한 조건들은 무엇일까요?

9-6. 한국 쌀과 일본 쌀

일본에 가면 밥맛이 좋다는 이야기를 종종 듣습니다. 자국산 쌀에 대한 자부심이 대단하고, 비싸도 국민들이 자발적으로 그 쌀을 사 먹습니다. 한국의 영농기술과 농업인들의 자부심도 아주 높은 수준인데, 왜 한국 쌀은 대체로 그만 못하다는 말을 들을까요? 국가가 쌀을 수매해주고 수매가를 획일적으로 통제하면 생산자는 쌀의 질을 우선할까요, 양을 우선할까요? 그러면 농업인들의 기업가정신과 창의성은 어떻게 보상받아야 할까요?

10

진화의학

그렇다면 사고의 진화는 대단히 고마운 것이다.
그야말로 살아 있다는 증거이자
특권 아닐까?

01 시각의 진화

생명은 다양하다. 다양한 생명체들이 존재하고, 한 생명체가 가진 얼굴도 다양하다. 생명을 어떻게 이해할지는 그걸 보는 시각에 달린 건지 모른다. 그건 우리 자신을 보는 시각과도 직결된다. 망원경과 현미경을 통해 인간은 자기 시야가 얼마나 좁은지 깨달을 소중한 기회를 얻었다. 망원경은 지금도 일취월장 발전하고 있다. 구경이 커지며 해상도가 높아지고, 대기의 간섭을 피하려고 우주궤도에 올려놓기도 하고, 가시광선 외 여러 파장들과 입자들을 '보고', 지구 전체의 망원경들을 묶어서 하나의 거대망원경으로 만들어 보기도 한다. 덕분에 우리 시야는 놀랍도록 넓어졌다. 심지어 유기물질이 있는 천체를 찾아내기도 하고, 블랙홀처럼 절대로 안 보이는 것을 '보기도' 한다.

이젠 우주의 끝자락까지 살펴보며, 대우주는 어떻게 생성되었고 그 안에서 우리는 누구인지 스스로 되묻게 하고 있다. 멀리 있는 천체일수록 빛이 전해오는 시간도 오래 걸린 거니까, 망원경 덕분에 먼 과거로의 놀라운 시간 여행까지 하고 있다. 허블 망원경이 보여준 우주의 모습 앞에서 과연 겸허해지지 않을 사람이 있을까? 만일 갈릴레오가 있다면 무슨 말을 할까? '놀라운 기술이긴 한데, 그걸 보는 사람들도 좀 달라졌나…?'하고 조심스레 주위를 둘러보지는 않을까?

현미경은 미세세계에서 생명의 기본을 보게 해주었다. 이제 현미경 없는 의학은 생각하기 어렵다. 광학기술도 많이 발전했다. 해상도와 시야가 훌륭해졌고, 디지털 사진기술도 우수하다. 형광현미경과 전자현미경도 만들었고, 조직을 그대로 관찰하는 생체현미경도 개발하고 있다. 그럼에도 불구하고 문제는 여전히 남아 있다. 전자현미경이 등장할 당시, 생명과학자들은 이제는 '세포의 모든 걸 속속들이 볼 수 있겠다.'라며 환호했다. 그러나 생명의 본질에 더 가까이 다가가려는 부푼 기대는 머잖아 실망으로 바뀐다. 세포 내부를 더 잘 파악하게 된 건 분명하지만, 그렇다고 생명에 대한 이해가 특별히 진전된 것 같지는 않다. 왜 그럴까? 그러면 어떻게 해야 생명을 더 잘 볼 수 있을까? 뭔가 중요한 걸 놓치고 있는 걸까? 아니면 우리가 스스로의 생명을 뜯어본다는 게 그만큼 어려운 걸까? 혹시 조금 해보려다가 말고 '이미 찾을 것은 다 찾았다.'라고 선언하며 지레 환원주의의 굴레 안으로 다시 들어간 건 아닐까?

망원경으로 머나먼 과거의 우주를 보듯이, 현미경으로도 생명의 과거를 볼 수 있을까? 세포 안에서 생명이 걸어온 발자취를 거슬러 올라가 볼 수 있을까? 이렇게 말하면 이상한 사람으로 취급당할 줄 안다. 그러나 우리는 분명 과거 무수한 생명들의 삶을 이어받아 살아가고 있다. 육안으로도 얼마든지 보고 확인할 수 있다. 거대한 석회암과 퇴적암층으로 이루어진 스페인의 칸타브리아, 아라곤 지역으로 이어지는 피레네산맥에는 다양한 생물들과 조가비 등 화석이 다량 출토된다(그림 14). 그 거대한 산맥이 먼 옛날 바다 밑 지형이었고, 엄청난 세월 동안 수많은 생명체들의 화려했던 삶의 잔유물이 쌓여 이루어졌음을 알려준다. 오늘날 인류는 그 흔적 위에 서서 그 삶을 이어받아 살아가고 있다. 진정 모든 게 어떻게 보느냐에 달려있지 않은가?

그림 14 피레네 아인사의 화석

스페인 피레네산맥과 근방 넓은 지역은 오래전 바다 밑 지형이었고, 전체가 거대한 석회암과 퇴적암층으로 이루어져 있다. 아인사(Ainsa)는 그 지역 석회암으로 지은 아름다운 중세 마을인데, 벽돌 곳곳에 가리비와 조가비들을 포함한 다양한 고대 생명체들의 화석이 널려있다. 인간이 그 삶을 이어받아, 사실상 함께 살고 있다는 걸 보여준다.

진화론은 생명뿐 아니라 세상을 보는 우리 시각을 송두리째 바꿔놓았다. 그런데 정작 우리 자신을 보는 시각은 별로 달라진 것 같지 않다. 스스로를 잘 이해하려면 화석들이 만들어지던 시대는 몰라도 최소한 선조들의 삶이라도 살펴봐야 하지 않을까? 인류의 역사에서 수만 년 전이라면 까마득한 선사시대이겠지만, 진화의 입장에서는 그야말로 눈 깜짝할 새인지도 모른다. 그때 선조들은 우리와 얼마나 달랐을까? 혹시 조금이라도 변화가 있었다면, 그게 과연 발전일까 퇴보일까? 자동차와 전기를 가졌다고, 은연중에 우리는 '유인원 비슷했던' 그분들과 근본적으로 다르다고 믿고 있는 건 아닐까? 오히려 그런 것들 가지느라고 진화의 오랜 손길로 길들여진 인간 본연의 삶에서 무리하게 일탈하고 있는 건 아닐까? 무서운 현대 질병들은 그렇게 '길러지는' 건 아닐까? 만일 그렇다면, 우리 삶을 되짚어봐야 할 시점이다. 안타깝게도 현대의학은 진화적 성찰이 없는 단편적 시각만 고스란히 담은 채 '눈앞의' 현상에 대응하기에 급급하다. 의학의 역사는 수많은 오류와 아집의 흔적들로 점철되어 있다. 오늘날이라고 뭐 그리 다를까? 시각의 진화는 그만큼 힘든 모양이다.

칸타브리아 지역엔 많은 천연동굴들이 있는데, 그중에는 들소벽화로 유명한 알타미라 동굴도 있다. 본업이 법학자였던 산즈 드 소투올라 Marcelino Sanz de Sautuola, 1831–1888는 자기 영지에 있는 그 동굴에 선사시대 유적들이 있을지 모른다는 생각으로 발굴을 시작한다. 고고학적 발굴이란 땅을 보고 계속 파고들어 가는 것이다. 그런데 어느 날 아빠를 따라 동굴에 간 8살짜리 딸 마리아가 외친다.

"저기 소가 있어요!"

아이가 가리킨 천장에는 희미한 등불 속에 멋지게 채색된 들소가 늠름하게 서서 그들 부녀를 내려다보고 있었다. 아버지는 땅을 봤고, 뭔가 있을 거라면 응당 거기 있을 테니까, 딸은 '그냥' 봐서 그걸 봤다. 살아있는 생명이었다. 그걸 본 사람들은 선사시대에 만들어진 시스틴 예배당이라고들 한다.

02 음식과 진화

인간은 원래 주행성 동물로 진화하였다. 낮에는 부지런히 활동하여 먹이를 찾아 먹고, 잘 안 보이는 밤에는 어디 안전한 곳에 조용히 숨어 있어야 한다. 거기 맞춰 일주기 리듬diurnal rhythm이 만들어져서, 매일 대사의 동화작용과 이화작용의 작은 리듬이 반복된다. 해가 떨어지고 어두워지면 이화작용의 시기가 된다. 낮 동안 먹은 게 있으면 소화시키고 별로 없으면 축적했던 지방을 대사시킨다. 밤은 활동을 삼가고 자거나 쉬어야 할 때다. 요즘처럼 밤에도 대낮같이 불을 켜고, 돌아다니고, 머리를 굴리고, 힘들다고 야식까지 잔뜩 먹으면, 얼마나 자신을 혹사하는 건지 말할 필요도 없다. 내 몸의 대사환경을 밤낮없이 동화상태로 유지하는 셈이다. 금식해야 할 밤중에 먹어서 기계적으로 소화된 건 어찌할 길이 없으니 모두 복부지방으로 간다. 직업상 야근을 해야 하는 사람들도 많지만, 장기적으로 밤낮을 바꿔 사는 건 아주 바람직하지 않다. 인체가 만들어진 대로 맞춰 살아야지, 인체를 맞출 순 없기 때문이다. 진화란 하루아침에 이루어지는 게 아니다.

체질과 질병감수성도 진화의 눈으로 살펴봐야 한다. 먼 옛날은 그만두고, 다만 몇 세대 전 상황도 큰 영향을 미칠 수 있다. 당뇨는 조부모나 부모가 심한 기아를 겪은 사람들의 후손들이 더 취약하다. 인체는 장기적

환경변화가 오면 대사유전자 발현조절부위를 메틸화시키거나 염색질단백 히스톤을 아세틸화시키는 방법으로 해당 유전자를 '표시'하여 발현을 조절하는데, 기아를 겪으면 전신의 에너지를 보존하는 쪽으로 균형이 잡힌다. 유전자 조성은 그대로지만, 그렇게 표시된 대사유전자 조절양상은 후손들에 그대로 이어질 수 있다. 그런데 생활이 윤택해져 갑자기 잘 먹으면 특히 감당하기 어려워진다. 후생유전체학Epigenomics 연구는 인간의 체질이 하루아침에 바뀌지 않는다는 걸 보여준다.

뭘 먹는지도 대단히 중요하다. 음식도 진화론적 시각으로 살펴볼 필요가 있다. 인간은 원래 풀이나 열매 채집과 사냥으로 살아온 잡식성인데, 경작기술이 개발되며 농사가 가능한 문화권에서는 곡물 섭취가 늘어났고 그렇지 못한 곳에서는 유목으로 육류 섭취에 기대어 살아갔다. 그러다가 산업혁명과 제2차 세계대전 후 경제발전을 거치며 갑자기 먹을 게 흔해지기 시작한다. 소리 없이 찾아온 음식물 혁명이다. 어떻게 그런 일이 생겼을까? 놀라운 작물 옥수수와 사탕수수에 그 비결이 숨어있다.

옥수수는 빙하시대 대륙을 연결시킨 얼음판 위를 걸어 아시아에서 넘어온 고대인들이 중남미에 당도해 처음 발견한다. 덕분에 식량문제를 해결한 그들은 새로운 생활터전과 고유한 문화를 만들어간다. 기적 같은 작물에 감사하며 정성껏 경작하고 개량하여 지금처럼 커다란 자루로 자라는 대단한 작물로 거듭난다. 거친 땅에서도 잘 자라고, 무엇보다 한 알을 심으면 자루에 하나 가득 달리는 엄청난 수확량은 다른 곡물과는 비교가 되지 않았다. 나중에 스페인과 포르투갈 사람들이 남미에 들어와 그 놀라운 작물을 '발견'하고 전 세계에 널리 퍼뜨린다.

스페인과 포르투갈 사람들은 옥수수를 가져가고 대신 거기엔 없던 사탕수수를 들여온다. 그래서 대량생산되기 시작한 설탕이라는 노다지는 아프리카에서 엄청난 숫자의 흑인들을 노예로 잡아오는 반인륜적 행위를 불러오지만, 서구인들은 그 덕분에 인도에서 온 향긋한 차에 마음껏 설탕을 넣어 마시며 누구나 그 값싼 달콤함에 깊숙이 빠져든다.

한편, 옥수수는 미국의 드넓은 평원에서 기계화된 농법으로 경작되며 생산량이 획기적으로 늘어난다. 그 결과 산더미처럼 쌓인 옥수수는 자연스레 동물사료로 사용되는데, 그걸 먹은 가축들은 제한된 초지에서 풀만 먹는 가축들보다 훨씬 빨리 자라고, 지방도 풍부하고, 단위면적당 사육수도 엄청나게 늘어났다. 거기에 슬그머니 항생제까지 섞어 먹이면, '생산량'은 놀랍게 올라간다. 고기뿐 아니라 계란, 우유, 유가공품 등도 쌓여갔다. 옥수수 덕분에 영양가 높은 음식을 저렴하게 얼마든지 공급할 수 있게 된 것이다. 엄청난 부피로 튀겨지는 팝콘이 상징하듯, 경제성장의 모든 밑바탕에는 옥수수가 있었다. 그리고 설탕이 있었다. 설탕 바른 바삭바삭한 옥수수 시리얼을 우유에 말아 먹고, 자가용차 타고 직장에 가서, 간식으로 아이스크림 큰 컵 하나 가득 들고, 주말엔 큰 봉투에 든 팝콘을 먹으며 영화를 즐기는 삶이 찾아왔다.

호사다마라 할까? 그 풍요 속에 섭취 칼로리의 절대량뿐 아니라 영양소의 질에서도 큰 문제가 있다는 게 차츰 드러나기 시작한다. 옥수수에는 오메가-3 지방산은 별로 없고, 오메가-6 지방산이 많이 들어있다. 이 둘의 균형은 세포막의 유연성에 필수적일뿐더러(6장 4. 생체막 너머의 소통), 염증조절 핵심요소인 프로스타글란딘prostaglandin의 조절에도 중요하다. 오메가-3 지방산은 염증을 억제하고, 오메가-6 지방산은 염증을 일으키는 프로스타글란딘들을 만들기 때문이다. 그래서 고칼로리 즉석식품들은 비만과 함께 염증성 체질까지 유발한다.

오래전 이런 개념들이 미처 정립되지 못했을 때, 은사 굴드 교수가

"미국에 동맥경화와 심장질환이 이렇게 많은 걸 보면, 아무래도 고향 아르헨티나 소들(초원에 방목한)과 미국 소들(주로 가두어 사료로 키운) 사이에 뭔가 큰 차이가 있는 것 같다."라고 말씀하시던 기억이 난다. 돌이켜보면 놀라운 통찰력이었다. 초원에서 자란 소들은 지방함유도 적지만, 지방 자체가 좋은 것이라 그것만 따로 베어 먹어도 별문제가 없다. 먹는 양도 자연이 정해주는 생산량을 넘어설 수 없다. 결국 모든 문제들은 인류에게 진화적으로 생소한 음식을 생소한 방식으로 과소비하며 벌어진 소동이었다.

이제라도 덜 먹으면 될 것 아닐까? 싸기 때문에 많이 먹게 되는 걸까? 아니면 끊임없는 식욕은 인간 본연의 문제인가? 거기엔 또 다른 이유가 숨어 있을지 모른다. 질소비료를 잔뜩 사용하여 단기간에 만들어낸 농산물들은 자연 숙성할 겨를이 없어서 맛이 잘 들지 못한다. 기름진 텃밭에서 길러낸 유기농 채소나 토마토의 맛을 도저히 따라갈 수 없다. 거기서 마음껏 노니는 닭들의 계란도 '일반' 계란과는 비교가 안 되는 맛이 있다.

맛이란 무딘 미각보다는 사실상 후각으로 결정된다. 음식물을 씹을 때 나오는 강력하고 풍부한 향이 코의 후각상피로 직행하여 느끼는 게 바로 맛이다. 후각자극을 처리하는 후각중추는 감성, 보상, 기억력을 담당하는 변연계에 속한다(2장 3. 감각의 원천적 불완전성). 음식을 통한 풍부한 후각자극은 우리를 행복하게 한다. 먹는다는 건 꼭 배를 채우기 위한 것만은 아니란 뜻이다. 고급 와인을 찾는 사람들이 엄청난 값을 마다치 않고 사는 건 바로 그 향이다. 당연히 조금씩 입안에서 이리 돌리고 저리 굴리며 그 향을 흠뻑 즐겨야 한다.

맛이, 즉 풍부한 향이 없으면 아무리 음식을 먹어도 행복해지지 않는다. 그러면 뭔가 계속 더 찾고 더 먹게 되고, 모든 음식도 달고 짠 쪽으로 기울어진다. 그런데 그건 코가 아니라 혀가 느끼는 무딘 감각이라서 늘 더 많은 양을 요구하게 되고 그럴수록 우리는 당뇨와 고혈압으로 다가간다. 설탕과 꿀은 원래 귀한 것이었다. 지금처럼 모든 음식마다 양껏 넣어 먹을 수 있는 게 아니었다. 조미료 MSGmonosodium glutamate에 대한 논란도 그 자체 유해성 여부보다는 그걸 쓰지 않으면 안 될 정도의 재료로 음식을 만드는 게 더 큰 문제다.

그런데 오메가-6 지방산이 많은 옥수수를 주식으로 하는 중남미 사람들은 어떻게 건강을 유지했을까? 한 가지 비밀이 있는데, 고대부터 그들은 옥수수와 함께 치아Chia[60]라는 곡식을 먹었는데, 거기에는 오메가-3 지방산이 듬뿍 들어있어서 옥수수와 균형을 맞춰주었다. 스페인과 포르투갈 사람들은 늘씬하고 커다란 옥수수에 시선이 끌려서, 원주민들이 한 줌씩 꺼내 우물우물 먹던 그 보잘것없는 검은 씨앗에는 별 관심이 없었던 모양이다. 치아는 요즘 건강식품으로도 많이 찾는다.

우리는 스스로를 대단한 존재로 여길지 몰라도, 진화의 눈으로 본 인간의 삶이란 별것 아닐지도 모른다. 한 끼 식사는 귀하고 소중한 것이다. 원래 그래야 한다. 더구나 다른 생명의 희생 위에 차려진 밥상 아닌가? 음식의 깊은 맛은 곧 '살아가는 맛'이다. 향을 즐기자! 후각이란 마냥 가는 혜택이 아니다.

---

60 *Salvia hispanica* 씨앗. '치아'는 혹시 한국어 '씨앗'과 같은 뿌리의 말 아닐까?

당뇨는 공복혈당 126 mg/dl 이상이거나, 당화헤모글로빈 6.5% 이상이거나, 당부하검사가 양성이면 진단하게 된다. 그 정도는 아니라도 확실히 정상범위를 벗어나면서 아직 임상증상은 없는 경우를 당뇨전단계 prediabetes라고 부른다. 그런데 그 경계는 임의적이며, 편의상 그리 부를 따름이다. 전 단계라고 마냥 안전한 건 아니다. 적절한 치료 없이 내버려두면 계속 진행될 수 있다.

치료는 먼저 식이요법과 아울러 경구 혈당조절제를 처방하는데, 그 중 대표적인 약이 메트포민Metformin이다. 원래 유럽에서 오래전부터 사용해온 약초 *Galega officinalis*에서 추출한 성분인데(참고문헌 53), 잠재적 부작용 몇 가지 외에는 비교적 안전하고 약효를 신뢰할 수 있는 약이다. 메트포민은 간에서 포도당생성을 억제하고, 에너지 소모를 유도하는 효소 AMPK를 활성화시킨다고 알려져 있다. 최근 들어 장내세균들까지 변화시킨다는 사실도 밝혀졌다(참고문헌 54). 게다가 당뇨치료와 무관하게 전신적 항염기능이 있고(참고문헌 55), 심지어 노화방지기능까지 보고되고 있다(참고문헌 56). 그렇다면 우리 곁에 불로초를 두고 여태껏 간과했던 것 아닐까?

약물상호작용과 부작용 가능성도 잘 살펴봐야 하겠지만, 그런 약제가 있다면 당뇨 전 단계부터 적극적으로 활용하지 않을 이유가 별로 없겠다. 더구나 비만, 고지혈증, 고혈압, 흡연력 같은 혈관질환 위험인자들이 있다면 과감하게 처방하는 게 바람직하다. 저용량으로 부작용 가능성도 대폭 줄일 수 있다. 그런데 우리 의료체제는 아직 그럴 준비가 덜 된 모양이다. 당뇨 전 단계 환자들에게 잘 처방하지 않고, 약값도 당뇨 확진 환자가 아니라면 전액 비보험 본인 부담이다. 당뇨가 진행되어 부담해야 할 어마어마한 진료비를 감안한다면, 경제적으로도 도무지 이해하기 어렵다.

그냥 타성에 젖어서 그런 건지 의료주체 간에 신뢰가 없어서 그런 건지, 아무튼 '안 된다'는 게 너무 많다.[61] 이미 사용하는 약을 애초의 목적에 더 잘 맞게 사용하자는 게 왜 문제가 되어야 할까? 지금도 비만과 당뇨는 폭발하듯 늘어나고 있는데, 이 책이 발간될 즈음에는 다 지난 일이 되었기를 기원해본다.

예방의학은 인류를 위해 대단한 성과를 이루었다. 그중에서도 역학epidemiology은 전염병이 어떻게 발생하여 퍼져나가며 어떻게 막아야할지 보여주는 큰 공헌을 했다. 19세기 영국 런던에 콜레라가 창궐하자 의사 스노우John Snow, 1813-1858는 직접 거리에 나가 환자들을 보살피며 원인을 찾아나선다. 아직 질병의 세균이론이 확립되기 전이었다. 콜레라가 소호지역에 집중적으로 발생하고 있다는 점에 착안하여 그는 진앙지를 계속 추적해 좁혀나가서 마침내 브로드 거리의 급수펌프 하나를 지목하게 되었다. 그걸 폐쇄하자 무서운 전염병은 거짓말처럼 급격히 잦아들었다. 비록 균 자체를 증명하진 못했지만, 족집게같이 그걸 찾아냈던 것이다. 제멜바이스와 어깨를 나란히 할 만한 그 업적은 역학조사의 효시가 되어 오늘도 이어져 오고 있다. 미국 질병통제예방센터Centers for disease control and prevention , CDC같은 기관이 그 맥을 이어가며 세계적으로 활약하고 있다.

건강한 장수사회에 가장 필요한 의학은 바로 예방의학이다. 그런데 정작 임상의학에는 예방의학이라는 개념이 별반 눈에 띄지 않는다. 임상예방의학이란 용어도 없고 실체도 없다. 현재 임상의학교육은 진단학부터 시작하는데, 엄밀히 말해서 진단이란 발생한 질병, 즉 달리 말해서 일이

61 비단 의료만의 문제는 아니다. 좀 먹고 살게 되었다고 우리 사회가 벌써 조로증상을 보이는 게 아닌지 모르겠다. 창업이란 결국 '안 되는' 걸 혹은 '안 된다는' 걸 되게 만들어내는 것 아닌가?

터진 걸 확인하여 잡아내는 단계다. 병리학도 암 진단에 매달리는 것보다 그 전 상태의 전암병변을 찾아내어 미리 조치하는 방향으로 나아가야 하지 않을까(7장 8. 세포의 분노)?

건강을 챙겨주고 병적 진전을 막아주는 임상예방의학은 일종의 대체의학, 심하게 말하면 무슨 사이비 비슷하게 바라보는 인식이 적지 않은 것 같다. 안타까운 일이다. 굳이 앞으로 다가올 개인별 유전체 맞춤의학을 기다리지 않더라도, 당장 도움이 될 수 있는 게 얼마든지 있다. 하나만 예를 들어보자. 입에는 온갖 균들이 서식하는데, 구강건강뿐 아니라 전신건강과 밀접한 연관성이 있다. 당연히 장내세균의 구성과도 직접 연관되어 있다. 잇몸에 치주염이 생기면 염증성 균들이 증식하고 손상된 조직을 통해 수시로 혈류로 들어가 전신혈관염증을 일으키고 염증성 체질을 유발할 수 있다. 실제로 동맥경화 병소에는 입안에 서식하는 균들의 DNA가 종종 검출된다. 게다가 체질에 따라서는 류마티스 관절염과 전신염증을 일으키는 불쏘시개가 되기도 한다. 구강건강과 치과 정기진료가 필수적이다. 잇몸건강에는 칫솔보다 치실이 더 중요한 역할을 할 수 있다. 이 사이에 낀 음식찌꺼기를 제거하고, 잇몸에 물리적 자극을 주는 것만으로도 치주염 예방과 치료에 큰 도움이 된다. 임상예방의학이 할 일은 많다. 그럴 관심과 체계적 뒷받침이 없을 따름이다. 이 또한, 편협한 시각의 문제 아닌가?

04 융합과 진화

생명철학은 의학의 본질을 되돌아보게 한다. 의학을 불변의 과학이라고 믿는다면, 과학이란 원래 그 시대의 문화, 사회, 정치적 환경과 뗄 수 없는 밀접한 관계라는 화이트헤드의 지적을 상기할 필요가 있다(9장 8. 유물론과 유기체철학). 그렇다면 의학은 더 말할 필요 없지 않을까? 의학은 가치와 의미를 찾아가는 철학과 뗄 수 없는 관계다.

현대의학은 아리스토텔레스부터 이어온 분류학적 사고에 입각한 질병분류에 기반하고 있고, 거기에 세포론을 도입한 병리학의 역할은 절대적이었다(4장 6. 해부학, 나를 찾아가는 순례). 거기엔 선악의 구분이 명확한 기독교사상도 알게 모르게 큰 영향을 미쳤다. 세상엔 옳은 것과 그른 것이 있고, 인간은 신의 뜻을 따라 옳은 길로 들어서야 한다. '남에게 대접받고자 하는 대로 너희도 남을 대접하라.'라는 예수의 가르침황금률, golden rule을 따르는 기독교 기본정신이다. 내게 좋은 것이 있다면 반드시 남들과 나눈다.

그런데 그 좋은 뜻에도 불구하고, 사회가 발전하고 복잡해지면 뜻하지 않은 문제가 생길 수 있다. 이를테면, 사막에서 굶주린 사람에겐 무슨 음식을 권해도 고맙겠지만, 만일 배부른 사람에게 입에 맞지 않는 음식을 억지로 권한다면? 공자는 그걸 '기소불욕 물시어인己所不欲 勿施御人'이란 말로 빗겨간다. 자기가 싫은 걸 남에게 시키지 말라. 둘 다 비슷한 뜻인 것 같지만, 그 사이엔 미묘한 차이가 있다. 매일 뭔가 분류하며 그 위에 살아가는 사람이 그 분류의 틀이 실상 현실적 편의를 따를 뿐이고 따라서 언제든 바뀔 수 있다는 유연한 사고를 유지하는 게 과연 쉬울까(2장 1. 빛, 시각, 병리학; 2장 8. 무엇이 시야를 가리는가?)?

여태까지의 서양의학은 일단 큰일이 터져야, 즉 '병다운 병'이 생겨야, 거기 대응하는 데 초점이 맞춰져 있다. 병리학은 거기에 큰 공헌을 했지만, 동시에 그 바탕에 편협한 시각을 깔아놓은 것도 사실이다. 질병코드 번호가 없으면, 일단 관심의 대상에서 멀어진다. 그러니 임상예방의학이 설 자리는 별로 없다. 동양의학은 나름대로 생활방식과 섭생을 강조해온 편이지만, 철저한 질병분류학 기반이 부족하여 객관적 진단과 치료를 위해 내세울 실체가 미흡한 편이다. 그러면 모든 게 모호해진다. 사회적으로도 법가적 원칙론의 근본이 없으면, 아무리 좋은 생각이라도 차곡차곡 발전해 나가기 어렵다. 유학적 전통에서는 윤리적 인간관계는 줄곧 강조하면서, 옳고 그름을 짚어보는 시비지심是非之心은 상대적으로 등한시하거나 회피하는 경향이 있다. 우리말에 '시비를 건다.'라는 뜻을 생각해보면 알 수 있다.

지금은 생명과학의 발전을 망라하는 새로운 포괄적 융합의학이 필요한 시점이다. 세포론은 현대의학에 깊은 영향을 미쳤고 뿌리를 확고히 내렸지만, 진화론적 사고는 아직 대단히 아쉽고 미흡한 채로 남아있다. 생명이 공간과 시간의 어우러짐이라면, 그중 공간에 관한 연구는 나름대로 적잖은 진전이 있었지만, 시간적 요소에 관한 이해는 아직 갈 길이 먼듯하다. 진화론적 시각의 진화의학은 현대 고질병들을 다루는 데 필수적인 사고의 바탕을 제공할 수 있다. 과거를 모르면 지금의 우리를 알 수 없고, 더구나 내일은 생각할 엄두도 낼 수 없다. 진화적 성찰은 우리 자신을 돌아보는 길이고, 진화의학은 새로운 융합의학이 나아갈 길이다. 앞으로 한국의료가 그 길에 앞장서게 되면 더 바랄 게 없겠다. 한국은 나름대로 인간중심의 동양적 정서 위에 서양적 합리성을 추구해온 사회다. 은연중에 모두 그런 융합적 사고에 익숙하다. 이제 그걸 이룰 능력과 기반도 충분히 가지고 있다. 원래 융합이라면 자신 있는 선수들 아닌가? 창의성이란 바로 사고의 유연한 융합에서 비롯한다.

05 생명, 감사와 존중

보면 볼수록 오묘한 생명은 자연스레 우리를 철학의 길로 이끌어준다. 나도 그 일부라는 사실이 대견스럽기도 하고, 덕분에 돌아볼수록 엉성하고 아쉬움 투성이인 자신을 어느 정도 용서하고 용납해주고 싶은 마음도 든다. 모든 생명은 존경받아야 마땅한 존재기 때문이다. 그러면서 생명의 길에 맞게 살아왔는지 다시 한 번 자성해본다. 다양한 생명을 존중하고, 활짝 문을 열고 소통해왔나? 남이 나보다 우수하고 훌륭한 걸 인정하고 존경하기는커녕 오히려 깎아내리고 비방하고 모함하지는 않았나? 스스로 사회의 주인이 되어 나의 생각과 다른 생각들을 존중하고 뜻이 모이도록 한 발짝씩 물러나며 살았나? 생명의 윤리를 따르고, 생명을 이어갈 다음 세대를 먼저 챙겨주었나? 인간뿐 아니라 생태계 전체를 존중하며 살았나?

생명은 다양할수록 풍성해진다. 그 다양성을 인정하는 데서 모든 게 비롯한다. 아니 인정하는 게 아니라, 적극적으로 찾아 나설수록 그만큼 내 삶은 풍성해진다. 영어로 감사를 뜻하는 'appreciation' 이란 말은 원래 뭔가 '알아보다'는 뜻이다. 어떤 깊은 진가를 어렵사리 감별해낸다는 건데, 그게 상대방의 깊은 마음 씀과 후의를 알아내어 '감사'한다는 뜻으로 분화되었다. 그러니 단순한 'Thank you.' 이상의 의미가 담겨있다. 아주 품격 있는 말이다. 우리도 그런 멋진 말들이 많으면 참 좋겠다. 생명에의 존경은 감사에서 나온다. 생명의 원칙도 중요하지만, 하나하나 개체의 오묘한 세부사항을 찾아보는 것도 소중하다. 그래야 미묘한 차이도 깨닫고 '감사' 할 수 있게 된다. 똑같은 군집들의 숲 속에서만 살다 가고 싶지는 않을 것 아닌가?

공자는 삶에서 가장 소중하게 간직해야 할 게 한마디로 뭐냐고 묻는 제자 자공의 다소 지나친 질문에 담담히 그건 '서恕'라고 대답한다. '같은如' '마음心'이란 뜻의 두 글자가 합성된 멋진 글자다. 합성어가 되면서 남과 공감하고sympathy 나아가 용서한다forgive라는 뜻으로 발전한다. 퇴계는 '경敬 respect'을 일생의 좌우명으로 삼았다. 생명을 존경하고 남을 존중한다는 건 어떤 걸까? 아무나 다다를 수 없는 높은 수준의 관용과 무조건적 용서를 말하는 걸까? 그렇다면 나는 거기 해당되지 않는다. 그럴 자격이 없다. 무모한 정치적 야망으로 전쟁을 일으켜 헤아릴 수 없이 많은 무고한 인명을 앗아가고, 가족들끼리 생이별로 피눈물 흘리게 한 자들은 용서할 수 없다. 거기다가 존중이란 더욱 해당사항 없다. 그건 '종의 보존'을 일깨워준 칸트에게 물어봐도 마찬가지 아닐까 한다.

그런데 여름날 밤잠 설치게 하는 모기들은 어떨까? 글쎄, 피를 빨라고 팔뚝을 내어주며 무서운 전염병 걸릴까 걱정까지 하고 싶진 않다. 그러나 그들의 행위는 충분히 이해할 수 있다. 그건 자손번식을 위한 본능이다. 그걸 위해 자기 목숨 하나쯤은 아무렇지 않게 내어놓을 수 있는 모성이다. 그걸 존중하지 않을 수는 없다. 어쩌다가 서로 이런 관계로 진화해 온 지는 모르겠지만, 모기장 외에 독한 살충제 같은 모진 방법을 쓰고 싶진 않다. 그건 우리에게도 좋을 것 없다. 생태계는 하나고, 우리도 그 안에 살고 있다. 생명은 지구의 당당한 주인이다. 지구는 무수한 세월 살아왔던 무수한 식생들이 만들어낸 산소 덕분에 망망한 우주 공간 속에 작으나마 가슴 떨리게 아름다운 푸른 천체로 된 것 아닌가? 뉘라서 생명을 존경하지 않을 수 있을까? 생명은 이 순간에도 쉬지 않고 움직이며 나아간다.

진화는 오래 세월에 걸친 생명의 흐름을 보는 시각이다. 오늘도 그 흐름은 계속되고 있다. 마치 그 미세한 흐름의 미분이 쌓여 시간의 적분이 이루어지는 것 같다고 할까? 우리 무딘 눈에는 오랜 세월 위에 쌓이고 쌓인 엄청난 변화만 가까스로 보이고, 지금 이 순간에도 일어나는 미세한 진화는 놓치고 있을 뿐이다. 생명체는 살아서 진화할 수 있을까? 개인의 사고도 진화할 수 있을까?

글을 쓰다 보면 자기도 모르게 처음 계획이나 의도와는 상당히 다른 양상으로 전개되는 경우가 왕왕 있다. 자료수집과 분석을 거치며 그렇게 되는 경우도 있지만, 돌이켜보면 '생각이 그렇게 흘러왔다.'라고 여겨지는 부분도 있다. 다양한 생명현상을 폭넓게 고찰하고, 거기서 생명의 원칙들을 찾아보고, 여러 차원의 생명현상에 골고루 적용될 수 있을지 살펴보고, 그 철학적 의미까지 짚어보고자 한다면, 어느 정도 당연한지도 모르겠다. 사고도 그런 과정을 거치며 진화해 갈 수 있는 걸까? 물론 거대한 시간의 틀 안에서 벌어지는 엄청난 일은 아니지만, 그래도 생명을 살펴보면서 생각이 조금씩 변화해가는 거라면 그 자체를 진화라는 말로 표현해도 될지 모르겠다. 그렇다면 사고의 진화는 대단히 고마운 것이다. 그야말로 살아있다는 증거이자 특권 아닐까?

산뜻퀴즈/

10-1. 생명과 철학

우리는 철학의 눈으로 생명을 살펴보았습니다. 어떻습니까? 생명은 철학의 대상인가요, 아니면 그 자체로 철학인가요?

10-2. 진화하는 생명

생명은 이 순간도 진화하고 있는데, 그렇다면 먼 훗날의 생명 이야기는 많이 달라져 있을까요, 아니면 생명의 기본은 그대로일까요?

10-3. 맛집

그냥 '한 끼 때우기'보다는 조금 수고스럽더라도 일부러 맛집을 찾는 발길들이 늘어나고 있습니다. 여러분들 맛집은 어떤 곳들인가요? 맛집이 되려면 어떤 조건들이 필요한가요? 뛰어난 맛집은 우리 삶에 어떤 의미가 있을까요?

10-4. 생명창조

요즘 실험실에서 세포를 만들었다는 소식들이 들립니다. 만일 스스로 분열하는 세포를 만들어낸다면 인간이 생명을 창조할 수 있다는 건데, 이건 보통 일 같지 않습니다. 어떻게 보세요? 그게 가능할까요? 가능하다면 마음 놓고 해도 되는 일인가요?

10-5. 생명의 이야기

여러분의 이야기는 어떤 것인가요?

먼 길을 걸어 생명을 향한 순례의 끝자락에 왔다. 함께 해주신 독자들께 감사드린다. 더 빨리 올 수도 있었지만, 내친걸음에 생명을 조금이라도 더 가까이 접해보고자 이리저리 돌아 여기까지 왔다. 넓은 시야를 위해 산맥에도 오르고 바다에도 가보았다. 다양한 시각을 위해 동굴 속에도 들어가 보고, 역사의 발굴현장도 찾아가 보고, 옛 생명들의 화석도 찾아보고, 많은 이야기들을 나누며 함께 걸어왔다. 만일 이 여행이 흥미롭지 않았다면, 그건 전적으로 가이드의 잘못이다. 재미없는 생명이란 있을 수 없기 때문이다.

생명을 이해하려면 다양한 면을 살펴봐야 한다. 가능한 한 폭넓게 생명현상을 살펴보려 했지만, 실은 작은 부분 하나만 가지고도 평생의 업으로 삼아도 모자랄 터라, 나름대로 엄청난 취사선택을 할 수밖에 없었다. 최근 암 생물학, 면역치료, 류마티스 관절염, 자가면역질환 등에 괄목할 만한 진전이 있었는데 미처 다루지 못했다. 그 밖의 많은 부분들도 앞으로의 과제로 남겨둔다. 여기저기 다소 전문적인 내용도 들어있는데, 그 구체적 내용보다는 거기서 다루는 주제를 짚어보는 자료로 삼기만 해도 충분하겠다. 특히 우리 연구실 데이터는 그 자체의 의과학적 중요성보다는 실감 나는 생생한 예로 활용하고자 한 것일 따름이다.

생명은 보면 볼수록 존경스러운 존재다. 스스로의 주인으로서, 스스로의 책임 하에 당당하게 삶을 이어간다. 우리도 그렇게 살아가야 마땅할 텐데, 우리 현실은 과연 어떤가? 정치와는 직접 관련이 없는 생명철학에서 간혹 현실정치에 대해 언급한 건 바로 그 때문이다. 그럴 경우 어느 쪽으로 치우치지 않게끔 나름대로 균형을 맞추고자 했는데, 아무쪼록 정치적 색채나 선호와 상관없이 우리 사회가 생명의 원칙들에 적합한 길을 가고 있는지, 어떻게 하면 원숙한 책임민주사회를 후손들에게 물려줄 수 있을지 함께 성찰해볼 기회가 된다면 더할 나위 없겠다.

돌이켜보니 의사로서, 학자로서, 선생으로서, 작가로서, 자유인으로서 살아온 모든 게 여기 녹아들어 있는 것 같다. 실은 아쉬움 투성이지만, 이로써 삶의 한 단원을 정리하는 느낌도 든다. 그 길에 인연을 맺고 은혜를 베풀어주신 모든 분들께 깊이 감사드린다. 미처 열거하진 못하지만, 그 분들과 교류는 끊임없는 배움과 깨달음의 장이었다. 아내 송규영 교수와는 평소 생명에 관해 수많은 대화를 나누는데, 그건 아무나 누릴 수 있는 특권이 아니다. 실상 이 책의 상당 부분이 송 교수의 몫이다. 아들 민준은 생명을 보는 시각에 감사와 존중을 상기시켜주었다. 함께 화이트헤드를 읽고 토론하던 추억이 생생한데, 그 또한 비할 데 없는 특권이었다.

오늘도 환자들을 위해 땀 흘리는 의료진, 밤낮없이 헌신하는 연구진, 그리고 생명의 고귀함을 함께 나누는 모든 분들께 이 책을 헌정한다. 모식도들을 그려준 우미경 님께 감사한다. 군자출판사 장주연 대표님, 편집 한수인 님, 디자이너 신지원 님과 여러분들께 감사드린다.

참고문헌

1. Lyons, Albert S and Petrucelli, R Joseph. Medicine: An illustrated history. 1978 Harry N. Abrahams, Inc., New York ISBN 0-8109-1054-3
2. 에드워드 윌슨. 통섭, 지식의 대통합(Consilience: The unity of knowledge 1998). 역 장대익, 최재천 2005 사이언스북스 ISBN 978-89-8371-160-1
3. 어빙 스톤. 르네상스인 미켈란젤로(Agony and ecstasy 1961). 역 성로, 1997 까치글방 ISBN 89-7291-181-X
4. 자크 모노. 우연과 필연(Hasard et la Necessite 1970), 역 김진욱 1996 범우사 ISBN 978-89-0802-030-6
5. Agutter, Paul S. and Wheatley, Denys N. Thinking about life: The history and philosophy of biology and other sciences 2008 Springer ISBN 978-1-4020-8865-0
6. 이인철. 근원을 찾아서: 어느 병리학자의 일생을 건 의학탐험 2012 모루와 정 ISBN 978-89-966958-5-1
7. Floresco SB. The nucleus accumbens: an interface between cognition, emotion, and action. Annu Rev Psychol. 2015;66:25-52
8. Smith, Thomas Vernor and Greene, Marjorie (ed). Philosophers Speak for Themselves: From Descartes to Locke. University of Chicago press. 1956 ISBN 0226764818
9. Alexander J, Weinberg J. Analytic Epistemology and Experimental Philosophy. Philosophy Compass. 2007;2:56-80
10. 이마누엘 칸트. 순수이성비판(Kritik der reinen Vernunft 1781). 역 최재희, 2009 박영사 ISBN 978-89-6454-181-4
11. 플라톤. 플라톤의 국가론(Politeia, The republic). 역 최현, 2002 집문당 89-3030-0677
12. 피트 브론, 안톤 반 아마롱겐, 한스 데 브리스. 냄새, 그 은밀한 유혹. 역 이인철, 1994 까치 ISBN 89-7291-269-7-03180

13. 찰스 다윈. 종의 기원(The origin of species 1859). 역 송철용, 2017 동서문화사 ISBN 978-89-4970-509-5
14. Marshall BJ, Warren JR. Unidentified curved bacilli in the stomach of patients with gastritis and peptic ulceration. Lancet. 1984;323:1311-1315
15. Bizzozero G. Ueber die schlauchförmigen Drüsen des Magendarmkanals und die Beziehungen ihres Epitheles zu dem Oberflächenepithel der Schleimhaut. Archiv für mikroskopische Anatomie. 1893;42:82 – 152
16. Langerhans P. Beitrage zur mikroscopischen anatomie der bauchspeichel druse. Inaugural-dissertation. Berlin: Gustav Lange. 1869
17. Lee I. Human pancreatic islets develop through fusion of distinct β and α/δ islets. Dev Growth Differ. 2016;58:635-640
18. 최완수. 겸재 정선 2009 현암사 ISBN 978-89-323-1532-4
19. 최완수. 추사집. 2014 현암사 ISBN 978-89-323170-9-0
20. 루드비히 비트겐슈타인. 논리-철학 논고(Tractatus Logico-Philosophicus 1922). 역 이영철, 2006 책세상 ISBN 978-89-701355-6-4
21. 루드비히 비트겐슈타인. 철학적 탐구(Philosophical Investigations 1953). 역 이영철, 2006 책세상 ISBN 89-701-3560-X
22. 김용옥. 노자와 21세기. 2000 통나무 ISBN 978-89-826409-3-3
23. 박양춘. 한글을 세계문자로 만들자. 1994 지식산업사 ISBN 89-423-7529-4 93710
24. 버트런드 러셀. 철학의 문제들(The problems of philosophy 1912). 역 박영태, 2000 이학사 ISBN 978-89-8735-020-2
25. 아리스토텔레스. 니코마코스 윤리학(Ethika Nikomacheia). 역 천병희, 2013 숲 ISBN 978-89-9129-052-5
26. Porter, Roy. The greatest benefit to mankind: A medical history of humanity. 1997 W. W. Norton & Co, Inc. ISBN 0-393-31980-6

27. Ghosh SK. Giovanni Battista Morgagni (1682-1771): Father of pathologic anatomy and pioneer of modern medicine. Anat Sci Int. 2017;92:305-312
28. Barry, John M. The great influenza: The story of the deadliest pandemic in history 2005 Penguin ISBN 0-670-89473-7
29. 토마스 쿤. 과학혁명의 구조(The structure of scientific revolutions 1962). 역 홍성욱, 2013 까치글방 ISBN 978-89-7291-554-6
30. Kim B, Bang S, Lee S, et al. Expression profiling and subtype-specific expression of stomach cancer. Cancer Res. 2003;63:8248-8255
31. Yang SK, Hong M, Baek J, et al. A common missense variant in NUDT15 confers susceptibility to thiopurine-induced leukopenia. Nature Genetics. 2014;46:1017-1020
32. Jung Y, Bang S, Choi K, et al. TC1(C8orf4) enhances the Wnt/β-catenin pathway by relieving antagonistic activity of Chibby. Cancer Res. 2006;66:723-728
33. Kim B, Koo H, Bang S, et al. TC1(C8orf4) correlates with Wnt/β-catenin target genes and aggressive biological behavior of gastric cancer. Clin Cancer Res. 2006;12:3541-3548
34. Kim J, Kim Y, Kim HT, et al. TC1(C8orf4) is a novel endothelial inflammatory regulator enhancing NF-kB activity. J Immunol. 2009;183:3996-4002
35. Jung Y, Kim M, Soh H, et al. TC1 (C8orf4) regulates hematopoietic stem/progenitor cells and hematopoiesis. PLoS One. 2014;9:e100311
36. Goto Y, Uematsu S, Kiyono H. Epithelial glycosylation in gut homeostasis and inflammation. Nat Immunol. 2016;17:1244-51
37. Jang H, Kim M, Lee S, et al, Spontaneous hyperplastic obesity of Tc1 (C8orf4)-deleted mice by adipocyte-derived stem cell regulation. Sci Rep.

2016;6:35884

38. 칼 포퍼. 열린 사회와 그 적들(The open society and its enemies 1945). 역 이한구, 2006 민음사 ISBN 978-89-3741-617-0

39. Lee HH, Molla MN, Cantor CR, Collins JJ. Bacterial charity work leads to population-wide resistance. Nature. 2010;467:82-85

40. Lindqvist A, Rodríguez-Bravo V, Medema RH. The decision to enter mitosis: feedback and redundancy in the mitotic entry network. J Cell Biol. 2009;185:193-202

41. Jang J, Lee S, Jung Y, et al. Malgun (clear) cell change in Helicobacter pylori gastritis reflects epithelial genomic damage and repair. Am J Pathol. 2003;162:1203-1211

42. Lee I. Critical pathogenic steps to high risk Helicobacter pylori gastritis and gastric carcinogenesis. World J Gastroenterol. 2014;20:6412-6419

43. 이마누엘 칸트. 도덕 형이상학을 위한 기초 놓기(Groundwork of the Metaphysics of Morals 1785), 역 이원봉 2002 책세상 ISBN 978-89-7013-364-5

44. Lee S, Choi K, Ahn H, et al. TuJ1 (class III beta-tubulin) expression suggests dynamic redistribution of follicular dendritic cells in lymphoid tissue. Eur J Cell Biol. 2005;84:453-459

45. 제러미 벤담. 도덕과 입법의 원리 서론(Introduction to the Principles of Morals and Legislation 1789), 역 고정식, 2011 나남 ISBN 978-89-3008-534-2

46. Zhang Y, Proenca R, Maffei M, et al. Positional cloning of the mouse obese gene and its human homologue. Nature. 1994;372:425-432

47. 토마 피케티. 21세기 자본(Capital in the 21 century 2013). 역 장경덕 외, 2015 글항아리 ISBN 978-89-6735-137-3

48. 칼 막스. 자본론 1(상,하권: Das Kapital 1867). 역 김수행, 2015 비봉출판사 ISBN 978-89-3760-432-4

49. 앨프리드 화이트헤드. 과정과 실재(Process and reality 1929). 역 오영환, 2003 민음사 ISBN 978-89-3741-612-5
50. 이인철. 돈의 재판/복신과 도침 2012 연극과 인간 ISBN 978-89-5786-422-7
51. 석영중. 도스토예프스키, 돈을 위해 펜을 들다. 2008 위즈덤하우스 ISBN 978-89-5913-287-4
52. 조너선 윌리엄스. 돈의 세계사. 역 이인철, 1998 까치글방 ISBN 89-7291-196-8-03300
53. Bailey CJ. Metformin: historical overview. Diabetologia. 2017;60:1566-1576
54. Wu H, Esteve E, Tremaroli V, et al. Metformin alters the gut microbiome of individuals with treatment-naive type 2 diabetes, contributing to the therapeutic effects of the drug. Nat Med. 2017;23:850-858
55. Cameron AR, Morrison VL, Levin D, et al. Anti-Inflammatory Effects of Metformin Irrespective of Diabetes Status. Circ Res. 2016;119:652-665
56. Novelle MG, Ali A, Diéguez C, Bernier M, de Cabo R. Metformin: A Hopeful Promise in Aging Research. Cold Spring Harb Perspect Med. 2016;6:a025932

인명 색인